教育部人文社会科学研究规划基金项目（批准号：19YJA190007）

浙江大学金华研究院儿童成长与家庭教育研究中心

儿童青少年成长与家庭教育丛书

以礼立人

——家庭仪式与青少年发展

吴明证 孙晓玲 林铭 严梦瑶 刘钇瑶 编著

西安交通大学出版社

国家一级出版社

全国百佳图书出版单位

XI'AN JIAOTONG UNIVERSITY PRESS

内容简介

本书立足于立德树人的时代背景,论述在家庭教育中一直被忽视的"家庭仪式"在青少年成长过程中的重要作用。全书共有七章,前两章介绍并探讨了家庭仪式的相关理论知识,第三至第六章分别从自我发展、心理健康、人际交往及道德等四个方面介绍家庭仪式在青少年发展中的作用,第七章介绍开展家庭仪式的技巧、实例及注意事项。

全书理论先进、完备,注重对家庭仪式历史脉络的梳理及其未来发展趋势的探索,参考性和实用性很强,如建议将家庭仪式与社会心理服务体系建设相结合,将家庭仪式与学校教育相结合等。书中还提供了许多心理量表,供读者自行评估使用,体现对读者的人文关怀。

图书在版编目(CIP)数据

以礼立人:家庭仪式与青少年发展/吴明证等编著
. —西安:西安交通大学出版社,2023.1
ISBN 978-7-5693-2979-7

Ⅰ.①以… Ⅱ.①吴… Ⅲ.①青少年教育-家庭教育
-研究 Ⅳ.①G782

中国版本图书馆 CIP 数据核字(2022)第 242678 号

书　　名	以礼立人——家庭仪式与青少年发展 YILI LIREN——JIATING YISHI YU QINGSHAONIAN FAZHAN
编　　著	吴明证　孙晓玲　林　铭　严梦瑶　刘忆瑶
策划编辑	苏　剑　王斌会
责任编辑	苏　剑
责任校对	魏　萍

出版发行	西安交通大学出版社 (西安市兴庆南路 1 号　邮政编码 710048)
网　　址	http://www.xjtupress.com
电　　话	(029)82668357　82667874(市场营销中心) (029)82668315(总编办)
传　　真	(029)82668280
印　　刷	西安五星印刷有限公司

开　　本	710 mm×1000 mm　　1/16　　印张 17　　字数 261 千字
版次印次	2023 年 1 月第 1 版　　2023 年 1 月第 1 次印刷
书　　号	ISBN 978-7-5693-2979-7
定　　价	59.00 元

如发现印装质量问题,请与本社市场营销中心联系。
订购热线:(029)82665248　(029)82667874
投稿热线:(029)82668525
读者信箱:363342078@qq.com

前　言

　　每个家长都希望自己的孩子拥有健康的身体、智慧的大脑和美好的心灵。要实现这一美好愿望，家长们需要在家庭中为孩子打造良好的物理环境、社会环境和文化环境。作为家长，当我们为孩子提供了丰裕的物质条件，让孩子在衣食无忧中生活和学习时，这就为孩子的健康成长提供了优良的物理环境；当我们与孩子构建了和谐的亲子关系，对孩子提出高要求时，这就为孩子的健康成长提供了优良的社会环境；当我们为孩子创设了温馨的家庭氛围，在言行举止上对孩子言传身教、以身作则时，这就为孩子的健康成长提供了优良的文化环境。

　　我们都忙于为孩子提供优良的物理环境，努力选择适宜的社会环境，却有可能疏于为他们创建丰富的文化环境。仪式，为我们创设和谐、温馨的家庭文化环境提供了一个富有成效的途径：晚餐时，全家人坐在一起，与孩子谈一谈当天的见闻，分享彼此的喜怒哀乐；临睡前，花上半小时的时间，为孩子朗读故事，与孩子共读一本书，共同品味书香；周末，全家人一起做家务，让孩子独立打扫卧室、整理物品、享受劳动的成果。当我们将这些日常生活打造成仪式时，会带给孩子长久的益处：让孩子感觉自己是家庭一分子的同时，学会担当、独立、感恩……

　　从出生到死亡，我们就被各种各样的仪式所环绕。从诞生的仪式，到满月、周岁、成年、新婚、退休，直至死亡的葬礼，我们的人生是由这些仪式贯穿起来的。在学校里，我们会经历入学、开学、毕业、入队、入团、入党等各类仪式。在工作中，我们会经历入职、提干、评奖、评优等仪式。这些仪式赋予我们的生命以价值和意义，并为我们指引未来的方向。在这些仪式中，家庭仪式在青少年的成长中是不可或缺的。家庭仪式常常反映了一个家族/家庭的历史，让青少年在家族/家庭的历史发展长河中找准自己的角色和定位，承担起自己的责任。家庭仪式中也往往蕴含着一个家族/家庭的世界观、价值观、道德观,在家庭仪式中,青少年可以自然地习得和继承这些价值观念与道德规范。家庭仪式也往往可以营造出高度积极的情绪氛围,使青少年能够暂时忘却学习和生活中的烦恼与忧愁,感受父母的关爱、家庭的温暖,体验幸福感,更重要的是能提高参与社会交往的安全感以及对抗负面情绪的能力。

家庭仪式在一定程度上也反映了一个家庭的功能状况。其作为一项长期开展的持续的重复性家庭活动,家庭成员必须花费一定的时间和精力去组织或参与。在这个过程中,家庭成员需要目标一致、齐心协力,才能让仪式顺利进行。孩子作为仪式的主要成员,也需要做出一些与仪式目标一致的付出与配合,需要与其他家庭成员进行协调。在此过程中,家庭仪式的质与量反映出一个家庭的亲子关系状况,是家庭功能是否正常运转的重要标志。

我们期望,本书可以让家长明了家庭仪式如何促进青少年的健康成长。全书以实证研究为依据,系统介绍了家庭仪式对青少年的心理健康、自我、人际关系、道德发展等的积极作用,以及家庭仪式发挥这些积极作用的心理机制。对于书中所涉及的内容,我们尽可能以心理学的科学研究发现为依据,确保本书中的理论和观点的科学性。为此,我们还附上了详细的参考文献,以供有兴趣的读者参考。此外,书中的大多数研究发现是基于我国国情,以我国青少年为研究对象而获得的。考虑到家庭仪式的象征性意义植根于特定的文化背景,这些研究发现对我国的青少年教育具有重要意义。

我们尽可能确保本书的实用性和可操作性。书中提供了我们自行修订的家庭仪式自评方法,家长可以据此分析家庭仪式的开展情况。针对家庭仪式的开展方法,我们提供了一些可供借鉴的样例,还提供了开展家庭仪式的原则、技巧及注意事项,供家长参考,以便更有效和可持续地开展家庭仪式,从而发挥家庭仪式在促进青少年发展方面的积极作用。此外,我们在书中还提供了与青少年发展相关的丰富内容,家长可以更好地理解青少年的发展过程、影响因素及潜在后果。书中还提供了一些代表性的心理量表,家长可以通过这些量表自主评估青少年的发展状况。

本书得以顺利出版,是浙江大学心理与行为科学系家庭仪式科研团队共同努力的结果。本书中所介绍的许多研究发现,以及书稿的撰写是由孙晓玲、严梦瑶、刘钇瑶、李阳、黄雯馨、陈一冉、陈迪、倪苏杭、赵佳慧、熊先畅、李修梅、谭孟婷、林铭等共同完成的。我们还邀请浙江大学的中国古代史专业的孟晓荣撰写了我国古代的家庭仪式。吴明证和孙晓玲负责全书的内容框架,林铭负责书稿的统筹和编辑工作,林铭、严梦瑶、刘钇瑶和李阳负责全书的统稿工作。没有他们的辛勤工作,本书是不可能出版的。在撰写本书的过程中,我们获得了许多同事、同行、朋友的大力支持,在此不能一一列出,我们全体成员对此铭感五内。我们非常感谢西安交通大学出版社的苏剑老师,是他的督促和耐心,才使得团队在繁重的科研任务之余完成此书。当然,本书得以出版,还要感谢浙江大学心理与行为科学系的大力支持。

家,是心灵的港湾,是情感的归宿,是力量的源泉。当孩子们振臂翱翔、展翅高飞的时候,也会不时回望,体味父母和家庭所带来的温暖;当孩子们路遇波折、身逢苦痛时,也常常需要从父母和家庭那里获得力量。仪式帮助孩子从家庭中汲取这些营养,帮助他们应对生活的窘境、唤醒心中的美好,也帮助他们开启成长的里程碑,并赋予他们制造幸福的能力,令他们有所依傍。让我们通过家庭仪式帮孩子飞得更高更远。

编者

2022 年 9 月于浙江大学

目录

第一章

家庭仪式概述

> 仪式是独特的家庭活动或庆祝活动,能够将人们汇聚在一起。强大的家庭会建立他们自己的仪式和传统,能够帮助他们辨别家庭成员,以及将自己的家庭与别的家庭区分开。
>
> ——[澳大利亚]迈克尔·格罗斯

第一节 仪式概述

一、仪式的概念

在谈论家庭仪式之前,有必要对仪式(rituals)加以介绍,当我们了解生活中为什么需要仪式时,就能更为清楚地懂得家庭仪式的功能和作用。

无需过多着墨,人们便能很自然地意识到仪式在我们生活中的普遍性。如盛大到奥运会开幕、国家与国家之间签署协议,微小至个人的出生、嫁娶、丧葬等,可以说仪式无处不在。但究竟什么是仪式,仪式在我们生活中起到什么样的作用,大多数人却没有确切感知。在理解仪式时,只要我们稍微留意仪式和人们的日常生活之间的差异,便能窥见其最基础的含义。

和朋友共进一次晚餐与参加一次学校开学典礼有什么不同?除了场合、参与人员这些显著的区别外,与同学共进晚餐可以是临时起意的,就餐大多只需要考虑自己的喜好而不需遵循特定的规则,但开学典礼则是有固定的时间、周期重复、遵循特定流程(校长致辞,学生代表致辞)且传达象征性意义(用崭新的面貌开启新学期的学习)的活动。因此,人们的日常活动通常是散漫和随机的,而仪式则是含有固定的步骤、周期性重复和具有象征化意义的行动。重复和固定是仪式的物理特性,而具有象征意义则是仪式的心理特性。不过,这一定义仍然停留在较为抽象的理解层面,要更深入地理解仪式的内涵,则首先要从仪式的历史谈起。

1. 仪式的历史:从神圣化到世俗化

最早对仪式进行系统研究的是人类学家,他们认为仪式发源于宗教。在原始社会,由于还没有出现用以解释和预防危机的理性科学知识,人们便创立出宗教以应对生存的恐惧和不确定感。其中,神话是宗教的语言和文字载体,而仪式则是宗教的一种实践,用以表达对超自然力量的崇敬,并向其寻求庇佑。在古代中国,也存在类似的神话叙事和礼乐制度,人们会举行大型典礼,用以朝拜天地。叶舒宪在《中国神话哲学》中提到:"所谓'礼',乃是自史前社会的部落宗教仪式发展而来的礼仪——一种象征性的符号行为;而所谓'乐',最初也不过是配合宗教仪式行为而进行的另一种象征性的符号行为。"因此,在中国文化的语境里,仪式和礼仪有着接近的内涵。也正因如此,许多人一想到仪式便会联想到宗教,于是,仪式在狭义的范围内主要指与宗教有关的教义陈述、祭祀、庆典、礼拜等活动。

随着历史的发展,科学和理性逐渐弱化宗教在人们生活中的影响力,学者们对仪式的研究开始扩大到世俗社会领域。仪式渗透于人们的社会生活,无处不在,诸如政治仪式、体育仪式、节假日仪式、表演仪式、个人仪式等,一个人从出生到死亡都离不开仪式的存在。在当今社会,人们对"仪式感"的追求甚至为消费主义的兴盛提供了契机。

2. 仪式的类别:从群体到个体

除了涂尔干对仪式的宗教/世俗二分法外,仪式还可以按照参与人数的规模分为群体仪式和个体仪式。

群体仪式即集体仪式,按照不同的活动场景又可以分为宗教仪式、节日仪式、政治仪式、竞技/娱乐仪式、过渡仪式及家庭仪式等。

(1)群体仪式。

①宗教仪式。宗教仪式是宗教教义、情感的形式载体。宗教仪式往往遵循某种周期重复且固定化的流程,对神话传说或宗教圣典上的事件进行再现或纪念,是个人从世俗进入神圣世界的行为标志。想要皈依某个教派,需要

进行入教仪式,之后要在固定的时间进行祭祀与祈祷。

②节日仪式。节日仪式是指人们为庆祝世俗节日而进行的特定活动。节日越盛大,仪式也越隆重。许多国家的节日仪式往往和宗教有紧密的联系。例如,西方的圣诞节意为庆祝耶稣的诞生,而中国的节日仪式更多地起到传递民俗文化和价值观的作用,如贴对联、吃汤圆等传递出中国人对家庭团聚和谐的价值祈盼。

③政治仪式。政治仪式是指人们参与政治活动时举行的仪式。对公民来说,选择自己的政治归属需要履行一定的仪式。对于政治家来说,从事政治事务也离不开仪式,如选举仪式、就职演讲、出访其他国家时举行会晤仪式等。

④竞技/娱乐仪式。竞技/娱乐仪式是指人们在从事体育、文艺等竞技或娱乐活动时举行的仪式,如世界杯足球赛开幕式、奥斯卡颁奖典礼等。

⑤过渡仪式。过渡仪式是指人们从人生的一个阶段到另一个阶段,从一种社会地位转化为另一种社会地位时进行的仪式。一个人从出生、成年、结婚、为人父母、升职、退休,直到死亡,每一件事都伴有仪式,也是个体逐步社会化的标志。

⑥家庭仪式。群体仪式也常见于家庭场所。家庭仪式是指那些由全体家庭成员共同构建和感知的,在家庭长期发展历史中形成的特定的、重复性的且具有象征意义的特殊事件,包括家庭节庆(如庆祝春节)、家庭传统(如生日聚会),以及家庭的日常仪式(如晚餐)。

(2)个体仪式。

个体仪式是指个人预先确定的符号行为序列,参与者往往也只有当事人个体。有的人会发明专属个人的仪式,比如他会在就餐前按照一定步骤折叠纸巾,每天起床后用固定的事项来开启新的一天等。这类活动的仪式化特征没有群体仪式那么明确,更多是赋予个体以生活的"仪式感"。

3. 仪式的本质特征:象征的程式化行为

象征性、重复性和程式性、表演性是构成仪式必不可少的要素。

(1)象征性。

象征性是仪式最为本质的要素,仪式动作就是一系列的象征化符号。象征符号是人构建主观世界的方式,这和客观的物理世界有着本质不同,也就是说象征符号是没有科学逻辑可言的,这也是仪式和日常活动完全不同的地方。比如在远古时期,人们相信朝拜神灵的仪式可以使他们免于自然灾害。实际上人类的朝拜动作和自然灾害之间并没有科学上的直接联系,但人们相信朝拜象征着和神灵之间建立了联系。这类相信一些没有直接联系的想法、行为及象征,却可以改变外部世界运行规律的思维被称为奇幻思维(magical thinking)。奇幻思维普遍存在于人类社会中,在科学还未萌芽的古代,人们面对难以理解的自然现象,有强烈的不确定感和无助感,而人天生有着想要知道"为什么"的欲望,因此,人们会通过将个人的内在信念和外部的物理世界建立联系,从而获得控制感。即便到了科学高度发达的现代社会,人的主观意志仍尚不能将外部世界完全纳入控制范围,人们依旧需要种种仪式来抵御对未知的焦虑。例如,当代年轻人对"仪式感"和"小确幸"有着非比寻常的追捧,生活里的大小事件都需要某种仪式来纪念。

(2)重复性和程式性。

大多数群体仪式都不是一次性的活动,需要人们以固定的时间间隔重复进行。此外,每种仪式都会在特定的时间,遵照相对固定的流程进行。因此,仪式是比日常活动更为结构化的行为,包含一系列程式化的动作。比如,端午节的节日仪式在每年农历的五月初五都要进行,人们会包粽子、喝雄黄酒、赛龙舟。仪式的重复性和程式性赋予了仪式某种庄严和权威,因为它是不可轻易更改的。尤其对于大规模的集体仪式而言,仪式代表了群体的价值观,具有一定的强制性。有研究者发现,即使只是想改变某个节日的日期或某个传统仪式的形式,也会引起人们的愤怒情绪。

(3)表演性。

如果说日常生活尚且有表演的成分,那么仪式可以称之为一个剧场,因为仪式动作往往比日常活动更夸张和更富戏剧性。仪式的表演性来自于它对社会关系的构建,从根本上来说也是象征性特征的产物。涂尔干认为,仪式是社会关系的扮演(enactment),或者说是戏剧性的"出演"。社会关系并非真实存在的,而是被人们构建出来的概念,仪式则向人们提供了理解社会关系的绝佳舞台。比如,通过宗教的祭祀仪式,人们可以理解自己与神之间是崇拜与被崇拜的关系。家庭聚会的礼仪也反映出家庭成员的等级结构,其帮助人们理解自己在家庭中的角色。同样,人们通过传统婚礼互相敬酒的仪式可以得到双方应"相敬如宾"的认知。

此外,任何表演都是带有情感的。人们将抽象价值及其承担的社会情感融合到仪式的动作中,同时仪式也要求人们在参与时保持有别于日常生活的放松嬉闹,而要严肃认真。当人们处于某种仪式之中时,仪式承载的价值观念会被激活,会进一步唤起某种相应的社会情感,从而起到情绪释放的作用。比如新婚夫妇在婚礼上对双方父母敬酒时,往往会潸然落泪,仪式很可能让他们想到了结婚意味着自建家庭,而新家庭的建立离不开父母对自己的辛勤付出,从而产生感激、不舍等情感,在仪式动作中得以释放。

二、仪式的功能

1. 进化与延续功能

仪式最早产生于远古时代,具有适应性的进化功能,能帮助群体更好地延续。

(1)仪式可以帮助人们识别内群体成员。

和人种特征类似,仪式是一种外化的身份特征,人们可以通过一个人是否从事与自己相似的仪式来判断对方是否和自己是"一类人"。有共同宗教信仰的人或同一族群的人会在自己身上刻相似的图腾,并参与相同的群体仪式活动,内群体成员之间就完成了初步的互相确认。当一个人被认为是我们的内群体成员时,我们就会对其在某种程度上予以信任,会将其视为潜在的合作者和互惠对象。

(2)仪式可以表达人们对群体的忠诚,增强群体承诺。

昂贵信号理论(the costly signaling theory of religion)认为,人之所以想要加入某个群体,是为了从群体中获得利益,从而更好地生存。加入群体必须通过一定的考验,仪式就是其中很重要的一种。有的仪式需要人们付出大量的时间、精力甚至需要遭受某种折磨,以此来剔除那些想分割群体利益却不愿意付出成本的"搭便车者"。因此,仪式可以作为信誉增强显示器(the credibility-enhancing display),体现个体对群体的忠诚,也体现个体本身和其对群体规范及价值观承诺的可信度。有研究者发现,群体成员需要参与的高代价的仪式越多,群体的延续性就越好。

(3)群体仪式能够促进群体内亲社会行为的发生,提高群体的凝聚力。

参与群体仪式可以让群体成员产生社会认同或身份融合。当一个人通过仪式的考验被群体认可,并在不断重复的群体仪式中加深他对群体的情感和熟悉时,他就会渐渐地把自己看作群体的某个组成部分,看作一个与其他成员有着共同群体信念、习俗和价值观的想象社区的匿名成员,产生社会认同。这时个体会在某种程度上为了集体利益而做出个人利益的让步。当一个人对群体的认同感和归属感强烈到一定程度时,会与群体产生高度融合,将群体纳入自我概念当中,产生身份融合,这时个体会把群体成员看作自己心理上的亲属,自愿做出极端利他行为,甚至为了群体利益牺牲生命。

2. 社会文化功能

群体仪式可以塑造社会现实和文化,包括社会价值观、社会规范及社会等级,其具有维护社会秩序的功能。

(1)群体仪式塑造社会现实。

不同于物理世界,人的社会生活是一系列抽象概念的集合,比如爱、忠诚、道德、政治、友情等是看不见也摸不着的,没有任何绝对客观的方式加以度量,只能以象征化的方式表现出来,比如借助仪式来表现。仪式通过将生活抽象化、象征化来帮助人们构建认知图式,简化对纷繁世界的认知,方便人们快速理解社会中的种种现象、关系和概念。比如国家本无实形,但人们可以通过政治仪式理解国家这一概念。升国旗、唱国歌等仪式,使人们增强了对国家的实体感,理解了相关的概念,如爱国和忠诚。此外,仪式能让人们感知到这个世界是稳定和连续的,因为仪式将过去、现在和未来关联在一起,构筑一个"想象的共同体"。通过仪式,人们感知到过去生活在中华大地上的人们在民族节日时要和生活在当代的我们做一样的事情,便想象过去的人和我们是一类人,产生了对"民族"这一实体的历史认知,并相信它在未来也会继续存在。由此,仪式塑造了社会现实,也塑造了文化。

(2)群体仪式保证社会规范的执行。

社会可以通过仪式或借助仪式活动,以重申社会规范和道德秩序的合理性及合法性。仪式的象征性承载着重要的群体价值观,并在经年累月的重复中实现代代相传,而对群体价值观的实践要求就是社会规范。由于特定的社会化仪式活动,会产生精神或人格上的特权和权威,经常被赋予特殊的精神或神圣的力量,且仪式一经形成并得以流传,往往与社会机构相辅相成,构成了社会机制的一部分,因而仪式就带有了社会控制的功能并具有一定的强制性。一方面,不参与仪式的人被认为不认同群体的价值观,会受到群体的排斥;另一方面,参与群体仪式也是个体自我惩戒的过程,人们以这种方式提醒自己要符合群体价值规范。因此,群体仪式可以让个体更好地遵守规范。

(3)群体仪式确定社会等级和权力。

社会角色及其等级往往可以通过仪式执行过程中的道具布置、时节、衣饰、参与者的座次、场地规模等细节表现出来。仪式的主持者往往充当导演的角色,拥有更高的地位和控制权,而其他参与仪式的人则是普通演员。由于仪式可以凝聚群体力量和情感,对群体产生控制作用,因此,它往往也是权力的体现。在古代,许多世俗君主会选择与祭司或教皇达成合作协约,共同参与仪式的具体过程并掌控仪式。

3．心理调适功能

仪式除了可以让个人更具有群体意识,对群体更依附和忠诚这些看似"控制"的影响外,其对个人本身也有着重要的帮助。

(1)仪式可以调节个人情绪。

人们往往借仪式来表达情感。比如人们会举行婚礼以表达建立新家庭的喜悦,也会在葬礼上纵情歌舞来抵御对死亡的恐惧,将个人的负面情绪(比如死亡的不可避免)游戏化,即一想到人终将一死,不如尽情纵歌。有研究发现,仅仅让实验参与者在演讲、唱歌之前做简单的仪式化动作就能显著降低他们的焦虑感,从而让后续的表现更出色。仪式对个体心理的这种积极调试作用很可能来源于仪式的程式化导致对人控制感的提升,同时,仪式也通过这些程式化行为在人的心理中构建了强大的象征意义。人们在有节律地重复结构化仪式的过程中,很可能塑造了稳定的心理状态,如特定的情绪和认知,感知到生活是可控的,而非无序和混乱的,从而变得更自律。有研究发现,在经历亲密关系破裂、爱人离世后,悼念仪式可以帮助他们重拾对自我的掌控感,从而缓解哀痛情绪。

（2）仪式可以帮助个体的心理发展。

人需要通过社会来存活，这是人的生存发展带来的必然结果。仪式可以帮助个体在互动中逐渐克服自我中心的思维和心理状态，构建起各个群体共有的思考方式、价值观乃至群体所拥有的知识，帮助个体融入群体。例如，在入学仪式中，孩子可以领悟到自己和其他人一样，都需要在固定的时间到学校学习知识，而不是随心所欲地玩耍。美国当代社会学家兰德尔·柯林斯（Randall Collins）在《互动仪式链》一书中把仪式当作社会的基本单位，实际上是把所有的人类互动都归纳为某种仪式。因而，仪式是心理发展的必要事物，是人适应社会的重要手段。

仪式在人类发展中具有长远的历史、丰富的功能，是人类智慧的某种衍生物。有了仪式，人类才能受到某种约束，更好地融入社会，社会也能得到发展，种族得以延续。回顾人类的历史长河，这些陈述的确不是夸大其词。

第二节　家庭仪式的概念、特征及类型

一、家庭仪式的概念

1. 家庭仪式的定义

家庭仪式（family ritual）是仪式的一种重要类型，是由多个家庭成员共同构建和感知的，在长期家庭发展历史中形成的特定的、可重复的且具有象征意义的特殊事件。家庭仪式既具有仪式的特征属性，也有自己较为独有的特征。与其定义一样，家庭仪式在家庭中的核心体现便是"家庭中可重复的、多个成员参与的、受到成员们高度重视的并且具有象征意义的家庭活动"。

中国文化重视礼仪，这个重要的传统价值由"家"开始，根植中华文化几千年，成为中华传统文化的重要标志之一。"家"对我们来说，象征着根源与连续、秩序与安全、依恋与舒适等。中华文化的家庭本位与其一直倡导的"礼治"秩序紧密相连。从古至今，以"亲亲尊尊"为核心，礼治思想不断发展的家庭仪式，不仅成为宗法家族内部的行为准则，甚至还成为国家的政治、法律准则。作为社会细胞的家庭组织，能够在世俗变迁、代际更替中得以维持，部分原因就在于它始终遵守着一整套礼仪,这些礼仪中蕴含着社会道德、伦理秩序、规范信仰、家庭观念等,使家庭成员不断意识到自己的存在和使命,并致力于维护集体与家庭。

不同家庭有着独特的仪式。这些仪式不仅仅依附于整个传统文化的价值形态,也在各自的家庭中有着独特的体现,发挥着独特的作用。在一个家族的内部文化环境中,家庭仪式会随着家族的发展与变迁,经历一个潜移默化的"构建—修改—再构建"的过程,使得每个小家都有着自己独特的文化体系,其家庭仪式包括的内容和隐藏的含义只能被家庭成员完全理解与接受,而难以被外人完全理解。正如《颜氏家训·风操》里所提到的:"而家门颇有不同,所见互称长短;然其阡陌,亦自可知。"故家庭仪式反映了家庭身份、文化和共有的价值观。

2. 家庭仪式与家庭活动的区别

家庭仪式的例子有非常多,本书的其他章节会结合相应内容提出一些家庭仪式的例证。我们先明确家庭仪式与家庭活动的区别,以此来确定家庭仪式的概念。家庭活动,顾名思义就是指家庭成员共同进行的活动,但这些活动并不全是家庭仪式。仪式大多具备以下特征:其一,仪式具有强烈的象征性,即仪式的动作会有着一个更深层的含义;其二,仪式具有程式化的动作;其三,仪式并不具有直接的目的。当然,这些特征并不是所有家庭活动都具有的。

有一些家庭活动具有直接的目的性,它们的象征性(深层含义)程度较低,但是它们又具有程式化的特征,家庭仪式的研究者称其为"家庭惯例"(family routine),它与家庭仪式之间有比较明确的区分。家庭惯例具有重复性、程式化的特征,但通常目的性很强,也没有象征性含义。家庭仪式与家庭惯例在沟通、时间连续性以及被破坏的后果三个方面具有差异性:①家庭惯例的特点是沟通具有工具性,涉及时间投入,并定期重复,通常没有特殊含义,而家庭仪式包括了具有象征意义的交流,建立并延续对作为群体成员的意义的理解;②家庭惯例通常在心理上持续时间较短,家庭成员在结束后很少有意识地去回味思考,而家庭仪式含有一种情感上的承诺,它为家庭成员提供了一种归属感,并且当仪式完成后,个人可能会在记忆中不断重复体验,以重新获得一些情感体验,甚至会期待下一次仪式的到来;③当家庭惯例被打乱或破坏时,家庭成员可能会感觉麻烦和不习惯,但是当家庭仪式被打乱时,会直接威胁到家庭的凝聚力等。

举一个简单的例子,家长辅导孩子做作业,这在家庭中每天都要发生,是非常富有程式化的日常行为。但是,这一项活动没有很强的象征性(违背了仪式的特征一),同时它的目的性非常强(违背了仪式的特征三),其动作就是"家长在辅导孩子做作业",在大多数家庭中是一种简单的教育行为。可以看到,这一行为本身在大多数家庭中,确实更符合"家庭惯例"的特征。尽管如此,我们可以发现,在这样一个简单的家庭惯例中,是可能存在家庭仪式的。比如在一个家庭中,父母每次在辅导孩子做作业时都进行抚摸等亲切的动作,在孩子写完作业后给予言语上的表扬,当这些动作成为一种程式化的行为时,就具有了仪式的特征,抚摸、表扬的行为并不能为"辅导作业"增添直接功能,但是它们在该家庭中象征着对孩子的肯定。因此,这些家庭惯例中的具体行为表现是可能成为某种"仪式"的。试想在另一个家庭中,孩子写作业时,父母的唉声叹气、责备乃至拍打等行为,也是另一种意义上的家庭仪式。

有学者认为,家庭仪式并不能与家庭惯例在概念上非常明确地进行划分。它们在家庭的日常互动中总是交织在一起。例如,在家庭聚餐的过程中,二者的特征就均有体现:用餐时,我们需要分发碗筷、食物,吃完后需要收拾干净,这些行为都是日常惯例,较少具有什么特别含义,但是如果在某一天需要吃特定的食物(如冬至吃饺子、元宵节吃元宵或汤圆),或者在用餐时谈论特定的话题,这就体现了仪式所具有的象征性意义。

有一些家庭活动并不具有程式化的动作。所谓程式化的动作,在家庭仪式中的体现并不像传统的仪式那样多。之所以有"程式化动作"一项,是因为在传统的一些民族仪式、宗教仪式中,通常要通过一些无意义的动作来表达对某个神明、某个人、某个组织的情感与态度。在中华传统文化背景下,虽然当今大多数人可能并不非常了解中国古代的传统礼仪,但作为老百姓,传统文化还是会给我们以熏陶。我们有所耳闻,在各地的特殊风俗中存在一些"程式化动作",如以手指天代表了什么,以头抢地又代表了什么。在不同地区有着不同的传统出生仪式,有着不同的祭祀仪式,其中有很多是家庭成员共同进行的家庭仪式。实际上,在当今的家庭仪式乃至仪式的属性中,"程式化动作"这一项演变出了许多说法,譬如"每年一次""每周一次""每日一次"的频率属性也是一种"重复性、程式化"的代表。学者们在对家庭仪式的定义中要求家庭仪式"是可重复的",说的正是这一点。

我们再举一个"非程式化动作"的家庭仪式的例子。有一些家庭活动,它们突然间进行,并且给家庭成员留下了很深的印象。

那晚的晚饭,父亲突然用手里的筷子敲响了碗边,那"叮"的一声悠悠扬扬,在那个温馨的场面中莫名感动。但父亲很快放下了手里的筷子,我心想他可能觉得那动作太孩子气,哪怕我们都对此有着很深的记忆,父亲也没有再敲响过第二次。

这个例子就是一个"不可重复"的动作,虽然它确实是没有直接功能,也可能象征了这个家庭的和睦温馨,同时象征了父亲威严中的一丝活泼与慈爱,但是这个动作并不是一个"可重复的、程式化的动作",因此很难将这个动作定义为家庭仪式。这是一个正面的例子,虽然这个动作并不属于家庭仪式,但很难想象这样的家庭会缺少其他家庭仪式的熏陶。

家庭仪式正如它的定义所述,很可能在家庭仪式中,家庭成员并没有意识到我们在进行一个仪式,也并没有意识到这个动作对家庭造成了什么深刻的影响,但是它是连续的,是独有的,是深深印刻在家庭成员的记忆中的共有价值体系。正如美国心理学博士 Barbara Fiese 等人所表达的,如果说家庭活动、家庭惯例等行为在家庭中被描述为"我们家应该要这么做",那家庭仪式的行为就应该是"这么做就代表我们是一个家"。

二、家庭仪式的特征

家庭仪式在保留仪式特征的基础上,增添了家庭环境的独特含义。

1. 基于仪式的特征

作为仪式的一种,家庭仪式同样具有仪式的特征,如程式化动作、象征性、非功能性的特点。

(1)程式化动作。

家庭仪式包含一系列正式的、可重复的流程式动作。例如古代的结婚仪式通常严格遵循一定的流程规范——花轿迎亲、拜堂、宴宾、闹洞房和合卺。研究发现,重复行为和多个步骤是促进仪式有效性的关键前因,这使得仪式对人的影响更大,证实了仪式中流程式动作的必要性。

（2）象征性。

象征是仪式的核心，也是仪式意义和内容的物化表达。家庭仪式具有象征性意义，家庭成员认为仪式行为的意义超越了其动作本身。例如春节时，家家户户都会贴对联、挂红灯笼等，这些行为本身并不具有意义，但它们被赋予了美好祝愿的含义，因此是重要的春节仪式。兰德尔·柯林斯在《互动仪式链》中也强调了象征性意义在仪式中的作用，他认为象征性意义贯穿了仪式的始终。

（3）非功能性。

组成家庭仪式的动作通常不具备直接的功能性目的。以中国古代的冠礼为例，这一仪式的目的并非"冠"本身，而是以"冠"象征男子从此将由家庭中毫无责任的"孺子"变为正式跨入社会的成年人，需要履践"孝、悌、忠、顺"的德行，努力成为各种合格的社会角色。而另一个文化群体有可能不能理解"冠"的含义——这正是由仪式的非功能性所致。

2. 基于家庭的特征

家庭仪式还具有一些与家庭有关的重要特征。

（1）家庭仪式由多个家庭成员参与。

家庭仪式是一种社会性的仪式，它要求必须由两个及以上的家庭成员参与。因此，家庭仪式中的交流、分享等也是家庭仪式的一环。同时，家庭仪式也会形成家庭成员间的共同回忆。

（2）家庭仪式基于一个大的文化体系。

如果说文化是一棵树，那么家庭就是树上的一个个叶片，因为整体文化基本决定了家庭以及家庭仪式的结构。家庭也可能是树木的根，因为一个个家庭共同决定了整体的文化。总之，家庭与大的文化体系息息相关。家庭仪式中有很大一部分是依托于整体文化的，在中国的传统节日里，如春节、清明节、中秋节、元宵节、端午节等，都有很多家庭仪式，虽然每家每户的家庭仪式各不相同，但是它们又非常相似。其他的家庭仪式，如出生仪式、祭祀仪式等相对更依附于整个文化体系，而在晚餐仪式、聚餐仪式等日常的仪式中，传统文化的作用虽然相对较小，但是也依然潜移默化地影响着这些仪式的进行。

（3）家庭仪式具有积极属性。

在绝大部分家庭仪式学者的眼中，家庭仪式具有不可否认的正面属性。

本书在后面章节会分门别类地介绍家庭仪式的重要作用，而这些作用几乎均是正面的。有些人觉得好的家庭仪式或许也会使孩童过于依恋家庭，而难以融入社会。但是，不论是从理论上还是从实际上来看家庭仪式总的作用都是具有积极属性的，这与"家庭"这个特殊的群体有着密切的关联。因为人的生活、孩子的成长等都不能脱离家庭环境，无论如何，家庭仪式在一定程度上承担了提供归属、教育与教化等正面作用。此外，"不好的家庭仪式"在大的群体中是少数，家庭仪式的负面作用比起其正面的作用可能不值一提。一般来说，研究者对家庭仪式的讨论，也几乎是讨论其对人的帮助，而其可能的负面属性则一笔带过。

3. 基于仪式开展的特征

家庭仪式在开展方面还有一些较为重要的特征。

（1）父母或长辈作为家庭仪式的主要发起者。

如果谈论家庭文化，家庭仪式也是父辈在向子辈传递价值观、人生观的过程。在整个过程中，父母是发起人，也是仪式的主导者。在一些家庭中，这个角色可能被更年长者替代，主要表现为老的一辈在进行仪式，小的一辈接受仪式的熏陶。在这个过程中，一些人生观价值观得到了代际的传承。

（2）随着家庭结构的改变而不断变化。

在为人父母的早期阶段，父母必须将孩子的饮食、洗澡和午睡等惯例融入自己本有的日常生活中，这些惯例建立的难易程度可能与婚姻关系的好坏有关。但随着孩子的长大，父母必须协商新的角色以满足孩子的需求。毫无疑问，为了适应孩子不断变化的需求，家庭仪式会进行不断的变迁。这些虽然具有挑战性，但是常规和仪式的变化正是家庭生活的一部分。Fiese 及其同事比较了养育婴儿的父母和养育学龄前儿童的父母在日常惯例建立和对家庭仪式的情感投入之间的差异：与养育着学龄前儿童的父母相比，养育婴儿的父母报告的惯例和仪式参与程度较少，对家庭仪式的情感投入也较少，这并不是说明养育婴儿的父母不把养育放在心上，也并不完全是说父母对养育孩子"没有经验"，而是更能够印证"家庭仪式在随着孩子的成长不断改变"的观点。除了这些相对"正常"的变化外，离异、搬迁、重大变故等对家庭仪式的进行也有着或多或少的影响。

三、家庭仪式的类型

1. 根据仪式活动内容划分

美国乔治·华盛顿大学精神病学和行为科学系教授 Wolin. Steven. J 和美国孟菲斯大学的人类学副教授 Linda A. Bennett 根据家庭仪式活动的内容,确定了三种类型的家庭仪式:模式互动、家庭传统和家庭庆典,这三者与大背景文化的联系越来越紧密。

(1)模式互动。

模式化的互动是最经常发生的,也是最不自觉的家庭仪式。这一类别的家庭仪式包括晚餐时间、招待客人和周末休闲活动等。不同的家庭有不同的固定模式,无论这些模式是什么,其中的互动都有助于定义家庭成员的角色和职责,它们也是组织日常生活的一种方式。与后两种家庭仪式相比,模式互动是最不规范的,随着时间的推移也是最多变的。在这些平凡的活动中,家庭可以表达他们共同的信仰,确立共同的身份。

(2)家庭传统。

家庭传统不那么具有明显的文化特征,但是对一个特定的家庭来说更具有特殊性。例如家庭成员的生日、周年纪念日等会在家庭中定期出现,但是它们缺乏标准化的仪式。与家庭庆典相比,家庭传统对家庭来说更具特殊性和意义。

(3)家庭庆典。

家庭庆典是在整个文化中广泛实行的节日和场合,在家庭中是特别的。"婚丧嫁娶"仪式属于这一类,除此之外还有国家规定的法定节假日,如春节、国庆节等。这类家庭仪式的特点是相对标准化,适用于受本国文化熏陶的群体,其仪式符号具有普遍性。

Fiese 和美国雪城大学理学系的 Christine A. Kline 提出了家庭仪式的七种类型,分别是:①晚餐,如家庭聚餐活动;②周末活动,如每周非工作时间进行的休闲的、有计划的集体活动;③假期活动,如家庭共同外出度假的活动;④年度庆典,如生日、周年纪念等;⑤特殊庆典,一些无关宗教或文化、有特殊意义的庆祝仪式,包括婚礼、毕业典礼和家人团聚等;⑥宗教节日,包括宗教文化中规定的节日,如基督教的圣诞节、复活节,犹太教的逾越节等;⑦文化与民族传统仪式,与特定民族文化有关的庆祝活动,如命名仪式、葬礼、抓周,以及制作传统美食等。这些家庭仪式分类中,①和②对应了模式互动,③至⑤对应了家庭传统,⑥和⑦则对应的是家庭庆典。

2. 根据仪式实践效果划分

美国马萨诸塞大学阿默斯特分校的名誉教授 Janine Roberts 根据仪式实践的效果列出了家庭在日常生活中仪式的六种类型。在这一分类中,单个家庭的家庭仪式可能属于一个或多个类别,而且在不同的情况下,例如婚姻等,过渡期间仪式的类型可能会发生变化。

(1)仪式化不足(under-ritualized)。

这类家庭中很少有家庭惯例活动,家庭成员经常忽略重要的纪念日或生日。

(2)严格的仪式化(rigidly ritualized)。

这类家庭对家庭成员的行为有非常严格的规定,并对所有成员的出席有很高的期望,仪式的进行也相对传统而古板。

(3)倾斜的仪式化(skewed ritualization)。

这类家庭更注重某一方面的仪式实践,例如当仪式实践主要与家庭的一名成员或家庭生活的一个方面(如民族文化)有关时,这使得其他仪式不被重视,可能是忽略了某个家庭成员,也可能是忽略了某种应有的家庭活动。

(4)空洞的仪式化(hollow rituals)。

这类家庭的仪式活动在其群体活动中缺乏有意义的影响,强调家庭仪式的常规方面,而缺乏象征意义。仪式虽然进行了,但是成员没有应有的情感,也不能从仪式动作中得到应得的价值观。

(5)中断的仪式化(interrupted rituals)。

有些家庭由于家庭中的突然变化,如疾病或死亡,某些家庭仪式被中断而不复存在。

(6)灵活适应的仪式化(flexible or adaptive rituals)。

这类家庭保持了家庭仪式的象征意义,并能够在整个生命周期中灵活调整相应的角色和日常惯例。

3. 根据仪式和惯例参与程度划分

Fiese 在 Roberts 分类的基础上,将家庭实践中家庭仪式的参与程度与家庭惯例的参与程度相结合,提出四种类型家庭仪式,如图1.1所示。其中,仪式性即参与程度(包括出席参与和情感参与)、象征意义等的强弱,而惯例性则指仪式的重复性。

惯例性

		低	高
仪式性	低	混乱的	僵硬空洞的
	高	灵活易变的	丰富充实的

图1.1 家庭仪式的四种类型

(1)混乱的家庭仪式。

当仪式和惯例的参与程度都较低时,称为混乱的家庭仪式。这类家庭仪式缺乏连续性和秩序性,计划安排混乱,家庭成员在仪式过程中的沟通交流容易中断,不仅无法成为情绪排解的渠道,还可能导致情绪的升级失控。

(2)僵硬空洞的家庭仪式。

当仪式参与程度较低,但是日常惯例的参与程度较高时,称为僵硬空洞的家庭仪式。这类家庭仪式最明显的便是许多行为和对话缺乏象征性意义,仅具有工具性特征,抑制了情绪的表达,无论是积极情绪还是消极情绪,家庭成员在这类家庭仪式中容易变得压抑麻木。

(3)灵活易变的家庭仪式。

当仪式参与程度较高,但是日常惯例的参与程度较低时,称为灵活易变的家庭仪式。在这类家庭仪式中,家庭成员可以以多样的方式参与,在沟通交流过程中有效调节家庭成员的情绪。

(4)丰富充实的家庭仪式。

当仪式和惯例的参与程度都较高时,称为丰富充实的家庭仪式。在这类家庭仪式中,家庭成员可以主动探索拥有特殊象征意义的某些行为特征,这些意义可以在家庭成员之间共享,共同构建家庭仪式。

读者可以根据上述仪式的分类,对自己家庭的仪式做一个定性的评估。

第三节　家庭仪式的测量

在这一节，我们要谈一谈什么是家庭仪式的测量，以及为什么要进行家庭仪式的测量。家庭仪式的测量本质上是学者们想要将家庭仪式的各种指标进行量化。比如两个人 A 与 B，是 A 的家庭中进行的仪式更多，还是 B 的家庭中进行的仪式更多？何谓多？是数量更多，时间更多，还是参与后给家庭成员的影响更多？此外，家庭仪式有那么多不同的种类，哪一种 A 更多，哪一种 B 可能更多？这些都是"测量"要解决的问题。而对于为什么要进行这种测量，笔者的回答相对浅显。当学者们拿到这样的量化指标时（如果这个指标科学），那么就可以从数据推知家庭仪式的现状、家庭仪式的作用等，当然也可以用这一批内容或数据去解决各种各样的问题。

家庭仪式的测量非常复杂。在从事社会科学与相似学科的工作中，想要量化一个指标是非常困难的，其科学性经常受到质疑，尤其是对家庭仪式这种概念的定义本身就不甚明确，有许多相似概念的干扰，如家庭功能、家庭环境等，而干扰最大的应属家庭活动或家庭惯例。同时，家庭仪式不论是实际操作的复杂程度，还是涉及的文化深度，都很难给出一个明确的测量指标。这里涉及了非常多的问题，如果采用家庭的自我报告，那么客观的家庭仪式数量、时间等既会受人主观判断的干扰，同时客观的数目又不能代表家庭成员参与仪式的主观感受。客观的第三者评价体系测量的成本很大，操作难度也非常高。因此，这些测量都有不完美之处。

目前，家庭仪式的测量有三种相对常用的方法，即问卷调查法、访谈法及直接观察法。其中，问卷调查法是调查家庭仪式最为简便，使用最广的方法之一。

一、问卷调查法

1. 家庭仪式问卷

Fiese 和 Kline 于 1993 年编制了第一份家庭仪式问卷（family rituals questionnaire，FRQ）。家庭仪式问卷包含了家庭惯例和家庭仪式两个分量表，采用两陈述的 4 点计分方式，分别评估 7 种情况下的日常活动（晚餐、周末、假期、年度庆典、特殊庆典、宗教节日和民族文化传统）中的家庭仪式属性,共有 8 种家庭仪式的属性特征。

①频率。仪式举行的频率。

②角色。家庭成员在仪式活动中的任务安排与角色分工。

③例程。仪式活动是否按照既定的例程进行,是否有一定的规律性。

④出席。对每个家庭成员的出席要求是否是强制性的。

⑤情感。家庭成员在活动中的情感投入多少。

⑥象征。仪式活动具有一定的象征意义。

⑦传承。仪式活动是否能够稳定地传承给下一代。

⑧周密。仪式活动是否有提前的精心准备和计划。

FRQ 使用强制选择的形式来减少社会期望的影响,并且区分了日常惯例的实践和仪式的意义。FRQ 有着良好的信度,其内部一致性范围为 0.52～0.90,重测信度在 4 周内为 0.88。在 Fiese 最新提供给我们的家庭仪式问卷中,其结构与最初的量表有一定的变化:为了适应时代的需求,便于人们理解问卷,FRQ 从原有的两陈述、二项 4 点的计分方式变为标准的陈述式的 Likert 5 点计分。在量表的维度上,晚餐、周末、假期、年度庆典 4 项的"传承性"维度也被删除,因此,最新的家庭仪式量表是在 4 项活动下测量 7 个维度,加上 3 项活动下测量 8 个维度,共 52 项题目。

我们团队将 Fiese 和 Kline 的家庭仪式问卷进行了本土化修订,以适合我们的文化特点。我们针对 FRQ 进行了几项修订,将不符合我国文化背景的"宗教节日"仪式修改为"传统节日",并且依据理论和数据结果对维度进行了增删,保留了仪式的重要解释维度,最终形成了一份适用于中国文化的家庭仪式问卷。修订后的问卷涉及人们参与晚餐、周末、假期、年度庆典、特殊庆典、传统节日、文化与民族传统等 7 种仪式活动和仪式情境(活动维度),每一个情境活动分别测量与家庭仪式相关的发生频率、参与度、情感投入、象征性、交流、分享、共享记忆等 7 个特征(特征维度),由此形成了有 49 道题项(7 种仪式活动×7 个仪式特征)的中国版家庭仪式问卷。修订后的家庭仪式问卷采用 Likert 5 点计分,问卷的内部一致性系数为 0.95,各项信度指标良好。完整版问卷详见附录,下面列一个单维度的小样,以便读者理解问卷的构造。详见表1.1。

指导语:以下是关于家庭惯例和传统的描述,每一道题目都会有一个家庭活动的大标题,回想您的家人在这些活动中通常是如何行动或参与的。然后阅读每道题目下的几种陈述,判断这些陈述与您的家庭实际情况的符合程度,选择最能描述您现在的家庭情况的数字。每个陈述都不分对错,所以请尽量选择最贴近您家庭的选项,在对应选项处打"√"。

当回想您的家庭时,要考虑您自己、您的兄弟姐妹和您的父母。有些活动还可能包括其他家庭成员,如祖父母、姑姑、叔叔和堂兄弟姐妹等。您要尽量使选择的结果最贴近您家庭目前的情况。

表 1.1　晚餐仪式问卷表

问题	完全不符合(1分)	有些不符合(2分)	部分符合(3分)	基本符合(4分)	完全符合(5分)
您的家人总是定期一起吃晚餐					
每个人都要回家吃晚餐					
您的家人把一起吃晚餐看得很重					
晚餐仅仅是为了获取食物,没有其他用处*					
在晚餐中您的家人之间几乎没有任何有意义的沟通和交流*					
您的家人会在晚餐期间互相分享和自我表露,互相分享自身的经历或思想情感等					
您和家人不会在一起反思或回忆过去的晚餐,认为过去就过去了*					

注:标*为反向计分题目。

计分方式:计算出每一维度的均值,分数越高,代表对这一维度的家庭仪式越认可。

2.家庭常规清单

测量家庭惯例的家庭常规清单(family routines inventory,FRI)也经常在家庭仪式研究中使用。家庭常规清单是一项包含28个项目的量表,侧重于家庭惯例的重要性和频率。FRI的内部一致性和1个月重测信度估计值范围为0.74~0.79。由于该量表没有中文修订版,因此我们对其进行了简单翻译,以供大家评议和参考。详见表1.2。

表 1.2　家庭常规清单

类别	项目
工作日	家长每天都有时间与孩子交谈
	家长每天早上在准备开始一天的工作时都会做一些特定的事情
	父母在下班回家后有固定的时间与孩子玩耍
	父母几乎每天都有时间照顾孩子
	孩子们每天早上一起床就做同样的事情
	父母每天都有时间和孩子们一起玩耍
	父母不上班时几乎每天都在家庭以外的地方和孩子们一起做一些事情（如购物、散步等）
	家庭每天晚上都有"安静的时间"，大家安静地交谈或玩耍
闲暇时间	每周全家会一起去一些特别的地方
	每周都有一定的"家庭时间"，在家里一起做事情
孩子	父母几乎每天都给孩子们读书或讲故事
	每个孩子每天都有一些时间可以单独玩耍
	孩子们在放学后定期参加活动
	小孩子每周都在相同的日子上幼儿园
	孩子们在一周内每天或每天晚上的同一时间做家庭作业
父母	父母有特定的爱好或运动，他们经常一起做
睡觉	孩子们每晚睡觉时都有一些特别的事情要做或被要求做（如讲故事、晚安吻、喝水）
	孩子们几乎每天晚上都在同一时间上床睡觉
用餐	全家每晚都在同一时间用餐
	几乎每天早上至少有部分家庭成员一起吃早餐
	全家几乎每晚都在一起吃晚餐
家族	至少有一位家长经常与他或她的父母联系
	全家定期探访亲戚
离返家	当有人离开或回家时，家人会互相告知
	有工作的父母每天都在同一时间下班回家
	在一天结束的时候，家人总会做一些特定的事情来问候工作的父母
纪律常规	每当孩子们不守规矩时，父母都会做一些特定的事情
家务劳动	孩子们定期做家务

针对每一项常规,都有两个固定的问题需要作答,例如:

孩子们几乎每天晚上都在同一时间上床睡觉

a. 这是您家庭中的一个惯例吗?

○ 总是/每天

○ 每周 3～5 次

○ 每周 1～2 次

○ 几乎没有

b. 这套程序对保持您的家庭强大有多重要?

○ 非常重要

○ 有点重要

○ 一点都不重要

计分方式:

家庭常规清单有三种常见的记分方式:①原始得分。受访者认可的所有常规的简单数字总和,省略关于频率和重要性的数据。分数范围从 0～28 分。②根据家庭常规参与频率进行加权评分。其中"总是/每天"的权重为 3,"每周 3～5 次"的权重为 2,"每周 1～2 次"的权重为 1,"几乎没有"的权重为 0。分数范围为 0～84 分。③根据家庭常规的重要性进行加权评分。如果家庭常规参与的频率为"每周 1～2 次"及以上,则对重要性进行加权评分,其中"非常重要"的权重为 3,"有点重要"的权重为 2,"一点都不重要"的权重为 0,对于参与频率为"几乎没有"的常规,其权重为 0。最终的分数范围为 0～84 分。

问卷调查法具有时间和成本效益的优势。它们可能不适合了解单个家庭行为的独特仪式描述,但它们的优点是心理测量特性普遍较强,并允许在不同家庭之间进行主观性的比较。因此,问卷调查法非常适合涉及更大样本量的研究。

二、访谈法

访谈法更有可能在临床环境中使用,研究者开发了几个侧重于家庭惯例和家庭仪式的访谈,在此做一些简单介绍。

Wolin 及其同事开发了家庭仪式访谈(family ritual interview)。家庭仪式访谈主要关注仪式化的程度,家庭传承对当前家庭实践的影响,创造仪式的目的性、适应性及仪式的维持等。该访谈是一种结构化的个人访谈,访谈内容主要分为两部分:识别酗酒前的家庭仪式和酗酒对这些家庭仪式的影响。受访者需要回答 12 个关于 7 种家庭场合的问题:晚餐、节假日、晚上、周末、度假、家里的访客及家庭纪律。12 个问题中前 5 个问题旨在确定家庭在上述每个领域中是否存在仪式。对于每个领域,主要评估以下几方面:事件的意义(积极或者消极)、事件随时间变化的数量、与家庭的关系和仪式的起源。问题 6 至 12 则主要涉及酗酒期家庭反应及仪式变化等特点。访谈结果按照每个维度的高、中、低进行编码。

美国加州大学教授 Weisner 及其同事针对幼儿家庭开发了生态文化家庭访谈(ecocultural family interview,EFI)。该访谈要求父母报告他们认为对孩子很重要的日常活动和能力,旨在了解家庭如何组织儿童的日常活动。EFI 是一个开放的、半结构化的对话,包含与家庭日常生活相关的广泛话题(如吃饭、上学、工作、相处时间)。EFI 在大多数情况下是一种对话,而不是"问题-回答"式的访谈。访谈者会确保所有关于活动的话题都被含盖,如活动背景、感觉和动机、目标/价值、参与者或应该参与的人,以及任务目标等。EFI 的每个项目都包括访谈者对该家庭的评分以及相应的理由。

访谈法允许对话式的管理,在处理具体后续问题时也更具有灵活性。访谈法还可以用于跟踪跨代仪式的发展,以及它们如何因家庭中的疾病或压力而被打乱等,从而可以更好地阐明特定惯例和家庭仪式对家庭成员的重要性。然而,访谈法很难应用在不同的研究中,而且访谈数据的处理方式缺乏统一的标准。

三、直接观察法

观察法包括直接观察法或录音录像观察法等。直接观察法通常用于描述与家庭仪式和惯例相关的研究中。对象包括家庭进行的活动,例如睡觉、玩耍或用餐等。不同的研究采用了不同的观察编码方案,有些依赖于对话的详细描述,有些则更多地关注家庭惯例和仪式中的角色等。

用餐时间交互编码系统(mealtime interaction coding system,MICS)是一个整体性的编码方案,对用餐时的特征,包括任务完成(用餐的结构和流程、有效处理过渡和中断)、沟通(使用清晰/直接的沟通,而不是遮掩/间接的沟通)、人际参与(思想、观点、经验交流的质量)、情感互动(互动交流中情感的适当性和强度)、行为控制(家规的灵活性/严格性/一致性)、角色(角色的适应程度、灵活性和责任)以及家庭整体功能进行有效编码。其中家庭整体功能是根据特定的标准对其本身进行评分,而不是代表其他六个维度的平均值。每个维度的评分都是 7 分制,从 1 分"非常不健康"到 7 分"非常健康"。小于"5"的评分属于"不健康的范围",如表明家庭是混乱的时,包含家庭有严重的冲突、儿童或成人的行为控制能力差等事项。大于等于"5"的评分属于"健康范围",并表明家庭情况良好,如家庭成员之间沟通清晰直接,长辈表现出基本的关心和照顾水平等。MICS 的分数已经被发现可以区分父母有精神病的家庭和健康的家庭,并被应用于研究有慢性健康状况的学龄前儿童。还有研究者将其他领域的亲子互动编码系统进行改编,用于家庭惯例和仪式的研究。MICS 是一个基于麦克马斯特家庭功能模型和家庭系统理论的观察性编码系统。为了研究的目的,MICS 是由麦克马斯特家庭功能结构化访谈改编而来,以便在熟悉的、常规的和自然的情况下(即家庭用餐时间)评估家庭功能。

除了以上提到的方法之外,家庭仪式的测量方法还有日记法、频率调查表等。就目前家庭仪式的研究而言,研究者们倾向于将多种方法结合起来,对家庭仪式进行更深入细致的调查。

第四节　家庭仪式的作用

一、家庭仪式与个人发展

古往今来,每一个家庭和每一种文化都会创造、制定、改变和保存仪式。从日常仪式,如吃饭或睡觉、生日或周年纪念日、宗教和世俗的节日庆祝活动等,到标志着从生命开始到结束的生命周期仪式,人类都是仪式的创造者。与日常生活中单纯的例行公事不同,仪式使个人、家庭及文化能够通过其符号与象征性行动创造和获得意义。它们使受保护的时间和空间能够体验、反思生命的过渡与转变。

1. 家庭仪式与技能发展

家庭仪式和惯例为家庭成员提供了一个小的社会结构,向他们传递了基于本土文化和社会总体规范的行为期望,有利于孩子完成从家庭到学校的过渡。

(1)学业技能发展。

家庭仪式在仪式进行中赋予孩子能力的提升。家庭仪式和日常惯例过程中包含丰富的语言,这是孩童语言发展的重要渠道之一。例如在用餐时,家庭成员相互沟通,轮流发言,可能会共同讨论当天发生的事件,彼此分享过去的一些故事,并为未来制订计划,家庭成员在此过程中可以接触广泛的语言用途,包括叙述、解释、澄清和其他有关语言的文化规则等。在仪式和惯例过程中,家庭成员会进行共同的阅读,大家以自己的理解来读懂书中的故事,仪式和惯例不单是简单地传达书中的信息,它还可能涉及个人视角的表达、故事逻辑的争论等,为青少年构建"通向识字、理解的桥梁"。除此之外,家庭仪式给予成员们观点输出、意见表达、推理阐释的机会,这使得家庭成员,尤其是幼儿或青少年的词汇积累、语言理解等能力都有机会得到提升。

家庭仪式从情感上支持孩子早期的学业发展。家庭仪式丰富的家庭通常能够给孩子更好的学习环境,不仅能够减少孩子的焦虑,同时也能够通过仪式告诉孩子"什么是好的"或者"什么是对的",来正确培养青少年对学业的热情。在一项纵向研究中,孩子从4岁到9岁的这几年时间内,那些家庭仪式表现稳定,且具有高度承诺的家庭的孩子,学业成绩显著高于那些家庭仪式持续水平较低或表现不稳定的家庭的孩子。研究还发现,这一情况并不受家庭经济状况的影响,甚至对于那些低收入家庭和农村家庭来说,家庭仪式和日常惯例的稳定及规律更有助于孩子取得大的学业成就。

(2)社交技能发展。

家庭共有的仪式可以被视为一种社交活动,这种社交活动可以连接家庭成员之间的关系。对于处于不同发展阶段的家庭来说,家庭组织和体验仪式的方式是不同的,处于不同发展阶段的个体在仪式事件中也扮演着不同的角色。一方面,家庭仪式能够通过社交来教会孩子如何社交;另一方面,家庭仪式也能够通过社交来培养孩子对社会的联结,让他们不惧怕社交乃至热爱社交,孩子的社交技能得到发展。同时,家庭仪式也是一个让孩子建立社会责任感的过程。例如在组织家庭庆祝活动(如生日)时,父母可以借此告诉孩子们"你们已经长大了",让年轻一代逐渐意识到他们应承担更多责任,为孩子成年后的角色适应奠定基础。虽然父母是家庭仪式的积极推动者,但未来总有一天,孩子会长大成人,成为家庭仪式未来的领导者。青少年在此过程中学习了社交、建构了价值观,以便他们今后进行新的仪式。正如美国耶鲁大学医学院咨询中心 Stacey R. Friedman 和美国大学心理学系 Carol S. Weissbrod 发现的那样,一个家庭中仪式互动的频率可以预测该家庭的青少年在长大并建立自己的家庭后进行仪式的频率。

2. 家庭仪式与心理健康

家庭仪式在个人的心理发展和社会适应中同样起着重要的作用。

(1)个人可以在构建、参与家庭仪式的过程中获得积极情感。

家庭仪式有助于维持稳定的家庭秩序,形成稳定感和秩序感,提升家庭成员对家庭的归属感和认同感,为儿童和青少年的积极发展提供机会,如减少风险行为、获得更安全的亲子依恋等。有研究发现,家庭仪式与青少年的生活满意度、幸福感等均呈正相关关系。该研究评估了青少年对仪式满意程度的看法,发现青少年对仪式的满足与青少年的心理健康和社会发展有正向的联系。

(2)家庭仪式可以缓解、稀释负面事件带来的消极影响。

家庭仪式有助于家庭成员抵御焦虑、抑郁等不良情绪,抵抗外在诱惑,有助于家庭成员情绪调节能力的发展。团聚的家庭仪式可以支撑外出务工的家庭渡过压力和不规律的时期,而家庭仪式能够有效保护家庭贫困、成员患病、父母酗酒,以及父母离异等事件对家庭的负面影响。有研究者提出,家庭聚餐可以帮助青少年应对日常压力。美国宾夕法尼亚大学社会学教授 James Herbert Siward Bossard 和美国宾夕法尼亚大学社会学教授 Eleanor Stoker Boll 对家庭仪式进行了定性研究,他们认为家庭仪式缓冲了家庭紧张和过渡时期带来的压迫感。在一些有病患的家庭中,家庭仪式会提供更多的支持,如患癌症的儿童在家庭仪式下更有可能表现出更好的心理适应能力。

二、家庭仪式与家庭关系

在不同的文化中,仪式往往被用于创造一个群体的身份象征,并提升团体的凝聚力。家庭仪式的建立也是为了创造一个团结而有意义的家庭。研究者认为,家庭仪式能够加强家庭关系,在教养孩子的过程中构建的家庭仪式,不仅能提高父母的婚姻凝聚力,而且能促进代际间的关系并有利于父辈的价值观传播。家庭仪式当然可以促进家庭成员的归属感,并传递大的文化背景下家庭的价值观和信仰。

1.家庭仪式有助于维持夫妻婚姻幸福以及家庭稳定

长期以来,家庭仪式与婚姻关系的质量有关。有研究发现,婚姻质量与家庭仪式呈显著的正相关关系,这不仅在有孩子的家庭中成立,没有孩子的婚姻质量依然会受到家庭仪式的影响。而在父母离异的情况下,虽然离异大多会对家庭生活造成比较严重的影响,但家庭仪式依然可以缓冲离异带来的负面结果。国外一项对经历过父母离异的儿童的研究发现,家庭仪式可以预测其两年后的学习成绩,家庭仪式丰富的孩子在学校会表现出更少的缺勤,其身体也表现得更健康。正如前文所述,家庭仪式对于增强个人的幸福感和心理健康至关重要,能够有效提升家庭的稳定性。

2.家庭仪式和稳定的家庭日常能够为家庭成员提供一个安全舒适积极的环境

通常家庭仪式与一个家庭的氛围息息相关,这可以从一些很小的仪式看出,比如家庭聚餐时的谈话可以特别地显示出一个家庭的情绪氛围。晚餐时间的谈话充满了成员间的情感表达,为家庭成员提供了谈论个人感受、构建情感模式与引起彼此共鸣的陈述的机会。一项对339个有学龄儿童家庭的研究发现,这些家庭在用餐时有多达一半的时间会进行积极交流,有约20%的时间用于管理家庭的问题,而只有10%的时间什么都不做,只进行用餐行为。这种类型的家庭仪式为家庭成员提供了舒适安全的环境,营造了和谐积极的家庭氛围。

3.家庭仪式能够促进群体成员的身份构建和归属感,并有着代际传承的作用

在文化方面,家庭是一个重要的符号。在更古老的时期,不论何种文化,

很多大家族都有类似"家徽""家旗"等象征家族信息的实物。家庭仪式传达了关于家庭价值观和信仰的信息,这些信息代代相传,成为家庭成员团结、家庭身份认同的重要纽带。如果说家庭教育传承的是知识,那么家庭仪式传承的则是更深层次的东西,是一种价值观、一种处世方式,也是象征家庭符号的某种东西,从而让孩子们知道"我们是这个家族的人"。

三、家庭仪式与社会稳定

整个社会中有着大大小小的群体,很多学者认为,在绝大部分文化下,家庭是最小的群体单位,也是社会构成中最核心的部分。从进化学说看,繁衍生息是一个物种最原始的目的与冲动,而家庭中就有着成员间血脉的联结,这可能是最原始的一种社会构成。在传统节日里,我们更愿意与家人团聚,并把这种团聚视为一种必须。群体是人生活的必需品,离开他人,人就失去了社会身份,人可能不再是人。家庭是人从出生就"自带"的一个群体,象征着人的身份,也让人有稳定的归属。

1. 家庭仪式是维系社会稳定的重要途径

每到春节,整个社会都要号召年轻人在各自忙碌的生活中放缓脚步,进行一场浩大的家族团聚,并在这种团聚中进行大大小小的家庭仪式。家庭仪式是一种重要的维系人与社会稳定的方式和手段,家庭仪式使人们的身心得到放松的同时,也为整个社会减轻了负担。家庭的稳定不仅有利于个人的发展,而且有利于整个社会的稳定和进步。

2. 家庭仪式受社会的影响与制约

每个家庭都对社会起着不可或缺的作用,反过来也会受到社会的影响与制约,这是因为整体文化的需求和发展的需要。家庭仪式的传承,不仅仅传承了家族文化——虽然家族文化也是社会文化的一部分,但我们依然要说,家庭仪式也传承了整个社会的文化。"家是最小国,国是千万家",这种比喻非常贴切,因为文化是分不开的,群体也是分不开的,民族更是分不开的。同一个民族的人们会共同进行一种家庭仪式——虽然在各个家庭中,仪式的发生、流程等各有不同,但总的来说,大家都向着一个方向前行,比如端午节都要吃粽子,中秋节要吃月饼等,这些事情是深深刻在整个社会的个体心中的,只不过它们以家庭仪式的方式进行呈现。因此,哪怕一个没有接触过社会的孩童,他们依旧明白自己的民族,自己的文化,并对此展现出或多或少的热忱,家庭仪式在传承社会文化的过程中不可或缺。

3. 家庭仪式是承担社会风险的重要手段

家庭仪式能够稳定家庭与社会,反过来其也是承担社会风险的重要手段。我们发现许多旧有的家庭仪式发生了变化,有一些家庭仪式永远地消逝在了历史的长河中,而有一些新的家庭仪式正在悄然演变为文化习俗。在这个阶段,顺其自然固然不错,但我们依然认为,促进家庭仪式的有效开展能够有效地承担一部分社会风险,并有效地巩固和发展民族文化。

第二章　中国视角下的家庭仪式

> 义方既训,家道颖颖。岂敢荒宁,一日三省。
>
> ——〔西晋〕潘岳《家风诗》

第一节　中国古代家庭概述

一、中国古代家庭的形成:从氏族部落到五口之家

上古时期,先民蒙昧无知,男女无别,但求饮食生存,茹毛饮血而衣皮革,社会组织形式比较松散,家庭观念尚未产生。《荀子》曾经发出疑问:人在力气上不如牛,在善于行走上不如马,为什么人却能利用牛马呢?荀子认为这是因为"人能群,彼不能群也"①。人的力量是弱小的,在自然界的生存压力面前,人们不得不组成群体来抵御各种风险、获得更多的食物。由血缘维系的氏族部落就是早期人类赖以生存的组织单位。母系氏族时最初的婚姻形态为普那路亚婚,后来对偶婚制发展,不过夫妻双方始终没有形成独立的经济单位。这一时期,人们只知其母而不知其父,私产制度尚未形成,生活物资氏族部落共享而没有家庭私有的观念。

个体家庭的发展滥觞于父权的形成。随着生产力的发展,男子在生产中的作用加强,贫富差距也逐渐加大。氏族部落共同分享生活物资的传统难以维系,"这些财富,一旦转归各个家庭私有并且迅速增加起来,就给了以对偶

---

① 王先谦.荀子集解[M].北京:中华书局,1988:164.

婚和母权制氏族为基础的社会一个有力的打击"①。对财产的继承要求明确父系血缘关系，于是以男方为中心的个体家庭逐步发展。《白虎通》记载："伏羲仰观象于天，俯察法于地，因夫妇，正五行，始定人道"②。伏羲氏作为上古圣王，标志着从母系氏族向父系氏族的转变，夫妻之制的形成为家庭的出现奠定了基础，即"有夫有妇，然后为家"。

"家"字产生于商代，甲骨文中的"家"为象形字，"家"上面的"宀"表示与房屋有关，下面是"豕"，即猪，猪是农业社会人群常畜养的牲畜，是私有财产的代表。人们多在屋中畜养猪，房子里有猪就是家庭兴旺富有的表现。而"庭"指的是一室之中，将"家庭"组合在一起指代共同生活于一室之中、有自己私有财产的人们。因此，随着夫妻制度和私有财产的出现，从早期氏族部落的社会组织中逐渐产生了以小家庭为单位的组织形式。

氏族社会之后，无论是奴隶社会还是封建社会，权贵凭借自己特殊的政治经济地位，占有了大量物质资源，其家庭人口也往往呈现繁盛的局面，而就一般人群而言，家庭结构则较小。孟子在他的仁政理想中提到不要扰乱百姓的农时，百亩的田就可以供养八口之家。祖孙三代组成的八口之家或是春秋战国时期民众的主要家庭结构。不过，这一家庭结构在秦国则被逐渐改变。因为人口是国家统治的重要资源，为了从人民手中攫取更多的税赋，商鞅变法强制成年男性分家，"民有二男以上，不分异者倍其赋"③。这样，一个由数个男丁及其小家组成的大家庭就不得不"分崩离析"。及至汉代，五口之家逐渐成为一种主流家庭结构，晁错曾说"今农夫五口之家，其服役者不下二人"④，显然，五口之家的组成就是社会的基本家庭结构。据学者统计，在中国历史上大多数朝代如西汉、东汉、隋唐、元明清等家庭都保持在五口之家的规模⑤。抛开战争、瘟疫等特殊情况和部分官员贵族等特权阶层外，五口之家就成为中国小家庭结构的基础特征。

---

① 马克思，恩格斯. 马克思恩格斯选集：第4卷[M]. 北京：人民出版社，1972：50-51.

② 陈立撰. 白虎通疏证[M]. 北京：中华书局，1994：51.

③ 司马迁. 史记[M]. 北京：中华书局，1959：2230.

④ 班固. 汉书[M]. 北京：中华书局，1962：1132.

⑤ 袁祖亮. 西汉至明清家庭人口数量规模研究[J]. 中州学刊，1991(2)：114-119.

二、中国古代家庭的特征：宗法制度下的亲疏伦理

中国以血缘亲疏作为人际关系的基础，其核心脱胎于古代的宗法制度。宗法制的特点是以男性血缘谱系作为财产和权力的继承条件。自禹传位于其子启之后，公天下就变为家天下，为了维系国家的统治，原来氏族社会的松散秩序必须要转变为规范有序的政治秩序。经过夏、商两朝的奠基，周朝最终确立起了以嫡长子为核心的宗法制度。

在宗法制下，所有的王公贵族皆按血缘关系分配国家权力，并且按照嫡长子制度延续和继承各种政治、经济特权。周天子不仅在血缘关系上是大宗，也是政治上的共主。而分封的诸侯因血缘和姻亲的差异而与天子有不同的亲属关系，如《礼记》所说，负责国家重大事务的五官之长，如果与天子同姓，天子要称呼其为"伯父"；如果是异姓，天子则称其为"伯舅"。如果是掌管九州的牧守，与天子同姓，天子要称其为"叔父"，与天子不同姓，则天子要称其为"叔舅"。维系国家统治的核心人员，皆被纳入天子的亲属谱系中，形成密切的亲属关系。

天子之下是诸侯，诸侯之下是卿大夫，卿大夫之下是士，士之下是庶民，这样严格的等级秩序是国家顺利运行的基础。天子是诸侯的大宗，诸侯是自己王国卿大夫的大宗，卿大夫相对于士是大宗，士相对于庶民是大宗。大宗拥有传承自己政治、经济特权和身份地位的合理性，小宗要顺从并且维护大宗。周朝就通过这样的大宗小宗、血缘亲疏，从家庭等级拓展到政治领域。这样的宗法制配合着分封制造就了周的礼乐文化，为中国文化奠定了基础底色。即便后世礼崩乐坏，但亲疏等差、长子继承仍然是以皇家为首的家庭所恪守的准则。

古代家庭依据血缘亲疏形成人际关系，构建起围绕高祖父、曾祖父、祖父、父亲及己身共五代的男系血统及其配偶的"五服之亲""本宗九族"，并且围绕此关系建立了一套丧服制度。古代的丧服制度按服丧期限及丧服粗细不同可分为五种。这种繁复严格的血缘亲疏是中国人所特有的人际关系，民间俗称的"八竿子打不着"、电视剧里常称的"诛九族"，皆是这种血缘亲疏关系的形象体现。中国古代家庭的重要特征就是宗法制度下的亲疏伦理，其在中国古代的日常生活中起着不可忽视的重要作用。

三、中国古代家庭的功能：家国同构的社会模式

家国同构是中国政治与社会的独特模式。儒家自汉代以来，一直发挥着构建中国的思维世界的重要作用，在儒家思想的笼罩下，家国同构起到粘连个人、家庭与国家的作用。"天子"，即以天为父，以地为母，是为天之子。由此，天子必须通过一系列仪式来尽他对天地的责任。天子必须郊祀上天，"天子不可不祭天也，无异人之不可以不食父"①。天子必须对自然界所发生的种种变化保持警惕，董仲舒的天子奉天施政思想对此后的政治有深远的影响。家国同构不仅规定了天子与天之间的伦常关系，而且规定了君主与臣民之间的身份，乃至将家庭中的地位也做了安排。天子是天之子，又是百姓之父。董仲舒曰："天子受命于天，诸侯受命于天子，子受命于父，臣妾受命于君，妻受命于夫。"②于是父为子纲、君为臣纲、夫为妻纲的纲常伦理成为中国古代家国的根本观念。

既然百姓都是天子的子民，那么在选拔官员上，忠孝也是一体的。求忠臣必于孝子之门，汉代开始实行的"举孝廉"制度，就是将孝子选拔出来成为为国家服务的忠臣。国家治理需要的是职业化的科层官僚，"举孝廉"制度尽管不能完全满足这一需求，但仍比原来看财富、地位的荫子和赀选要进步很多，最起码通过察举的人是品德高尚之人。比如说江革"穷贫裸跣，行佣以供母，便身之物，莫不必给，举孝廉为郎。"③既有因孝顺父母而被察举的官员，也有因不孝而被罢免的官员。即使在科举制时代，尽孝也是官员必须履行的义务。唐明宗时，滑州掌书记孟升因匿母丧而被赐自尽。诸如此类家庭与国家密切关联的事例在中国古代家国同构的社会模式下数不胜数。

宋代理学兴起以后，个人的道德修养被提升到了新的高度。理学家们将《大学》作为必读的"四书"之一，他们特别强调修身、齐家乃是治国、平天下的重要基础，即"身修而后家齐，家齐而后国治"④。家务事远非琐屑私事，要想日后在社会上有所建树，人应该从当下的日常生活做起，在家庭中培养及展

---

① 苏舆.春秋繁露义证[M].北京：中华书局，1992：405.
② 苏舆.春秋繁露义证[M].北京：中华书局，1992：413.
③ 范晔.后汉书[M].北京：中华书局，1965：1302.
④ 朱熹.四书章句集注[M].北京：中华书局，1983：4.

现美德。随着理学逐渐成为官方哲学,这样的思想观念下沉到所有读书人之中,乃至成为普通人的追求。著名理学家朱熹认为,小时候就要从"洒扫应对"等家庭事务上修行,以此打下成人立业的根本之基,他还特地编纂了童蒙需要遵循的礼仪规范《小学》一书。清代的刘蓉小时候在偏室读书,地上经常有积水的水洼,刘蓉虽然经常弄湿鞋,但日子久了也习惯成自然,一直没有想着去打扫。刘蓉父亲有次看见他偏室里的水洼,便以"一室之不治,何以天下家国为?"劝诫他,并让人填平了水洼。"一屋不扫何以扫天下"背后正是古代家国同构社会模式的真实写照,由家到国根植于中国古代人们的思想观念里,构成了中国古代社会的基本组织结构。

第二节 中国古代家庭仪式

一、中国古代家庭仪式的表现形式

1. 家庭仪式与文化的关联

"文化"语出《周易》,"刚柔交错,天文也;文明以止,人文也。观乎天文,以察时变,观乎人文,以化成天下"①。"文化"一词,包含甚多,难以界定。梁漱溟说:"文化,就是吾人生活所依靠之一切。"②钱穆也曾说,"文化乃一个大群集体的人生"③。毫无疑问,文化根植于我们的日常生活之中,而又无所不包。文字、思想、艺术、礼仪、器物、社会风俗、道德法律等都可以视作文化的表现形式。而在这些表现形式中,家庭文化是中国传统文化中不可忽视的内容。家庭是人们出生与成长的港湾,是人在学校以外接受教育的另一个重要场所。因此,家庭对人的塑造和成长起着重大的作用。

中国古代尤其重视家庭,留下了大量家风、家教、家训,可以说,中国古代形成了浓厚的家庭文化。这些家风、家教、家训中,有的强调人际关系,如宣扬夫妻恩爱的"结发为夫妻,恩爱两不疑";有的强调孝顺父母的,如"谨身节

---

① 李道平.周易集解纂疏[M].北京:中华书局,1994:246.
② 梁漱溟.中国文化要义[M].上海:上海人民出版社,2011:7.
③ 钱穆.中国文化精神[M].北京:九州出版社,2012:1.

用,以养父母";有的强调学习的重要性,如教育孩子"黑发不知勤学早,白首方悔读书迟";也有的强调家庭传承,如"耕读传家""忠孝传家"等。可以说独特的家庭文化是中国与西方文化的显著差异之一。文化必有载体,礼仪是文化的一部分。中国特殊的家庭文化,在具体生活中也会存在相应特殊的家庭仪式,从丰富的家庭文化中梳理学界忽视的家庭仪式,阐明家庭仪式的重要意义亦是本书的主旨之一。

2.家庭仪式与礼仪的关联

中国从远古祭祀仪节到周公制礼作乐,逐渐形成了一整套规范化、制度化的仪式规定,起着"定亲疏,决嫌疑,别同异,明是非"[①]的重要作用,不仅为国家统治的正常运行和封建贵族的行为活动提供了重要指导,也为普通家庭的日常活动制定了非常多的家庭仪式。《中庸》言"礼仪三百,威仪三千"[②],《春秋左传正义》云:"中国有礼仪之大,故称夏;有服章之美,谓之华。"[③]数量繁多的礼仪涉及祭祀、吊唁、军事、社会交往、社会生活等各个方面,是理解古代中国社会运行和人民活动的重要途径。

古代汉族礼仪有"五礼"之说:祭祀之事为吉礼、冠婚之事为嘉礼、宾客之事为宾礼、军旅之事为军礼、丧葬之事为凶礼。其中大量的内容是为王公贵族设立的繁复礼仪,宋代以前也一直遵循着"刑不上大夫,礼不下庶人"的惯例,及至宋代,在以礼治家、以礼训家、以礼诫家的观念下,以司马光、吕祖谦、朱熹等人为代表的士大夫们编订了大量的家礼、家训、家诫等以规范家庭秩序与家庭成员的日常行为,这些文本发展到明清时期蔚为大观,不仅成为国家礼书的重要来源,而且还成为地方官移风易俗活动中的行动范本与普遍原则。

家训、家诫的文本或许太过抽象,难以反映在日常的家庭活动上。因此,如果我们具体到家庭仪式的层面,则自孩子孕育,便有胎教,及其长大,又有冠、婚、丧、祭等各种细密的礼仪活动。这些纷繁复杂的礼仪贯彻人的一生,涉及生活的方方面面,每个家庭都不可避免地要参与其中,限于篇幅,难以一

---

① 孙希旦.礼记集解[M].北京:中华书局,1989:6.
② 朱熹.四书章句集注[M].北京:中华书局,1983:35.
③ 孔颖达.春秋左传正义[M].北京:北京大学出版社,1999:1587.

一展开,因此择取其中要者,勾勒恪守家庭礼仪的中国人的一生。

3. 家庭仪式与风俗的关联

"俗",谓民之风俗也。《荀子·强国》讲:"入境,观其风俗。"[①]风俗是一个地区、特定人群长期沿革积累下来的行为模式和共同观念。通过察风观俗,可以明了一个地区人们的生活状况和思想情感。风俗包罗万象,包含着饮食服饰、卫生保健、生产生活等诸多方面,不同时代的风俗既有传承也有转变。如果说礼仪倾向于由一定权力加强的秩序,那么风俗就是普罗大众约定俗成的生活节奏和日常习惯。对于儒家来说,礼应当是修身的外在体现,俗则内蕴着百姓多种多样的寄托。正是因为风俗根植于不同人群特有的劳动和生活实践中,所以风俗有很大的地域性,现实生活中常常会出现所谓"百里不同风,千里不同俗"的局面。

中国人的家庭观念很重,相当多的风俗或者仪式是以家庭为单位完成的,或者每个家庭的仪式成为村落或城市仪式的一部分。例如中国有许多节日的主题都是阖家团圆,比较典型的有中秋、除夕等节日,在这些特殊的节日里,个体家庭往往会有相应的一些活动内容,而这些活动经过文化意义的抽象和人们观念的赋予,逐渐形成了与风俗密切相关的诸多家庭仪式。甚至是一些国家节日、宗教节日等也因文化传统的影响,而在普通百姓的日常生活中占据着重要意义。

二、中国古代家庭仪式的内容

Wolin 和 Bennett 根据家庭仪式活动的内容,确定了三种类型的家庭仪式:模式互动、家庭传统及家庭庆典。我们从这三个方面出发,介绍中国古代家庭仪式的内容。

1. 模式互动

正如本书第一章所定义的那样,家庭仪式中的模式互动是家庭中最经常发生的,也是最不自觉的,这一类型的家庭仪式往往体现在日常活动的晨昏定省、饮食规矩、日课教育中。中国古代的家庭活动中,相关的内容纷繁复杂,难以穷尽,兹举一些,以管窥当时的家庭仪式。

---

① 王先谦.荀子集解[M].北京:中华书局,1988:303.

（1）起居方面。

子女每天早晨要去省视父母，向父母请安，到了晚上，要服侍父母安寝，因此有"晨昏定省"之说。在父母患疾病的时候，子女不仅不能言笑无状，进行娱乐活动，还要积极为父母延医寻药，做到"亲有疾，药先尝"[①]。此外，在日常照顾中对于父母的疾痛苛痒，也要为其按摩搔痒来缓解不适。如《梁书·庾沙弥传》就曾记载："嫡母刘氏寝疾，沙弥晨昏侍侧，衣不解带，或应针灸，辄以身先试之。"[②]庾沙弥在母亲刘氏患病时，晨昏侍奉在其身边，衣不解带，勤勤恳恳，是古代家庭仪式中照顾父母的典型案例。在这种日常侍奉父母的仪式中，父母与子女有着亲密的互动，这不仅能增强子女的责任心和孝顺心，也能使父母长辈得到子女的爱护和关怀，营造出良好的家庭氛围。

（2）饮食方面。

除了起居有程式化的仪式外，古代家庭在饮食上，也有一些具体的规定。如全家人一起吃饭时，以长者为尊，长者坐于餐桌的正位，晚辈在旁边陪侍，长者动筷子前，子女孙辈晚辈是不能先行进餐的，正所谓"或饮食，或坐走，长者先，幼者后"。有些家庭在进餐前家长带领家庭成员要默念或者背诵"饮食之德，一粥一饭，当思来处不易"等感恩珍惜食物的内容。这些饮食仪式可以将尊老敬老、爱惜粮食的美好品德在家庭里进行传承。如果是比较重大的宴席，往往还有更为详细复杂的宾主交接仪式，按《仪礼》规定，从入席到开宴，其间还有迎拜、拜至、拜送、拜既等顺序，其中座次、酌酒等亦皆有相应的规定，虽说是"繁文缛节"，但是在古代家庭中，却是不得不知、不得不做的家庭仪式。

（3）出行方面。

除了饮食、起居外，子女出行回家皆要告知父母，即"出必告，反必面"，因为这样可以让父母知晓自己的动态，免去担忧之情。出行除了要告知父母外，亦要进行祭神和卜行的活动。古代出门远行不如当今方便，往往要历经艰难险阻，跋山涉水才能到达。而且出行途中，不仅有毒虫猛兽的危险，还有

---

① 李逸安，张立敏. 三字经·百家姓·千字文·弟子规·千家诗[M].北京：中华书局，2011：179.

② 姚思廉. 梁书[M].北京：中华书局，1973：655.

盗贼强盗等未知的风险。因此，古代人们出远门前十分慎重，有一系列的仪式活动。有些人出行前进行祭神的仪式，比如汉代出行前要祭祀路神，称为"祖道"。《汉书》载，西汉将领李广利率军队出击匈奴之前，"丞相为祖道，送至渭桥"①。宋代把五通神奉为行神，凡有出行在外者，皆供奉五通神。起类似功能的还有祭拜梓橦君、紫姑神、妈祖等。除了祭神外，古代人出行亦有卜日的仪式。一般的民间日历书往往记载某日是否忌出行，哪个方位是吉位。考古学家已经发现的秦《日书》中就有宜于出行的时间表。《马可波罗行纪》也曾记载当时临安人出行卜日的仪式："如有一人欲旅行时，则往询星者，告以生辰，卜其是否利于出行，星者偶若答以不宜，则罢其行，待至适宜之日。"②这样将出行作为家庭的日常活动，其出行仪式也成为家庭日常仪式中的重要内容。

（4）教育方面。

家庭教育是家庭仪式里非常重要的一个环节。家庭教育不同于学校教育和社会实践，是由家庭成员参与的，以传授知识或为人处世为目的的一种教育活动。一般皇室或贵族官僚家庭皆有专门的人负责教育，由家庭成员参与的首先就是胎教。汉初贾谊在《新书》里记载："周妃后妊成王于身，立而不跛，坐而不差，笑而不渲，独处不倨，虽怒不骂，胎教之谓也。"③周成王的母亲在怀孕期间一举一动都遵循礼法，站立不踮脚，坐姿端正，独处不傲慢，即使生气也不骂人，通过这样的胎教仪式来影响孩子的成长。再如《韩非子》记载的曾子杀猪以教的故事亦是注重家庭教育仪式的一个典型例子。曾子的妻子曾经去集市买东西，为了让哭闹的孩子乖乖回家，就许诺他回去以后给他杀猪吃。曾子的孩子回家告诉曾子要吃猪肉的消息后，曾子就真的去杀猪了。曾子妻子从集市回来，看到曾子在杀猪，大惊失色，忙向曾子解释说她其实是骗小孩子的。而曾子却说小孩子不懂事，依赖于父母的言行教育，如果现在欺骗他，就是在教他学会欺骗，儿子以后也不会相信自己的母亲。因此，为了贯彻正确的教育之道，曾子才杀猪以育儿。只有养成积极的家庭教育仪

---

① 班固.汉书[M].北京：中华书局，1962：2883.

② 沙海昂.马可波罗行纪[M].北京：商务印书馆，2017：321.

③ 贾谊.新书[M].北京：中华书局，2000：391.

式,在仪式中通过父母的言传身教,潜移默化地影响孩子,才能真正收获良好的家庭教育效果。其他如孔子的过庭之训,孟母的三迁居所,都是注重家庭教育,讲究家庭仪式的典型例子。

2. 家庭传统

家庭传统是指在家庭的重要日子里,如结婚纪念日、生日等周年纪念日所进行的仪式活动。因此,家庭传统对于家庭成员来说具有特殊性。人的一生有诸多重要的时间节点,如出生、成年、婚娶、添丁、死亡等,这些皆是家庭的重要大事,而在这些活动中,往往有着家庭的特殊传统。

(1)出生。

在古代传统的生育观念里添丁继嗣最为重要,因此有关生育的家庭仪式有非常多的讲究。怀孕前,夫妇二人往往要去寺庙或者道观进行求子祈福的活动,许愿能顺利怀孕生产,尤其是民间的观音信仰,亦被求子的夫妻尊称为"送子观音"。孩子将要出生的当月,孕妇要单独住在侧室,防止有人惊扰,而且要挑选好接生婆及生产时的伴人等,待产期间丈夫不能进入侧室,只能每天派人多次问询。为了能顺利生产,对孕妇亦有各种要求和禁忌。如朱瑞章《卫生家宝产科备要》中就提到:"妊娠脏气皆拥,关节不利,(孕妇)切不宜多睡,食粘硬难化之物,亦不须乱服汤药,大忌针灸,惟须数行步,定心神,不得悲忧惊恐,负重震动。"①不同的家庭因自己的习俗惯例,往往有各种各样的生产仪式,此外中国亦很强调产妇生育后的状况,因此形成了中国特有的"坐月子"家庭仪式。

(2)洗礼。

孩子出生后要举行"洗儿礼",这既是为婴儿行"落脐炙囟"的医学护理,也是为婴儿庆生的民俗活动。一般来说"洗儿礼"的家庭仪式的参与人员不仅局限在有新生儿的小家庭中,还要邀请亲朋好友一起参加。虽然仪式在婿家举行,但是产妇的娘家在仪式举行之前要备好金银钱财和果品食物等送往婿家以备使用。在正式仪式中,要用药材煎好香汤置于盆中,并且把金银、枣子等物品都投入盆中。家中的尊长用金银钗搅拌盆内之水,而在场的亲友也

---

① 朱瑞章.卫生家宝产科备要[M].上海:上海科学技术出版社,2003:36.

要以金钱银钗等投向盆中，以做添福之意。盆内枣子等果品随着搅拌不停旋转，在参与仪式的亲朋好友中，如果有新婚不久的少妇或者婚后久不生育的妇人就会争着挑取这些竖立转动的枣子吃，取意"早生贵子"。著名的宋代文豪苏轼，就在其儿子的"洗儿礼"仪式上，写下了"惟愿吾儿愚且鲁，无灾无难到公卿"的名句。

（3）取名。

姓名是一个人身份的标识，姓氏代表着家族血脉的传承，而名字则是父母长辈对孩子寄予期望和关怀的重要体现。中国古人皆有名有字有号，《礼记·檀弓》记载："幼名，冠字"①，即婴儿出生后由父亲命名。"男女异长。男子二十，冠而字。父前，子名；君前，臣名。女子许嫁，笄而字。"②男子二十岁举行冠礼时再取字，女子则是十五岁举行笄礼时取字。"名子者不以国，不以日月，不以隐疾，不以山川"③，名字是伴随着每个人一生的特征，故而不可不慎重，出生时父亲起的名供长辈称呼，而冠礼成年之后取的字则是方便平辈所称呼。名字不仅体现出亲疏关系，亦可反映血缘关系，除了姓氏代表着父系血缘外，家族成员如果共用一个字亦是体现着血缘家族中的同辈关系，而同辈之间，又有着伯、仲、叔、季等区分长幼的名号称谓。毫不夸张地说，中国人的命名仪式里蕴含着丰富的中华文化底蕴。

（4）周岁。

周岁即小儿满一周岁所举行的礼仪。周岁代表着新生儿成长到一个新的阶段，因此古代家庭十分重视周岁礼的仪式。当天父母会在中堂铺陈锦席，点燃祈福祭神的蜡烛，将小孩放在席的中央，并在席的四周陈列各种水果点心、文房四宝、经史子集、金银铜钱、刀剪绳尺等各种日常之物。父母会观察小孩子先抓取何物，以此来看其兴趣爱好，并预测其将来的生活。《颜氏家训》中就记载："江南风俗，儿生一期，为制新衣，盥浴装饰，男则用弓矢纸笔，女则刀尺鍼缕，并加饮食之物，及珍宝服玩，置之儿前，观其发意所取，以验贪

---

① 孙希旦.礼记集解[M].北京：中华书局，1989：49.
② 孙希旦.礼记集解[M].北京：中华书局，1989：207.
③ 孙希旦.礼记集解[M].北京：中华书局，1989：48.

廉愚智,名之为试儿。"①这种周岁陈列物品试儿的家庭仪式民间亦俗称"抓周",在古代以及今天的家庭,仍然发挥着广泛而深刻的影响,寄托着父母长辈的殷殷期望。

(5)冠礼。

古代中国汉族男子的成年礼是冠礼,女子的成年礼是笄礼。古人头发皆是蓄发不剪,正所谓"长发垂髫"。及至二十岁,男子就要束起头发,举行冠礼,以示成年。而女子十五岁许嫁以后就要插上发笄,表示成年。冠礼之前,父母要在家庙里进行卜日、筮宾,即挑选合适的日子和主持加冠的宾客。确定好日期和主持人后,在冠礼三天前要通知各类亲友,邀请他们来进行观礼。冠礼当天,加冠者和其父亲、主持人都要穿戴礼服,在加冠的正式仪式中,最重要的是"三加",即先加黑麻布做的缁布冠,表示有了治人的权力;再加皮弁,表示以后就有了参加军队的资格;最后要加爵弁,表示有了参加祭祀的特权。因冠和服需要匹配,每次加冠亦要易服。当每次加冠时,主持人亦会宣读加冠的祝辞。加冠完毕后,男子就正式成为了成年人,要承担起成年人的责任和义务,要遵循社会的各种法律规定,而且举行完成年礼后,男子也意味着到了可以娶妻生子的时候了。

(6)嫁娶。

古代婚嫁是家庭中的重要事项,也是家庭成员的人生大事,自古以来嘉礼中就有着关于婚礼的众多仪式要求。虽然仪式繁多,但核心为"三书六礼",即聘书、礼书和迎亲书,而六礼则是从提亲到完婚的六个主要环节。婚礼第一个环节称为"纳彩",即男方父母委托媒人向女方家里提出通婚的意愿,这一仪式往往要男方以礼物表示诚意,最早的周礼是以大雁为媒礼,郑玄在《仪礼》注中提到:"用雁为贽者,取其顺阴阳往来。"②后世逐渐开始用鹅、鸭、鸡三种活禽,或鹿、羊等其他物品来代替。在"纳彩"之后则是"问名",如果女方家庭收下礼物,则表示有意向缔结婚约,媒人就要进一步询问女方的姓名、年龄、生辰八字以及家族情况等。"问名"之后的环节就是"纳吉",男方父母请人测算八字是否相合,在测算问卜之后,男方要将卜婚的吉兆通知女

①　檀作文.颜氏家训[M].北京:中华书局,2007:78.
②　贾公彦.仪礼注疏[M].北京:北京大学出版社,1999:61.

方,并送礼表示要进行订婚。之后便是"纳征",即男家往女家送聘礼,等女方接受后,自此男女双方的婚约就正式缔结。其后要"请期",即由男家择定结婚佳期,用红笺书写男女生庚(礼书),由媒人送到女方家里,和女方父母商量迎娶的日期。最后则是"亲迎",即往女方家迎娶新娘,进行拜堂成亲的后续仪式。婚礼的流程仪式十分重要,《礼记》中就特别强调:"男女非有行媒,不相知名;非受币,不交不亲。故日月以告君,齐戒以告鬼神,为酒食以召乡党僚友,以厚其别也。"[1]如果不经过一系列礼法规定的仪式,这样的婚姻缔结就没办法得到各方的祝福和保证。

(7)丧祭。

中国古代认为"事死如事生",十分重视生命的最后环节。丧礼就是一系列针对死者进行殓殡、祭奠和哭泣服丧的仪式。虽然因时代、地区、宗教等各种因素的影响,丧礼呈现出复杂的面貌。但其中亦有一些核心环节仪式。一般去世之后,首先要处理尸体,即小殓,要给死者沐浴、穿衣、覆衾,将死者入棺但不加盖。小殓之后要进行报丧,通知各地的亲属朋友葬礼的时间地点,其后亲友要来进行奔丧,参与丧礼的后续仪式。在等待亲友奔丧期间,尸体要停放在灵堂,死者的晚辈要穿着孝衣轮流进行守灵。至吉时进行大殓,即当着家属的面,将死者移入铺有褥子的棺材,盖上被子,钉上钉子封棺,准备下葬。其后就是正式的出殡和下葬,死者的亲属抬着棺材送到墓地进行埋葬。古代在下葬之前还有招魂的仪式,下葬后亦有象征死者灵魂归来的虞祭。待死者正式下葬之后,每隔七天要进行祭奠仪式,一直到七七四十九天之后。死者去世后的一百天、一周年、两周年、三周年和其他如清明节、祭祖日等,亲属亦要进行祭奠。在死者去世后,亲属要按血缘亲疏进行服丧,从重到轻,依次分为斩衰、齐衰、大功、小功、缌麻五种,此之谓"丧服五服"。有关丧祭的仪式仍有诸多细节的仪式规定,难以穷举,但是其中核心的意蕴即"缘情制礼",通过各种各样的仪式给死者以安息,给生者以慰藉。

3. 家庭庆典

中国古代以农为本,农事活动依赖于天时,人们逐渐对物候形成了一套完整的认识,并依此制定了农历。其中二十四节气就成为百姓生活中的重要

---

[1]　孙希旦.礼记集解[M].北京:中华书局,1989:45.

内容。在各种岁时中,不同的家庭根据传统习俗有着相应的一些仪式活动。如立春的"打春牛""咬春",清明节的"祭祖扫墓""踏青",除了应节气而有相应活动外,庆祝传统节日也是古代家庭的重要仪式。如端午的赛龙舟、佩艾草、喝雄黄酒。再如中秋节家庭团圆、吃月饼、举行拜月仪式。除此之外,国家往往会制定各种具有特殊意义的节日来表彰或表达特定的意图,如皇帝的诞辰、皇子皇女的婚嫁日等。无论是哪一种特殊岁时或节日,皇室往往要表示与民同乐,举行各种各样的庆典仪式,让百姓也参与其中。这些活动中,家庭成员往往一起参加,因此也形成了各种与节日相匹配的家庭仪式。兹各举一些例子。

（1）冬至。

冬至是二至之一,在古代有"冬至大于年"的俗谚,在这一日,不仅有祭祀祖先的仪式,还要进行贺冬、赠送礼物等活动。以宋代为例,南宋孟元老的《东京梦华录》就记载:"十一月冬至。京师最重此节,虽至贫者,一年之间,积累假借,至此日更易新衣,备办饮食,享祀先祖。官放关扑,庆祝往来,一如年节。"①宋代冬至与过年相似,或贫或富,家家都要置换新衣,购买祭祀物品来祭祀自己的先祖。除了祭祀祖先外,各家各户亦把这一节日视作走亲访友,馈赠礼物的重要节日。正所谓"至节家家讲物仪,迎来送去,费心机脚钱"。冬至日不仅是农历物候的重要节点,而且因为古人认为冬至日是阳气渐长之日,值得庆贺,所以冬至日被赋予了非常多的人文意义。

（2）小年。

小年是除夕（大年）前的一个重要节日,民间俗称小年。徐爱《家仪》称:"惟新小岁之贺,既非大庆,礼止门内。"②意思就是说小年的庆典仪式不是大的庆典,只需要在自己家里操劳相应的仪式就行。具体来说有打扫室内和庭院的卫生,购置过年用的各种年货等。尤其是民间常把小年称为灶神节或祭灶节,这一日家家户户便要制作非常有黏性的灶糖用来祭祀,寓意"灶王爷"上天言好事,下界保平安,是劳动人民的一种美好愿望。

---

① 孟元老.东京梦华录[M].北京:中国画报出版社,2016:247.
② 吴淑.事类赋注[M].北京:中华书局,1989:98.

（3）诞节。

中国古代皇帝的生辰往往要举行全国性的庆典仪式，南宋洪迈的《容斋随笔·诞节受贺》记载："诞节之制，起于明皇（唐玄宗），令天下宴集，休假三日。肃宗亦然，代、德、顺三宗皆不置节名。及文宗以后，始置宴如初。则受贺一事，盖自长庆年至今用之也。"唐玄宗开始举行生辰仪式，其生辰日称作"天长节"，有着"长生不老"的寓意，"天长节"前后三天全国统一放假，皇家举办大型宴席接受百官庆贺，民间也张灯结彩，共同庆祝。宋代继承其制度，每任皇帝皆以自己生日为节日，如宋太祖生日为"长春节"、宋太宗生日为"乾明节"，后又改为"寿宁节"，真宗为"承天节"等。宋代皇帝的诞节不仅举办百官称贺的宴席，还有大型歌舞汇演。此外，寺庙、道观有进香、放生等活动，街上也热闹非凡，百姓积极参与其中，有些家庭甚至在家里为皇帝举行祈福添寿的仪式。

（4）腊八节。

农历十二月初八为佛祖释迦牟尼的成道之日，这一天很多寺庙都要举行纪念仪式，这一节日各大寺庙和普通人家里都要熬煮腊八粥以供佛。《东京梦华录》记载宋代的腊八节，这一天僧人三五成行，以金银盆器承载一座佛像，行走在大街小巷，一边走一边用杨枝蘸浸佛像的香水洒向四周。各大佛寺还会举办浴佛会，熬制七宝五味粥给众信徒，即腊八粥。普通人家或者去各大寺庙里进香，分食腊八粥，或者在自己家里用各种果子杂粮熬制腊八粥，还有一些家庭不仅熬制粥，亦会腌制一些腊八蒜，这一家庭仪式至今仍然广泛流行，是中华传统文化的重要内容之一。

三、中国古代家庭仪式的特点

1.伴随整个生命周期，从出生到死亡皆有相应的规定和仪式

古代家庭生活中有各种各样的仪式，这些仪式贯穿人们的生命周期，为人们提供了一整套指导日常生活的方法。《礼记·曲礼》曾记载："人生十年曰幼，学。二十曰弱，冠。三十曰壮，有室。四十曰强，而仕。五十曰艾，服官政。六十曰耆，指使。七十曰老，而传。八十、九十曰耄，七年曰悼，悼与耄虽

有罪,不加刑焉。百年曰期,颐。"[1]正如《礼记》记载,不同的年龄有着不同的生理特点,年幼重学,及长,便要行冠礼以示自己是一个有德的成年人。此后,结婚、出仕、养老等皆按部就班,其中每个环节都期待人有相应的能力和负担新角色的职责,为了加强人们对此的认识,于是需要相应地举办庄重的仪式。如孩子出生前,父母要进行求子祭祀或者祈福,保佑能正常怀孕和出生。出生时有相应的胎产仪式和禁忌,出生后有起名、洗礼、抓周等仪式。等孩子长大一些要在生活中学会如何孝敬父母并接受长辈的教育。男二十,女十五岁时分别行冠礼、笄礼,此后又有婚丧嫁娶等诸多仪式伴随着人的整个生命周期。此外,在年复一年的人生岁月里,按时到来的节日赋予了人们生活的节奏感,以仪式来庆贺佳节是每个家庭在忙碌之外给予自己的犒赏,也是人们祈求幸福、享受快乐的契机。

家庭仪式伴随着整个人的生命周期,从始至终,每个人都离不开家庭,也相应地离不开各种各样的家庭仪式。

2.涉及衣食住行、行走坐卧、洒扫应对、待人接物等生活各个方面

家庭仪式除了时间上伴随人们的整个生命周期外,在内容上则涵盖了人们衣食住行的方方面面。如在穿衣上,人们居家之时要穿燕服(常服),祭祀和有重大事情时要穿礼服,不同等级有着不同服色和纹饰的规定,不能僭越;在饮食上,长幼尊卑,位次方向皆有规矩,如果肆意妄为,往往被人指责为"失礼"或"有失家教";出行时必须禀告父母,返回时必须面见父母,"父母在,不远游,游必有方"等皆是日常生活中家庭仪式的重要观念和内容。中国是一个讲礼仪、守规矩的国家,这一特点与中国人从幼年时就接受礼仪的熏陶有密切关系。无论是行走坐卧、衣食住行,还是洒扫应对、待人接物,中国古代早已形成了非常丰富的家庭仪式,这些经验和内容直至今天都对我们起着潜移默化和深远持久的影响。

3.反映儒家孝悌忠义的价值观念,对塑造君子的理想人格起重要作用

古代家庭仪式重亲疏等级,亦重人格健全。著名的宋代思想家、教育家朱熹在其《家训》开篇就提到:"君之所贵者,仁也。臣之所贵者,忠也。父之所贵者,慈也。子之所贵者,孝也。兄之所贵者,友也。弟之所贵者,恭也。

---

① 孙希旦.礼记集解[M].北京:中华书局,1989:12.

夫之所贵者,和也。妇之所贵者,柔也。事师长贵乎礼也,交朋友贵乎信也。"①家庭仪式就是让人立足于不同的人伦角色,培养人"仁、忠、慈、孝、友、恭、和、柔、礼、信"等各种美好的道德品质。几千年来,儒家的价值观念根植于每个家庭的日常生活,对塑造君子的理想人格作出不可磨灭的贡献。而承载着这些观念的中国古代家庭仪式,正如朱熹所说,"乃日用常行之道,若衣服之于身体,饮食之于口腹,不可一日无也,可不慎哉!"

四、中国古代家庭仪式的影响

1. 中国古代家庭仪式的积极影响

中国古代的家庭仪式注重亲疏等级,注重身份区别,在家讲究父慈子孝,兄友弟恭,在外则强调对朋友信,对君主忠,因此对于强化成员的角色责任方面有着重要作用。而且中国古代的家庭仪式注重男女角色的区分,父亲威严,母亲柔爱,父亲主外,母亲主内,通过不同的身份特征强化成员角色的责任。父母不仅传承经验技能,而且无形的关爱促进家庭成员的人格健全。仪式究其实质而言,是为了培养人、凝聚人,家庭仪式可以维系良好的家庭关系,也可以潜移默化地塑造家庭成员的人格。由家而国,古代的家庭仪式为社会秩序和谐构建提供了重要的助力,个人对家庭、对国家的认同感和归属感也在这些仪式中得到了凸显。

2. 中国古代家庭仪式的消极影响

虽然中国古代的家庭仪式有很多的积极因素,但是也不能忽视其背后有封建等级制的烙印。这些不合时宜、对人们有不良影响的家庭仪式亦需要我们仔细甄别,取其精华,去其糟粕。如古代重忠孝,以父母和君主为最大,产生了一些诸如割股奉亲、埋儿奉母这样的愚孝行为。而"君要臣死臣不得不死"等诸多违背人性或者戕害生命的惯常行为在今天是完全不值得提倡的。此外,古代封建礼教中强调的男女有别,故而在家庭仪式中产生男女不杂坐、不共用物品、嫂叔不通问等规定,这些在注重男女自由平等交往的今天也是不应当继续遵行的。总之,我们需要在新时代的观念下重新审视这些家庭仪式的内容和合理性,对于其消极因素要加以淘汰,对于其积极因素加以发掘推广。

---

① 夏芬.治家之经·朱子家训[M].成都:西南交通大学出版社,2018:40.

五、中国古代家庭仪式案例

前文从家庭仪式的不同类型上进行了分析,揭示了家庭仪式的多样性,本节以清代曾国藩家族为例,从具体生活情景里对家庭礼仪的状况进行一个生动的描摹。

曾国藩,初名子城,字伯涵,号涤生,是晚清著名的政治家、理学家、文学家和书法家,被评为"立德立功立言三不朽,为师为将为相一完人",与李鸿章、左宗棠、张之洞并称"晚清中兴四大名臣"。曾国藩一生功绩彪炳,无论政治还是学问皆有所成就,其家庭教育的成功更为后人所称道。曾国藩的大儿子曾纪泽是晚清著名的外交家,小儿子曾纪鸿亦是当时有名的数学家。孙子曾广钧是诗人,曾广铨是外交家。曾孙曾宝荪、曾约农是教育家。一门几代皆是各行各业的优秀人才。曾国藩的教育之道不是一味地说教,而是将其一生经验心得融入日常的各种家庭仪式之中,在潜移默化中影响着整个家族成员。下面以具体的生活片段来看曾国藩家族的家庭仪式。

在具体的家庭生活中,曾国藩家族的一个重要仪式是早起。自曾国藩高曾祖起,曾氏家族就以早起为训,形成了早起的家庭仪式。曾国藩的曾祖父、祖父都是以务农为生,故黎明即起,操办一天的家务农事,而其父亲曾麟书亦是天未亮即起攻读经书。曾国藩受其祖父辈养成的家庭仪式影响,不仅自身也是早起以继先人的家风,而且还劝诫其儿子曾纪泽,"当以早起为第一先务,自力行之,亦率新妇力行之"[①]。曾纪泽当时刚举行完婚礼,组建了自己的小家庭,曾国藩就强调儿子和儿媳要贯彻早起的家风,可见早起的家庭仪式在曾国藩家族日常生活中占据着重要的地位。俗语说"一日之计在于晨",曾国藩家族上下几代人传承遵循的早起仪式,为他们的学习工作提供了极大的益处。曾国藩曾说"乡间早起之家,蔬菜茂盛之家,类多兴旺"[②],早起的家庭仪式不仅是曾国藩家族几代相承的共识,亦是曾国藩家族兴旺的立足之基。

买书、读书是曾国藩家族中的另一个重要家庭仪式。古代要考取功名,走上仕途就必须要买书、读书,因此仕宦之家最重书籍。曾国藩家族不仅买

---

① 曾国藩.曾国藩家训[M].长沙:岳麓书社,1998:45.
② 曾国藩.曾国藩家训[M].长沙:岳麓书社,1998:75.

书、读书,还通过书信往来将买书、读书变成了日常生活中重要的家庭仪式之一。曾国藩对曾纪泽说:"买书不可不多",并且指出"吾家之书,业已百倍于道光中年矣"。作为注重耕读传家的曾国藩不仅经常购买当时刊印的各种名家著作,还经常让儿子将"家中所无者,开一书单来""一一购得寄回"。购书之后亦要读书,即曾国藩所说的"看书不可不知所择"①。曾国藩还经常通过书信与儿子曾纪泽、曾纪鸿讨论读书心得,指点他们读书门径,如指示他们读《诗经》需读阮刻《十三经注疏》,读《三礼注疏》前需先读江慎修的《礼书纲目》等。与其他家庭不同,用书信探讨读书治学,是曾国藩家族传承经验心得的特有仪式。用曾国藩自己的话说,用书信交流可以"随时谕答,较之当面问答,更易长进也。"②因此,买书和读书作为曾氏家族日常的家庭仪式,不仅是父子之间的亲密交流,亦是传递学问学识的重要途径。

曾国藩还要求家庭成员积极参加亲族邻里的事务,以维持亲族邻里的和谐关系。曾国藩坚持凡亲族邻里来家做客,都要恭敬款待,如果亲族邻里有什么困难,亦要出钱出力周济。因此,当亲族邻里如果有官司纠纷,曾氏会出面帮忙排解,有喜事的时候,曾国藩也会让家庭成员上门庆贺。无论是亲族邻里生病还是有丧事,曾国藩及其家庭成员都时时留心,积极参与,为其家庭赢得了良好的声誉名望。在曾国藩的熏陶下,曾氏家族的成员在日常生活中也有不少与亲族邻里相处的家庭仪式。如曾国藩的幕府陈鼐去家中做客,曾国藩专门嘱咐儿子曾纪泽要"恭敬款接"。曾纪泽的四叔、四婶过生日,曾国藩亦寄去燕窝一盒,罗布一匹以道贺。这些日常邻里的交往活动中,曾氏家族有着待人接物的严格仪式,为其家族塑造了热情好客、礼尚往来的良好家庭形象。

"种菜养殖"也是曾国藩家族比较特殊的家庭仪式之一。曾氏家族自曾国藩曾祖父始,即重视耕作养殖,以"书、蔬、鱼、猪"为治家之法,传于子孙。曾国藩也深受其家庭传统的影响,认为只有耕读传家才能长久,故十分重视种菜养殖。曾国藩曾要求曾纪泽、曾纪鸿留心时蔬养鱼,认为此是"一家兴旺气象,断不可忽"。曾国藩在家里雇园丁将田改造为菜园,在军营也不忘开垦菜地,试验种菜的最好方法。此外,曾国藩还让曾纪泽在家乡荒土旷山上开

---

① 曾国藩.曾国藩家训[M].长沙:岳麓书社,1998:30.
② 曾国藩.曾国藩家训[M].长沙:岳麓书社,1998:31.

垦菜园,种百谷杂蔬。曾国藩家族推行种菜养殖,不单单是为了日常的饮食方便,更是借此培养家庭成员吃苦耐劳的精神和不忘本的观念。

"饭后千步""夜夜泡脚"是曾国藩制定的有关养生的家庭仪式。曾纪泽天生体弱,经常服药,然而药虽然能活人,亦能害人,且乡间医生多是庸医之辈。因此,曾国藩并不主张曾纪泽常服汤药,尤其告诫他不服乡医所开的方药。针对曾纪泽的身体情况,曾国藩特地让曾纪泽"每日饭后走数千步""每餐食毕,可至唐家铺一行,或至澄叔家一行,归来大约可三千余步。三个月后,必有大效。"①此外,曾国藩认为养生之道,在于日常饮食坐卧。因此,他主张黎明要吃白饭一碗,不沾菜肴,夜晚要热水泡脚,舒筋活络。而且要经常锻炼射箭以健体格,经常静坐颐养精神,从让曾纪泽"饭后千步""夜夜泡脚"等内容可以看出,曾氏家族的家庭仪式并非一味遵循刻板的封建礼教,而是以人为本,从个体特性出发,充满温情与关心的仪式活动。

从曾国藩家族这些琐碎的家庭仪式中,我们可以看到,一个家族想要昌盛兴旺,靠的不是一个人的飞黄腾达,而是几代家族成员有关饮食起居、待人接物上形成的规矩要求。正所谓"知易行难",单纯的道理人人皆知,如何践行这些道理才是成人成才的关键。曾国藩将日常的道理转变为各种可以轻松实践的家庭仪式,通过以身作则,引导和督促着家庭成员,这才是曾氏家族几代不衰,人才辈出的奥秘所在。

第三节　中国家庭仪式的现状

一、中国家庭仪式现状的调研背景

家庭仪式在我国无论是本土化的理论建构,还是家庭仪式的结构都没有得到充分的学理分析,也缺乏系统性的实证探讨。针对这一现状,我们希冀采用问卷调查,对我国的家庭仪式的开展现状做总体性的概括。自古以来,由于家庭本位的文化传统和价值取向,我国一直有着丰富的家庭仪式,这些形态各异、意义多样的家庭仪式已融入一般家庭的日常生活中。对研究者来

---

① 曾国藩.曾国藩家训[M].长沙:岳麓书社,1998:59.

说,家庭仪式的概念则被解析为礼仪、文化、习俗、家庭功能、家庭环境等概念。这些概念与家庭仪式有着共通之处,让我们得以了解家庭仪式在家庭中的作用和价值,但可能由此缺乏对家庭仪式的内涵和外延的深刻了解。与家庭功能、家庭环境、父母教养方式等不同的是,家庭仪式更能够回答"一个家庭应该做什么""家庭成员间应该进行什么样的活动"等问题。因此,家庭仪式的内容虽类似于一种家庭活动,但其非常关注家庭整体的构成及运转,且更为重视家庭活动与文化及价值的关联。

在我国,随着社会经济快速发展,作为家庭小文化的家庭仪式的开展,难以脱离大的社会环境和文化环境变迁的影响。家庭仪式既然承载了文化的符号,而我国家庭的生活方式相比二三十年前已经发生了翻天覆地的变化,那么家庭仪式的形式、结构和内涵理应随之变动。一些旧的家庭仪式因为不合时宜有必要放弃,而结合科技发展如 VR、AR 等形式的家庭仪式则有待创新与探索,家庭仪式只有顺应时代的发展,才能在家庭生活中具有生命力。

在当今,随着生活节奏的加快,很多人感觉家庭中的仪式感降低了。与过去相比,家庭仪式到底变化了多少?人们如何看待家庭仪式的作用?哪些因素妨碍了人们开展家庭仪式?旧有的家庭仪式是否能被新的家庭仪式所替代?家庭仪式如何应对当今快速的社会转型?这些问题都有待审视和探讨。需要承认,这些问题的确难以回答,但我们可以通过调查大体了解人们对这些问题的观点和看法。通过了解家庭仪式的现状,我们可以对家庭仪式的开展提出一些针对性的建议,探讨具有可行性的举措,从而促进家庭仪式的开展,丰富和深化家庭的文化生活。

二、中国家庭仪式的调研对象及方法

1. 调研对象

我们采用随机抽样的方法,对全国 407 名成年人进行了问卷调查。调查对象的情况见表 2.1。除了调查关于家庭仪式的情况外,我们还调查了被试的性别、年龄、家庭所在地、收入等信息。

表 2.1　人口统计学变量统计分析表

项目		人数/人	百分比/%
性别	男	131	32.2
	女	276	67.8
年龄/岁	18～30	143	35.1
	31～40	97	23.8
	41～50	115	28.3
	≥50	52	12.8
婚姻状况	未婚	134	32.9
	已婚	265	65.1
	离异	8	2.0
教育水平	高中及以下	24	5.9
	大学专科	49	12.0
	大学本科	244	60.0
	硕士及以上	90	22.1
家庭所在地	城市	358	88.0
	农村	49	12.0
个人年收入/万元	≤2.5	153	37.6
	2.5～7.5	84	20.6
	7.5～15	77	18.9
	≥15	93	22.9

2. 问卷调查

（1）家庭仪式开展现状。

调研设计了 11 道题目以了解家庭仪式开展现状。

①对家庭仪式的了解。设计问题"您是否听说过家庭仪式的概念?"要求调研对象以"从未、偶尔、经常"作答。

②对家庭仪式的了解渠道。设计问题"您通过哪些途径了解到家庭仪式?"要求调研对象从"家庭教育、学校教育、书籍、网络、参与传统节日活动、和朋友/同事交流"等渠道做出选择,可多选。

③家庭仪式的参与情况。设计问题"过去一年内,您参与的家庭仪式的数量有多少次?"要求调研对象回答参加"节假日聚餐、庆祝生日、共进晚餐、传统习俗(如家人一同扫墓,一起贴春联)、周末活动(如一起看每周末的娱乐节目,球赛)、告别/迎接仪式(如为伴侣出差送行,出门前的告别/进门时的问候仪式)、周年纪念、娱乐活动(如睡前故事,晚上一起打游戏)、特殊纪念(如成人礼)"等不同家庭仪式的数量。

④家庭仪式的主办者。设计问题"家庭仪式主要由谁决定?"要求调研对象针对"本人、伴侣、父母、子女、参与者共同决定"进行作答。

⑤家庭仪式的人员构成。设计问题"您参加的家庭仪式的人员构成如何?"要求调研对象针对"父母和子女的小家庭(如三口之家)、其他亲属的大家族、非亲属的同事朋友"作答。

⑥家庭仪式的开销情况。设计问题"最近一次家庭仪式的开销大概是多少?"要求调研对象选择"300元以下、300～1000元、1000～3000元、3000元以上"作答。

⑦家庭仪式的开展意愿。设计问题"最近三个月内,您愿意开展家庭仪式吗?"要求调研对象以"是、否"作答。

⑧期望开展的家庭仪式类型。设计问题"对于如下家庭仪式,请选择您最希望开展的三项。"要求调研对象从"传统节日(如春节、七夕、清明节)、西方节日(如情人节、圣诞节、复活节)、家庭郊游、社区活动、纪念日、亲子活动、日常活动"中选择3项希望开展的家庭仪式。

⑨家庭仪式的重视程度。设计问题"您是否重视节假日聚餐、庆祝生日、庆祝节日的开展?"要求调研对象按照"非常不重视、比较不重视、一般重视、比较重视、非常重视"作答。

⑩家庭仪式的投入程度。设计题目"如果您有2天的假期,您希望在家庭仪式上花费多少时间?"要求调研对象选择"1小时以内、1～3小时、半天、一天及以上"作答。

⑪家庭仪式的重要性觉知。设计5道题目"家庭仪式只是走过场,没什么实际意义""家庭仪式可以增进家庭成员之间的关系""家庭仪式可以提高成员的幸福感和满意度""家庭仪式有利于传承家族文化""家庭仪式有利于孩子的成长",要求调研对象选择"没有考虑过、完全不同意、有点不同意、不好说、有点同意、完全同意"作答。

（2）家庭仪式开展的妨碍因素。

设计1道多选题,要求被试回答:哪些原因让您觉得难以开展家庭仪式? 可能原因包括没有时间精力、缺乏经济支持、在外地工作/学习、家庭成员缺乏主动性、不知道如何开展、觉得没有必要、家庭关系不好。要求被试从中最多选择三项可能原因。

三、中国家庭仪式的开展现状

通过随机抽样,对全国407名成年人进行了内容为前文所设计的11道题目的问卷调查,统计及分析的结果如下。

1. 对家庭仪式的了解

人们对家庭仪式的了解情况见表2.2。

表2.2　人们对家庭仪式的了解情况分析表

了解情况	人数/人	百分比/%
从未听说过家庭仪式的概念	140	34.4
偶尔听到过家庭仪式的概念	195	47.9
经常听到家庭仪式的概念	72	17.7

由表2.2可知,在日常生活中,近2/3的人对家庭仪式有所了解。

2. 对家庭仪式的了解渠道

人们对家庭仪式的了解渠道见表2.3。

表2.3　人们对家庭仪式的了解渠道分析表

渠道	人数/人	百分比/%
家庭教育	149	36.79
学校教育	54	13.33
书籍	91	22.47
网络	159	39.26
参与传统节日活动	145	35.80
和朋友/同事交流	128	31.60
从未了解到相关内容	72	17.78
其他	5	1.23

由表2.3可知,人们获取家庭仪式主要依靠网络、家庭教育和参加传统节日活动。

3.家庭仪式的开展情况

人们开展生日聚会、节假日聚餐等家庭仪式的情况见图2.1。

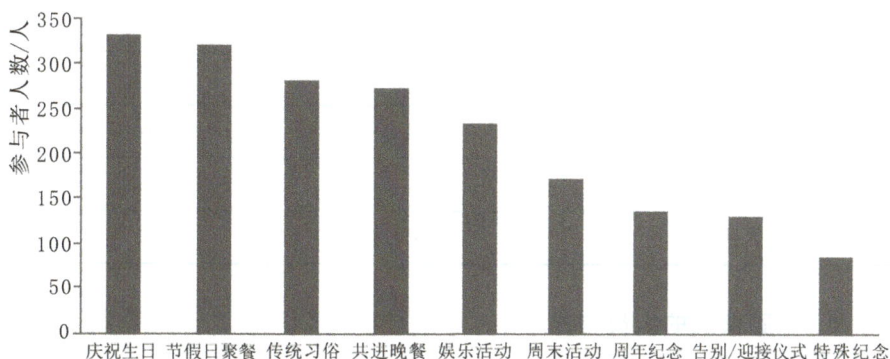

图2.1　家庭仪式的参与情况

由图2.1可知,为家庭成员庆祝生日、节假日家庭聚餐、传统习俗等家庭仪式受到人们的欢迎。需要指出的是,这三类家庭仪式代表了三种类别的家庭仪式,其中庆祝生日被视为家庭传统的典型方式,节假日聚餐被视为模式互动的典型方式,而传统习俗则是家庭庆典的典型方式。

我们对这三类家庭仪式的开展情况进行了具体分析,结果见表2.4。结果发现,庆祝生日的频次一般是"每年几次",家庭聚餐的频次一般是"每周一次",传统习俗的频次一般是"每年几次"。

表2.4　三种代表性家庭仪式开展情况分析表

频次	庆祝生日百分比/%	节假日聚餐百分比/%	传统习俗百分比/%
每天一次	—	18.1	—
每几天一次	—	22.9	—
每周一次	—	26.9	—
每月一次	—	23.0	—
每年几次	64.3	—	76.0
每年一次	30.1	8.1	20.5
每几年一次	2.9	—	2.9
没有	2.7	1.0	0.6

4. 家庭仪式的主办者

家庭仪式的主办者情况分析见表2.5。

表2.5　家庭仪式的主办者情况分析表

主办者	人数/人	百分比/%
本人	77	18.8
伴侣	30	7.4
父母	75	18.5
子女	6	1.5
参与者共同决定	219	53.8

5. 家庭仪式的人员构成

家庭仪式的人员构成情况见表2.6。

表2.6　家庭仪式的人员构成情况分析表

人员构成	人数/人	百分比/%
父母和子女的小家庭,如三口之家	320	78.6
包括其他亲属的大家族	73	17.9
包括非亲属的同事朋友	14	3.5

由表2.6可知,家庭仪式的开展多数是以两代人组成的核心家庭(78.6%),少数是包括亲属外的大家族(17.9%)。

6. 家庭仪式的开销情况

家庭仪式的开销情况见表2.7。

表2.7　家庭仪式的开销情况分析表

费用/元	人数/人	百分比/%
<300	98	24.1
300~1000	197	48.4
1000~3000	88	21.6
>3000	24	5.9

　　由表2.7可知,当被问及最近一次家庭仪式的开销情况时,近一半人回答在300～1000元。

7. 家庭仪式的开展意愿

人们对家庭仪式的开展意愿情况见表2.8。

表2.8　人们对家庭仪式的开展意愿分析表

开展意愿	人数/人	百分比/%
最近三个月内有意愿开展家庭仪式	322	79.1
最近三个月内没有意愿开展家庭仪式	85	20.9

　　由表2.8可知,绝大部分人在最近三个月内有意愿开展至少一次家庭仪式,表明人们在意识上都非常重视家庭仪式的开展。

8. 人们期望开展的家庭仪式类型

人们期望开展的家庭仪式类型见图2.2。

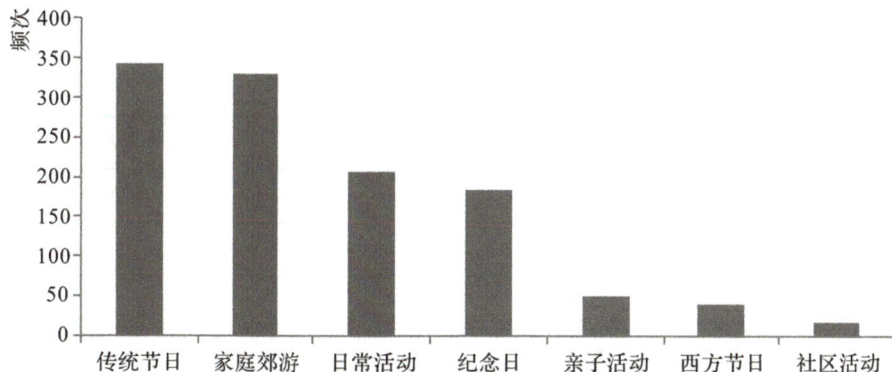

图2.2　期望开展的家庭仪式种类

　　由图2.2可知,人们一般期望在传统节日如中秋,或以家庭为单位的家庭郊游的方式开展家庭仪式。

9. 家庭仪式的重视程度

调研选取三种具有代表性的家庭仪式,分析人们对家庭仪式的重视程度。分析结果见表2.9。

表2.9 人们对家庭仪式的重视程度分析表

单位:%

重视程度	节假日聚餐 (模式互动)	庆祝生日 (家庭传统)	庆祝节日 (家庭庆典)
非常不重视	0.2	1.4	0.5
比较不重视	5.2	4.4	2.5
一般	9.3	4.4	2.2
比较重视	61.8	37.2	40.3
非常重视	23.5	52.6	54.5

由表2.9可知,人们对三类家庭仪式的重视程度均较高。此外,人们对庆祝节日(家庭庆典)、庆祝生日(家庭传统)、节假日聚餐(模式互动)的重视程度依次下降。

10. 家庭仪式的投入程度

人们对家庭仪式的投入程度分析见表2.10。

表2.10 家庭仪式的投入程度分析表

时长	人数/人	百分比/%
1小时以下	9	2.2
1~3小时	91	22.2
半天	229	56.3
一天及以上	78	19.2

由表2.10可知,当被问及"如果您有2天的假期,您希望在家庭仪式上花费多少时间"时,大部分都愿意投入半天的时间,表明人们十分重视并愿意投入时间和精力开展家庭仪式。

11. 家庭仪式的重要性觉知

人们对家庭仪式的重要性觉知分析见表2.11。

表 2.11　人们对家庭仪式的重要性觉知分析表

重视性觉知	没有考虑过		完全不同意		有点不同意		不好说		有点同意		完全同意	
	人数/人	百分比/%	人数/人	百分比/%	人数/人	百分比/%	人数/人	百分比/%	人数/人	百分比/%	人数/人	百分比/%
家庭仪式只是走过场,没什么实际意义	18	4.4	223	54.8	90	22.0	44	10.9	20	4.9	12	3.0
家庭仪式可以增进家庭成员之间的关系	4	1.0	4	1.0	4	1.0	16	4.0	110	26.9	269	66.2
家庭仪式可以提高成员的幸福感和满意度	2	0.5	3	0.7	7	1.7	27	6.7	124	30.4	244	60
家庭仪式有利于传承家族文化	13	3.2	1	0.3	2	0.5	35	8.6	122	29.9	234	57.5
家庭仪式有利于孩子的成长	6	1.5	2	0.5	4	1.0	26	6.4	133	32.6	236	58.0

四、家庭仪式开展的妨碍因素分析

1. 家庭仪式开展的妨碍因素

妨碍家庭仪式开展的因素及分布见图 2.3。

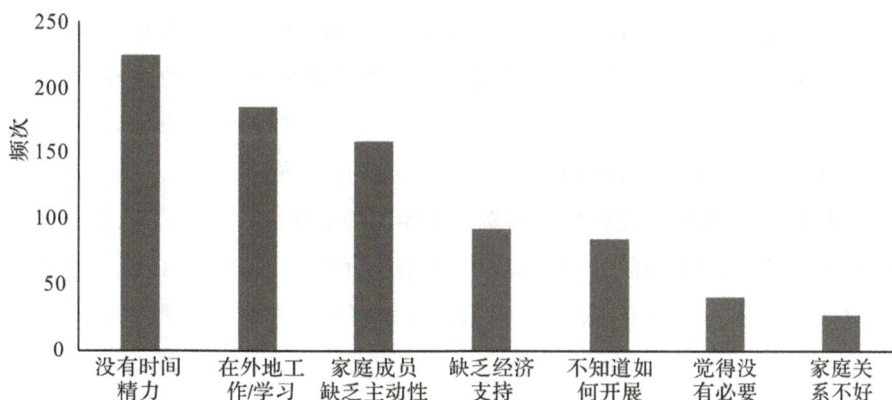

图 2.3　家庭仪式开展的妨碍来源

由图 2.3 可知,没有时间精力、身居外地、家庭成员缺乏主动性等是妨碍家庭仪式开展的主要因素。

2. 家庭仪式开展的妨碍因素的个体差异

人们可能出于不同的原因而不愿开展家庭仪式。为此,我们对妨碍家庭仪式开展的因素进行了人口统计学的差异分析。分析结果见表 2.12。

表 2.12 家庭仪式开展妨碍因素的人口统计学差异分析表

项目	没有时间精力	缺乏经济支持	在外地工作/学习	缺乏主动性	不知道如何开展	觉得没有必要	家庭关系不好
性别	0.37	1.06	1.39	0.06	3.98*	0.40	0.35
年龄	9.20	19.32**	47.37***	1.72	4.95	11.72	4.81
家庭所在地	—	10.20	0.69	2.58	1.07	0.01	3.80
学历	6.98	0.85	3.19	3.48	0.48	2.21	2.23
婚姻状况	0.24	5.77	43.41***	2.74	1.87	7.39*	0.54
家庭年收入	1.76	18.12**	14.52*	13.92*	4.99	11.18	9.36

注:(1)*,$p < 0.05$; **,$p < 0.01$; ***,$p < 0.001$。

(2)p 为概率,反映某一事件发生的可能性大小。统计学根据显著性检验方法所得到的 p 值,一般以 $p < 0.05$ 为有统计学差异。

(3)本书表格中的变量 p 代表的含义均与本表相同。

研究发现,在缺乏经济支持方面,存在年龄和家庭年收入方面的差异;在外地工作/学习方面,存在年龄、婚姻状况和家庭年收入方面的差异;在缺乏主动性方面,存在家庭年收入方面的差异;在不知道如何开展方面,存在性别差异;在觉得没有必要方面,存在婚姻状况方面的差异。

表 2.13 详细说明这些妨碍因素对个体的影响程度。其中,百分比表示选择该项妨碍因素的选择占比数(如表中的第一行的 31%,代表在 18~30 岁的人中有 31% 的人选择了"缺乏经济支持"作为家庭仪式的妨碍项)。

表2.13　妨碍家庭仪式开展因素的人口统计学差异分析表

原因	差异项		百分比/%	χ^2	p
缺乏经济支持	年龄/岁	18～30	31	19.32	<0.01
		31～40	23		
		41～50	18		
		50 以上	11		
	年收入/元	2.5 万以下	29	18.12	<0.01
		2.5～7.5 万	30		
		7.5～15 万	17		
		15 万以上	12		
在外地工作/学习	婚姻状况	已婚	34	43.41	<0.001
		未婚	69		
	年龄/岁	18～30	66	47.37	<0.001
		31～40	36		
		41～50	26		
		50 以上	46		
	年收入/元	2.5 万以下	55	14.52	<0.05
		2.5～7.5 万	33		
		7.5～15 万	48		
		15 万以上	39		
缺乏主动性	年收入/元	2.5 万以下	44	13.92	<0.05
		2.5～7.5 万	42		
		7.5～15 万	40		
		15 万以上	28		
不知道如何开展	性别	男	27	3.98	<0.05
		女	18		
觉得没有必要	婚姻状况	已婚	8	7.39	<0.05
		未婚	16		

注：x^2 即卡方检验，是统计样本量的实际观测值与理论推断值之间的偏离程度，卡方值越大，二者偏差程度越大，是用途非常广的一种假设检验方法。

从表 2.13 中可以看出,年龄较小、未婚、收入较低是妨碍家庭仪式开展的三个重要因素。

五、分析与讨论

本次调研的目的在于概括性地了解家庭仪式的开展现状,了解人们对家庭仪式的看法,以及妨碍人们开展家庭仪式的因素。通过数据分析,我们能够形成对家庭仪式的一些结论。

(1)人们能够认识到家庭仪式的重要性。

调研发现,大多数人都同意家庭仪式可以增进家庭成员之间的关系,提高成员的幸福感和满意度,有利于传承家族文化和孩子的成长,反对家庭仪式没有实际意义的观点。作为重要的社会结构,家庭在人的一生中扮演着重要作用,也是人们感情最深的场所。虽然家庭仪式这个概念较少出现于日常生活中,但提到家庭仪式时人们能够理解其基本意义。人们在调研中也表现出较高的开展意愿和投入程度,但家庭仪式的开展情况仍稍显不足,如作为传统习俗和生日庆祝的家庭仪式一般每年开展几次,相对较低。因此,调研揭示了人们对家庭仪式的心理与行为上的知行不一,虽然人们"想开展""觉得重要",但并没有将这些想法转化为实际的行动。

(2)参加传统节日活动、家庭教育、网络构成了人们了解家庭仪式的主要渠道。

从调研中可以看出,家庭仪式具有沿袭性,人们往往从参与传统节日活动中了解家庭仪式。这意味着,如果父母能够重视家庭仪式,有意识地开展家庭仪式,则可以更好地实现家庭仪式的代际传承。随着网络的不断发展,网络成为人们获取信息的新兴渠道。本次调研也发现,网络构成了人们了解家庭仪式的最重要的渠道。不仅如此,有理由相信,随着社会的不断发展,网络还有可能成为家庭仪式开展的媒介。值得注意的是,学校教育并未成为人们了解家庭仪式的主要渠道。学校的教学内容中往往包含着家庭仪式的表现形式,学校也会开展很多的仪式性活动,但可能并未有意识地引导青少年关注家庭仪式。考虑到家庭仪式作为立德树人的重要手段,学校有必要考虑如何与家庭衔接,促进学校仪式和家庭仪式的深入开展。

（3）在家庭仪式的发起者中，大部分问卷作答是参与者共同决定的。

这与国外的研究发现有所区别。例如 Fiese 等人发现，家庭仪式的发起者主要是父母。我们并没有对此做更为深入的访谈，推测这可能与时代发展特征有关，即我国的年轻人更为积极主动地参与家庭的日常安排中。我们从中可以看出积极的一面，即在一个家庭中，如果有人，无论是父母还是孩子能够主动提出开展家庭仪式，则都有可能促进这个家庭中家庭仪式的开展。

（4）调研发现，年龄、婚姻状况、收入高低影响了家庭仪式的开展。

与其他日常家庭活动相比，家庭仪式仍然是需要一定开支的。在接受调研的人群中，人们每次开展家庭仪式的开支在 300～1000 元。因此，如何通过形式的革新，降低家庭仪式的花费，是推广家庭仪式的重要关注点。通过对家庭仪式的妨碍因素分析发现，年龄较小、未婚、收入较低三类人群可能需要特别地关注。这个年龄段的人群往往集中在刚工作的人群，考虑到家庭仪式的代际沿袭性，这一发现提醒父母有必要给予家庭仪式的开展一定的经济支持，以更好地发挥家庭仪式的文化和价值代际传承的功能。

（5）城市与农村开展家庭仪式的差异。

统计分析发现，城市家庭的家庭仪式开展情况要高于农村家庭。独立样本 t 检验显示，这种差异达到了显著水平（$t = 4.75$，$p < 0.001$）。人们可能认为，农村因为传统留存等因素更可能开展家庭仪式，但调查并不支持这一结果。一种可能的原因是，农村青壮年人口在逐渐向城市流动，导致农村出现"空心化"，这削弱了农村居民开展家庭仪式的动力和可能。因此，有必要考虑采取一定的举措，推动农村留守老人和在城市打工的子女通过家庭仪式的衔接，以促进彼此的情感交流。考虑到一些留守儿童可能在当地入学，则更有必要推动青壮年通过家庭仪式教育子女。

我们期望，通过该调研引领我们走向家庭仪式的设计。家庭仪式基于整个文化的大背景，因此其具有一定的"自然性"，是自然而然存在于整个家庭结构当中的，这使得"刻意"设计家庭仪式似乎成为了人们的负担。但是，当今的一些家庭仪式在逐渐消失，如"燃放烟花爆竹"。实际上这样的例子非常之多，试问当今对重阳节等节日仍然予以重视的年轻人是否在减少？还有多少家庭能够守在电视机前一同看完春节联欢晚会？这些相对传统的家庭仪式消失后,虽然已经有新的仪式在产生,比如当今人们会在春节前在电商平台"集五福",类似的很多 App 上的活动会引发家庭成员的交流,最终可能形成仪式,但是这些仪式能不能"担此重任",扛起家庭仪式的"大旗"? 因此,我们希望也提倡相关部门乃至普通家庭重视这个话题,并且能够引领或设计新的家庭仪式,给予人们新的精神寄托。

第三章

家庭仪式与自我发展

> 自我征服是最大的胜利。
>
> ——[古希腊]柏拉图

第一节　家庭仪式与自我概念

一、自我概念概述

1. 自我概念是什么

《吕氏春秋·季春纪·先己》有言："欲胜人者必先自胜，欲论人者必先自论，欲知人者必先自知。"其意指要想战胜别人必须先战胜自己，要想评价别人必须先评价自己，要想了解别人必须先了解自己。自我概念反映了人们对自我的认识，简言之，就是"我认为自己是一个怎样的人"。

美国心理学之父威廉·詹姆斯早在1890年出版的《心理学原理》一书中就提出，自我概念是主我对客我的认知和评价，即"我看见我自己"。其中，主我指个体作为"思考者"审视和感觉自己，而客我指被了解和认识的"我"，是个体所持有的关于自身的事物（如身体、财产等）、知识与信念，包含物质自我、社会自我、精神自我等成分。如果你觉得这一定义过于抽象，不妨看看人本主义心理学家卡尔·罗杰斯的解读，他认为自我概念是人们对自己的总体知觉和认识，包括对自己的身份、能力、人际关系、自己与环境的关系等方面的认识。由此看出，"我是谁"的问题并非一两句话就能描述清楚，一个人的自我的构成是复杂的、多面向的。美国心理学家 Shavelson 则认为，自我概念是多维度、多层次的,自我概念的顶层是一般自我概念,其下可以分为学业自我概念和非学业自我概念,学业自我概念又可按学科划分,如关于数学、历史、英语、科学的自我概念,而非学业自我概念可分为身体、社会和情感等方面的自我概念。在对自我概念的成分的研究基础上,美国心理学家Fitts编制了较为通用的田纳西自我概念量表,将自我概念划分为生理自我、道德自我、心理自我、家庭自我和社交自我五个方面。

美国心理学家 Markus 和 Nurius 从情景变化的角度提出,人们的自我概念是动态的,人们在特定时刻会激活特定部分的自我概念以适应当前的环境,并做出恰当的行为。这部分被激活的自我概念称为"工作自我概念",取决于特定的社会环境以及个人当前的目标、情感或动机状态。

2. 自我概念的属性

（1）自我概念复杂性。

自我概念是有组织、多维度的复杂结构,由此引申出自我复杂性(self-complexity)这一自我概念的主要结构属性。由于人们的生活经历、思考方式有所不同,每个人对自我的认识可能侧重于某几个方面或维度,这些维度存在着数量和内容上的差异。耶鲁大学的 Linville 教授提出,自我复杂性表现在自我维度的数量和重叠程度两个方面。一个人思考自我的维度越多、维度间的特征重叠越少,这个人的自我复杂性就越高;反之,一个人思考自我的维度越少、维度间的特征重叠越多,则自我复杂性越低。例如有的人可能只把学生看作自己的重要身份,而有的人可能认为学生、长跑爱好者、志愿服务者都是自己的突出标签,前者自我的维度数量比后者少。再比如,有的人看重自己作为语文老师、班主任、教育者的身份,而有的人从语文老师、孩子的好妈妈、热心公益人等角度认识自己,前者都是在学校的身份,自我概念的重叠程度就比后者高。在这两个例子里,可以在某种意义上认为,前者的自我复杂性要低一些。

自我复杂性对我们有什么影响呢? 自我概念的复杂性当然可能会导致人的自我的冲突,但这种冲突未必是坏事。一般情况下,自我维度的重叠性低可以看作一个人的身体里住着很多个性迥异的"自我",这些差异导致"自我"之间不免会产生分歧摩擦,难以成为统一、融洽的整体。但在面对压力时,这些迥异的"自我"则会构成防御的壁垒。Linville 提出了自我复杂性的压力缓冲模型,认为自我复杂性高的人在遇到压力时,会将注意力从自我的一个维度转向另一个维度以缓冲压力,有"不把鸡蛋放在同一个篮子里"的好处。想象一下,如果你在学校考试考砸了,一味聚焦在学生身份上只会提醒你自己是个成绩不如别人的差生,让你感到沮丧和否定自己,而放学后你还是驰骋球场的运动健儿、勤做家务的好孩子,将关注点转移到这些自我维度上则会让你好受不少。类似地,自我维度的重叠程度也会影响受挫时的消极情绪扩散,即自我维度重叠程度越高,当一个维度受到打击时,越可能像多米诺骨牌一样影响你对其他维度自我的评价。

(2)自我概念清晰性。

除了对自我概念关注的角度存在差异外,人们对自我了解的深度也有所不同。如果说自我复杂性涉及自我的分化,强调人们需要灵活应对不同环境和角色的需要,那么,自我概念清晰性则反映了自我的整合,使自我在不断变化的环境和多重角色中保持内在的连续性和完整性。个体对自我的看法的自信和稳定性称为自我概念清晰性(self-concept clarity),体现的是人们对自己的认识是否明确、一致和稳定。如果一个人认为自己是个"勤奋"的人(有明确的属性),同时他不认为自己是"懒散的""做事不积极的"(内部一致,不自相矛盾),且他认为自己长期保持着勤奋刻苦的习惯(属性稳定),那么他的自我概念是较为清晰的。

自我概念清晰性作为一种积极的人格特征,影响人们的心理调适功能。研究表明,自我概念清晰性有助于缓冲压力,自我概念清晰的人在面对压力时容易有效地提取自己的相关信息去对抗压力,将环境视为可预测的,也更容易采取行动应对压力,重新积极解释事件。

(3)现实自我、理想自我和应该自我。

除了此时此刻"真实的自我"外,人们还会想象"好的自我"应该是什么样的。自我差异理论认为,除了当下的"现实自我",人们还会构建"理想自我"和"应该自我"。"理想自我"回答的是"我想成为什么样的人",表达的是个体的期待和愿望;"应该自我"回答的是"我该成为什么样的人",表达的是个体的义务和责任。"理想自我"和"应该自我"具有指引功能,能激励人们将"现实自我"向二者靠近。例如,某人的"现实自我"可能是"初入职场的菜鸟","理想自我"是成为"公司的 CEO",而"应该自我"是"按需按时达成任务的合格职场人"。

"理想很丰满,现实很骨感",如果现实自我和理想自我、现实自我和应该自我存在差距,就会让人感到不适,差距过大时还会引发心理问题。当现实自我与理想自我的差异反映"积极的结果没有出现"时,会导致沮丧、抑郁、羞耻等情绪,而现实自我与应该自我的差异表示"消极结果的出现",会导致焦虑情绪。卡尔·罗杰斯认为,实际自我与理想自我差距越大,个体的自尊也会越低。

(4)未来自我连续性。

人们的"自我"并非一成不变,而是由过去自我、现实自我和未来自我构成的连续体。未来自我连续性(future self-continuity)表明人们对现实自我与未来自我之间的心理联系,即二者的一致性和延续性的认知。未来自我连续性包括相似性(similarity)、生动性(vividness)和积极性(positivity)三个方面。当人们想象的未来自我与现实自我越相似,对未来自我的刻画越清晰生动,且未来自我呈积极形象时,感知到的未来自我连续性越强。

未来自我连续性对人们的行为和心理有着重要影响。研究发现,在投资决策时,如果一个人感知到现实自我和未来自我关系越紧密,越可能倾向于选择储蓄,而不是做"月光族"。在对不道德行为做决策时,个体感受到的未来自我连续性越低,越可能只顾眼前的利益,而不顾未来的风险,从而做出撒谎、作弊等行为。未来自我连续性还与心理健康相关,未来自我连续性越高的人,焦虑和抑郁倾向就越低。比如,当一个人希望"健康工作五十年,幸福生活一辈子"时,会更有动力在当下"每天锻炼一小时"。

3. 自我概念的作用

(1)自我概念与身心健康。

青少年时期是自我概念发展的关键期。由于青少年心理发展尚不成熟,心理敏感且充满焦虑,在认识自我的过程中容易出现偏差,从而引发学业困境、交往障碍、关系紧张、越轨行为等问题,对其成长产生深远影响。

如前所述,自我复杂性越高的人,当其在自我的某一方面遭遇失败时,能够通过其他方面的自我来缓冲压力。有研究发现,自我概念清晰性高的人倾向于认为自己的生活是有意义的,或是具有追求目的的,幸福感也更高。自我概念清晰的人社交更为主动，做决定时相信自己、较少依赖他人意见，对失败的归因更为积极，敢于再度尝试，因此更容易满足自己的心理需要，从而拥有更高的意义感和幸福感。

由自我差异理论可知，现实自我和理想自我差异越大，人们越容易抑郁。可能的原因在于，自我差异大的个体往往现实自我较低而理想自我又较高，由此体验到更多的失败感和不可控感，导致自我评价和生活满意度下降，因此容易出现抑郁。

（2）自我概念与社会适应。

人们以自我为出发点去感知和解释社会世界，因此，自我概念影响人们与社会世界的互动。当青少年的现实自我和理想自我差异过大时，往往会导致沉迷于网络游戏的问题。那些对现实中的自我不满的青少年容易沉迷于游戏世界，通过塑造那些拥有理想特质的虚拟自我形象的方式来逃避自我差异带来的消极情绪。而自我概念清晰性会影响网络欺凌行为的发生。自我概念清晰性低的人容易在社会生活中遭遇挫折，往往面临较大的压力，而沉迷于网络则可能成为宣泄压力的一种手段。此外，自我概念清晰性低的人尚且理不清自己的一些情绪是如何产生的，更不用说揣测他人的情绪感受，因此难与被网络欺凌的受害者产生共情，这也会加剧网络欺凌行为的产生。

未来自我连续性也会影响青少年的行为。"少壮不努力，老大徒伤悲"，当青少年意识到未来的自己与现在的自己息息相关时，会有更高的自控力，为成功的未来而做出当下的努力。比如，为了让未来的自己不必在任务截至期前赶工而焦虑，青少年会克服拖延的恶习，提前着手完成任务。

（3）自我概念与学业成绩。

在自我概念中，青少年的学业自我概念与学业成绩相互作用。学习能力和学业成绩是形成学业自我概念的重要来源，而学业自我概念一经形成，反过来会影响成绩的提高或下滑。青少年通过对自己的某科成绩进行内外比较，形成对自己特定学业能力的看法。不同青少年随后对此会产生自满、自我鼓励或自暴自弃等心态，继而做出不同的学习行为，导致学业成绩向好或差的方向转变。

二、青少年的自我概念

1. 青少年自我概念的发展

(1)青少年自我概念的发展模式。

青少年自我概念的发展是从具体、简单、单一化走向抽象、复杂、多元化的过程。我国学者杨槐认为,这一转变是多重原因的结果:从生理上看,青春期的快速发育让他们意识到生理自我的改变;从心理上看,思维能力的提高,让他们更关注"现在的我"和"过去的我"的比较,并思考"未来的我该何去何从?"从社会角度看,随着年龄增长,青少年接触的人变多,他们可以更多地得到他人评价,并根据社会标准将自己塑造成合格的社会人。

青少年自我概念的发展并非线性的,而是随着年龄的增长,以及对自己能力的感知更加准确,对自我概念,或者说对自我的评价的变化呈现出折线形趋势:当个体成长至青年早期,自我概念表现为先下降、后平稳的趋势;当个体从青年早期成长至成年早期,自我概念又会持续升高,而后逐渐平稳。此外,青少年的自我概念还会受到一些关键事件的影响。当学生从高中步入大学,生活由单纯学习扩展为社团活动、恋爱交友、社会实践等新内容时,自我概念也会随之发生变化。如一个孩子在高中时成绩很优秀,他(她)可能认为自己是同龄人中的佼佼者,此时他(她)对自我的评价是较高的,自我概念较高;而当他(她)进入大学,发现身边的同学都有各自的特长,而自己除了学习并无突出的地方,他(她)会意识到评价自我不单只有学业这个维度,而自己在其他维度表现平平,自我概念可能会出现下降;在一段时间的适应后,他(她)接受了人各有所长的事实,认可了自己"至少在学习上比较有天赋",此时自我评价有所回升。

青少年期也是现实自我和理想自我差异、现实自我和应该自我差异变化较大的时期。有调查显示,初中生的现实自我和理想自我的差异显著高于高中生。还有研究发现,虽然青少年的道德认知已发展到较高水平,有着较高的理想品德自我,但由于自控力不足及青春期的叛逆心理,现实品德可能并不能达到理想预期,如有的青少年的理想自我已经意识到孝顺是良好美德,但因为渴望表现自己的独立,又常在现实中顶撞父母的意见。

（2）自我同一性的发展。

美国精神病学家埃里克森的人格发展理论强调，青少年在这一时期发展的关键任务就是建立自我同一性。自我同一性是整合人格的各种成分，将"我"的碎片结合成既内部协调又有别于他人的"我"，因此，自我同一性是人格完善、心理成熟的体现，也是青少年发展为成人的象征。加拿大学者 Marcia 根据埃里克森的理论，从探索（exploration）和承诺（commitment）两个维度出发，将自我同一性定义为"青少年经历了各种可能的探索，对选择特定的目标、价值观、信念做出了承诺"，并提出了 4 种同一性状态：①同一性获得（identity achievement），指经历了一段可能性选择的探索并呈现出相对固定的承诺，这是较为理想的同一性状态；②同一性延缓（identity moratorium），指正处于可能选择的探索过程中并积极考虑各种可能的选择，但没有达到最后的承诺；③同一性早闭（identity foreclosure），指从未经历探索就基于父母或权威人物的期望选择了一定的目标、价值观和信念；④同一性扩散（identity diffusion），指既没有思考同一性问题，也没有对探索做出固定的承诺。

我们可以通过下面这个量表，自评自我同一性的发展状态。详见表3.1。

测一测

指导语：请仔细阅读下面的一些描述，根据您的真实情况，选择合适的选项作答。您选的数字越大，说明越符合您的情况。

表 3.1　青少年自我同一性地位量表

单位：分

题号	题目	非常不符合	比较不符合	有点不符合	有点符合	比较符合	非常符合
a	我正在为实现自己的目标而努力	1	2	3	4	5	6
b	我没有特别热衷的事情	1	2	3	4	5	6
c	我知道自己是怎样的人，也知道自己的希望与追求	1	2	3	4	5	6
d	我没有"想干什么"的确实想法	1	2	3	4	5	6
e	我至今没有自主地对有关自己的事做出过重大决断	1	2	3	4	5	6

续表

题号	题目	非常不符合	比较不符合	有点不符合	有点符合	比较符合	非常符合
f	我曾认真深思过、考虑过自己是怎样的人,该做些什么	1	2	3	4	5	6
g	对于按父母或周围的人所期待的方式做事,我不曾感到有什么疑问	1	2	3	4	5	6
h	我以前曾对自己持有的人生观失去过自信	1	2	3	4	5	6
i	我正在努力探求我所能投身的事情	1	2	3	4	5	6
j	对应不同的情况,怎样我都无所谓	1	2	3	4	5	6
k	对自己是什么样的人,能干些什么,我正在比较几种可能的选择	1	2	3	4	5	6
l	我不认为自己这一生能做什么有意义的事	1	2	3	4	5	6

计分方式:

现在的自我投入得分 $= a - b + c - d + 14$

过去的危机得分 $= h - g + f - e + 14$

将来自我投入的愿望得分 $= i - j + k - l + 14$

自我同一性状态评估:

当现在的自我投入得分大于等于 20 分且过去的危机得分大于等于 20 分时,为同一性形成;

当现在的自我投入得分大于等于 20 分且过去的危机得分小于等于 14 分时,为同一性早闭;

当现在的自我投入得分小于 20 分且将来自我投入的愿望得分大于 20 分时,为同一性延缓;

当现在的自我投入得分小于等于 12 分且将来自我投入的愿望得分小于等于 14 分时,为同一性扩散。

2. 青少年自我概念的影响因素

许多因素会影响青少年自我概念的形成。例如,青少年的性别、人格特质会影响自我概念的形成。此外,如库利的"镜中之我"描述的那样,他人就像一面镜子,我们会站在他人的角度想象他人对我们的评价,诸如外表、举止、目标、行为、性格等,他人认为"我"是什么样的人会塑造"我"对自己的认识,因此与我们有交集的人——家庭、学校、社会等中的人都会成为我们认识自己的"镜子"。

(1)个人因素。

①性别。受社会文化对性别角色期待的影响,青少年男女的自我概念发展存在差异。例如,有研究表明,在我国传统文化影响下,社会对女性有更多来自于家庭方面的期待,因此在家庭自我概念上女生的得分一般高于男生。

②人格。自我概念作为人格的核心组成部分,与人格特质有很多相似之处,也和人格特质互相影响。研究发现,高自我概念的青少年往往是情绪稳定的外向者。我国父母多重视培养孩子的认真、仔细等谨慎性特质,拥有这些特质的学生往往对自己的评价更高。

(2)家庭因素。

①教养方式。在儿童和青少年社会化过程中,重要的人(尤其是父母)发挥着关键性的影响,家庭在塑造自我概念中有着突出的地位。在一个人的一生中,与他人的最早、最持久的互动体验就是父母给予的。其中,父母的教养方式会极大地影响孩子的人格品质,以及对自我的认识。民主型家庭对孩子充满关怀、鼓励,从而促进孩子形成被接纳和认可的积极认知,在学业上拥有较高的自我评价,而专制型家庭则导致孩子趋于保守,缺少自我探究的动力。不压制孩子天性、不溺爱孩子、尊重孩子选择、给予适度引导的教养方式对孩子确立自我同一性具有重要作用。

②父母冲突。父母冲突会阻碍亲子沟通,从而影响孩子的自我同一性发展。父母之间频繁地争吵,会使孩子抗拒与父母沟通,使他们在探索自我发展的道路上遇到困难时,可能因为"不想成为和父母一样的大人"而拒绝向父母请教,可能使自我同一性发展缓慢。

③家庭社会经济地位。美国社会心理学家马斯洛的需求层次理论告诉我们,个体要想充分发挥自我的潜力,就得先满足生理需求、安全需求等低层次的需求。经济稳定的家庭可以较好地满足孩子的物质需求,让孩子有更多机会增长见识,培养兴趣,构筑丰富的自我世界。其中,父母的受教育水平对孩子的自我概念影响较大。有研究发现,识字率高的父母会影响孩子的信

念、行为和期望,从而在学业成绩方面取得积极成果,塑造孩子积极的自我概念。

（3）学校因素。

①同伴关系。青少年有大量时间是在同伴的陪同下度过的,因此对自己和周围世界的认识必然受到同伴影响。来自同伴的友谊能够减少青少年面对青春期出现的急剧变化的焦虑和恐惧。比如,青少年会乐意与同伴交流羞于同父母谈论的性知识,从而接纳新的生理自我形象。如果青少年遭到同伴的排斥,例如因变声期遭到嘲笑,则可能变得自卑敏感,对世界抱有敌意,甚至产生攻击行为。这对于"被拒绝"较敏感的孩子的影响尤其强烈,在遭到排斥后,他们容易将过错归咎于自己,导致自我概念清晰性降低。

②教师期望。罗森塔尔效应证明,教师期望也会影响学生的自我发展。1968 年,美国社会心理学家罗森塔尔在一所小学随机选出 20％的学生,告诉老师这部分学生是极具发展潜力的,并嘱咐老师不要告诉学生本人。18 个月后,当罗森塔尔再次回到这所学校时,发现这些随机选出的学生的成绩有明显的进步。罗森塔尔提供的"虚假信息"使教师对名单上的学生寄予厚望,这些期望通过平时的态度、表情、行动等传递给学生,学生接受了教师的正向关注后,会按照教师的期望重新定位自我,认同自己是"聪明的、有潜力的",使自己向着教师期望的方向发展。因此,被教师寄予高期望的学生更容易取得良好的学习成绩,更好地发展学业自我概念。

（4）社会因素。

①社会比较。为了适应社会,青少年需要学会"做对的事"和"把对的事做好",而要了解自己的行为是否正确、能力如何,除了利用他人的评价和自己主观感受外,还可以通过社会比较得到这些信息。社会比较是人们通过与他人的比较来衡量自我价值的方法。当无法确认自己的行为或想法是否正确时,我们可以观察他人是否有相同的行为或观点,如果有,那证明这种行为或观点更可能是被社会所认可的。通过社会比较,人们能清晰地意识到自己的能力所处的位置,例如当我们考试得了 80 分,仅靠这个分数无法判断成绩好坏,而和班级平均分对比可以让我们了解自己的水平。有趣的是,社会比较也并非完全客观。即使两个相同水平的学生,因为所处班级的平均学力不

同,通过和周围人比较得到的学业自我概念也不同,在"尖子班"的学生可能认为自己学习一般,而在"普通班"的学生则会认为自己学得不错。

②文化。不同文化中的人对自我的内涵界定是不一样的。一般认为,西方文化下的自我是独立型自我,东方文化下的自我是互依型自我。个人主义文化的人产生的独立型自我是与环境分离的,而集体主义文化的人认为个体是集体的一分子,自我概念更多地将他人、集体纳入进来——我所在的群体也是构成我的一部分。这就不难理解,为什么从与家人的关系的角度认识自我是中国人自我认知的重要倾向。有研究者就提出,西方人具有独立型自我构念和低水平的辩证思维,因此自我概念在不同情景中的一致性较高;而东方人具有互依型自我构念和高水平的辩证思维,自我概念会以不同情景的规范为参照进行调整。因此,西方人更多倾向于在不同场合"我行我素",而东方人更倡导在对的场合扮演对的角色——所以能看到有的人在外和在家表现得判若两人。不同的文化也影响着身处其中的青少年自我概念的形成与发展。

三、家庭仪式与自我概念

金耀基说:"在传统上,中国人很少将自己视为一个孤立的个体,他是其父之子,其子之父、其兄之弟,换言之,他是其家庭的一个有机成员,是一个具体的个体,在家庭的血缘氛围里活动、生活,并获得其存在……"

家庭对于中国人定义"我是谁"是重要的参考依据,家庭仪式则在年复一年、日复一日的重复中潜移默化地影响着每个人的人格塑造。仪式给人带来身份认同,也能帮助人们实现角色的切换。在家庭仪式中,孩子们学会了解我是谁,逐渐知晓自己在家庭或家族中的角色,还能够在家庭仪式的传承中了解自己的过去,以及未来自己要承担的责任。如前所述,家庭仪式可以分为模式互动、家庭庆典和家庭传统,这些家庭仪式都影响着青少年自我概念的形成与发展,且不同类型的家庭仪式对自我概念的影响各有侧重。

1. 模式互动与自我概念

在所有仪式中,模式化的家庭互动最为频繁。无论模式如何,这些互动都有助于家庭成员定义自身的角色和责任,并服务于组织日常生活。

模式互动是最为频繁重复的家庭仪式,这种"重复"能够让人感到稳定,让青少年建立起清晰的自我概念。稳定的仪式使家庭中的生活变得可以预测。就算我们不知道新的一天会遇到什么样新的困难,一家人坐在一起吃个早餐也能营造出安定的氛围。就算这一天有再多意外使我们措手不及,回到家在晚饭后一起看电视也能和家人分享今日的际遇。

良好的家庭模式互动可以为孩子和家长沟通提供桥梁,让孩子在自我成长迷茫之际能得到家人丰富、多样的人生阅历的有效指导,并作为行事的参考。例如,有的家庭每天都是家长接孩子放学,在放学路上孩子会和家长分享当日在学校的体验,家长对孩子所分享内容的回应就会潜移默化地影响孩子的三观形成,从而有助于孩子进行自我同一性探索。

2. 家庭庆典与自我概念

每个特定文化背景下都有被人们广泛接受的节日和场合,如洗礼、成人礼、婚礼、葬礼等。这些节日在人们心目中具有重要意义,人们会为此举行家庭庆典,在我国有中秋节、春节、端午节等。

这些特殊的庆典给人们赋予群体认同和文化认同。我们从小听到的春节"打年兽"的故事、端午节赛龙舟、重阳节登高等,这些耳濡目染的经历让我们认同自己是中国人的身份。美国社会学家米德的符号互动论认为,我们的所思所想不是从生下来就有的,我们需要借助"符号"来理解他人的行为、评估自己的行为,继而才能与他人互动。"符号"是指用某种具体的事物来概括某种抽象的思想或概念,我们的语言和动作都是"符号","符号"也不仅局限于这二者,人们达成共识能传达特定思想的事物都可以是"符号",比如图案、物品、场景等。在家庭仪式中,就存在大量的"符号",例如中秋节的月饼,就寄托着人们对阖家团圆的美好向往。不同文化有不同的"符号",因此,仪式中的符号互动会加强人们对内群体成员身份的意识,如我们在婚礼使用"红色"代表喜庆,西方人用"白色"代表婚姻的神圣,这是我国和西方的仪式的不同,而也正因为这些仪式,让我们意识到自己是中国人。

青少年在家庭仪式中扮演不同的角色,有助于他们在自我概念的分化和整合中找到平衡。在古代,少男少女通过"及冠及笄"的仪式承担起成人的责任,在元宵节互赠香囊表露爱意成为青涩情侣,在清明祭祀扮演感恩先祖的孝顺子孙角色……仪式是我们切换不同角色的"闸门",让我们实现不同维度的形象转换。

此外,家庭仪式还具有过渡作用,使我们在人生的不同阶段的转变变得不那么困难。从孕育到生产、从孩童到少年、从生到死……一个阶段跨越到另一个阶段的改变多少会让人感到不适,这时仪式的作用就显现出来了。我们或许难以接受第一次看到亲近之人的死亡,而在葬礼上,我们作为逝者的亲友,一起为逝去之人戴孝、守灵、上香,这些仪式无不让我们感受到有人和我们一样哀悼逝者,也让我们能认真与逝者告别,怀着思念继续人生未来的路程。

3. 家庭传统与自我概念

比起家庭庆典,家庭传统对每个家庭而言更具个性化。人们会在同一天庆祝传统节日,但每个家庭有着不同的纪念日。每个家庭的假期、生日、周年纪念日也都有自己的过法,如同样是过生日,有的家庭只是低调地吃一碗长寿面庆祝,有的家庭选择大摆宴席,遍邀亲朋好友共同庆祝。

无论选择何种方式作为家庭传统,这些仪式许多都是贯穿人的一生的。不断重复的仪式能令人们将过去、现在、未来的经历连在一起,提高当下到未来的自我连续性。在每年的生日仪式上,在摇曳的烛光里,我们感悟自己过去一年的变化,许下对未来的期许,让我们更清晰地反思过去、规划未来。

良好的家庭传统能让青少年更好地获得家人的支持,帮助青少年进行自我探索,形成良好的自我同一性。家庭传统可以运用于解决实际的问题,并在一些家庭大事件中帮助人们决策。例如,有的家庭有"理事会"的传统,当遇到重大问题时,所有的家庭成员会围聚一桌,共同商讨,表达自己的看法并达成一致,这样的家庭比起遇到问题时不互相沟通就由一人拍板的家庭显然更为民主。再比如,有的家庭在假期有共同旅行出游的传统,父母带着孩子见识不同地方的风土人情,能让孩子开拓视野,对于自己想成为什么样的人有着更多的探索。

总之,家庭中的仪式感能让孩子在家庭的关注中成长,赋予孩子文化传承,帮助孩子实现人生过渡,将孩子的过去、现在、未来的经历串联,鼓励孩子勇于探索世界,在他们的自我概念形成和发展中留下深刻的印记。

第二节　家庭仪式与自尊

一、自尊概述

1. 自尊的定义

自尊（self-esteem）顾名思义是指对自我的尊重，是一个人对自己的价值的主观评价，包含一个人看待自己的方式、是否喜欢自己等。为了能够准确地评价自己，人们往往通过社会比较来了解自己的能力。如人们更乐意与各方面都不如自己的人进行比较，来使自己感觉良好并维持自尊。自尊伴随着自我概念共同形成和发展，影响人们处理外界信息的方式，同时又决定人们对自己未来的期望。

自尊通常被认为是心理健康的重要动因。这是因为，高自尊（也称为特质性自尊）的人往往有更加稳定且积极的自我图式，他们对自己的观点和能力更有信心，乐意参加各种各样的活动，善于社交。面对挫折，他们总能够积极地应对，很容易就开心起来，当然也能够体会到生活的幸福感。人们往往被鼓励要保持高自尊，并在受到威胁时捍卫自尊。然而，"过满则溢，过刚即折"，一味地追求高自尊对自身并无益处，反而可能会让人变得过度自信和傲慢，甚至经不起任何否定。这是因为人的自尊不仅在水平上存在高低，还可能出现波动，我们称之为状态自尊的短期波动，反映出一个人自尊的稳定性高低。自尊水平的波动起伏大，意味着人们过度依赖他人对自己的看法和评价。相比于稳定的高自尊，拥有不稳定高自尊的人一旦遇到挫折，更容易产生自我怀疑。

自尊还有外显自尊和内隐自尊之分。内隐自尊，即人们在无意识层面的自尊，对此人们难以觉察。外显自尊，即人们在意识层面对自己的价值判断。一个拥有高外显自尊的人，可能在内隐层面的自尊是较低的，也就是说，这类人无意识隐藏了对自己的消极看法，然而一旦遇到失败，他们就会感到不安，消极评价就会进入意识，不得不采取行动来抵御这种消极评价对自我的冲击。例如《红楼梦》中的林黛玉，就是典型的高外显、低内隐自尊的人，一方面她自知品貌不俗,是有几分傲气的;而另一方面她又自知寄人篱下,无父无母,内心十分缺乏安全感,因此她经常反应过度,常觉得自己不值得被爱,"黛玉葬花"就是典型的表现之一。

如上所述,自尊并非仅有水平高低之分。自尊的内隐性,以及自尊的不稳定性,使自尊的类型更加复杂多变。美国社会心理学家鲍迈斯特等人提出了高自尊异质性假说(heterogeneity of high self-esteem),他认为高自尊并不完全相同,其中还存在多种类型。除了前文提到的稳定与不稳定的高自尊、高外显低内隐自尊及高外显高内隐自尊外,还可分为脆弱型与安全型高自尊、高权变性高自尊和低权变性高自尊等。脆弱型高自尊,顾名思义,这类人的自我价值感十分脆弱。他们不得不采取一系列自我膨胀的保护措施,例如否认失败("我跑得不如他快是因为我的鞋不够好"),贬低对自我价值构成威胁的他人("这次篮球比赛输了都是因为裁判偏心"),然而这种措施并不是高自尊的一部分,而是维持高自尊的手段。相比之下,安全型高自尊个体则不需要使用这类手段,因为他们的高自尊源于内心真正的积极自我价值,并不容易受到威胁和破坏。自尊的权变性是指,人们在建立自尊时所依据的事件来源。高权变性高自尊的人往往将自我价值建立在自己认可的领域,例如学业成绩、收入、社会地位等,其积极自我价值源于所认可领域的成功,这也容易导致脆弱的自尊。低权变性的高自尊则更是一种真实的自尊,不依赖于某个领域的成功,而源于对自我的喜爱,不依赖于是否需要超越他人。

2. 自尊的作用

别林斯基曾说:"自尊心是一个人灵魂中的伟大杠杆。"自尊的重要性体现在,它影响人们当前的认知和思维,并进一步影响身心健康和社会适应。

(1)自尊影响人们的社会认知过程。

①自尊会影响人们的注意偏向。注意偏向是指对于某类刺激,人们会分配更多注意力。自尊的社会计量器理论认为,自尊是人们社会关系好坏的指示器,就像疼痛感反映着身体是否受到伤害,当人们被别人接纳和喜欢的时候,自尊就会提高,而被他人拒绝排挤的时候就会导致自尊下降。因此,自尊的高低会影响到人们对外界社会信息的评估。研究发现,低自尊的人对社会

拒绝相关的线索会给予更多的注意，而高自尊的人则没有表现出对这类刺激的注意偏向。这意味着，低自尊会让人们更倾向于将别人的言语、行为知觉视为拒绝，而高自尊的人倾向于将别人的言语、行为知觉视为接纳。

②低自尊导致人们对自我加工产生过多的负面偏向，即低自尊的人会更多地注意与自己相关的消极事件。使用事件相关电位技术（ERP）记录人们进行自我加工时的脑电活动，研究发现，人们的自尊水平越低，面对他人相关和自我相关的负性词语时脑电振动波幅的差异就大，也就是说，低自尊个体对自我相关的负性词语进行了更明显的加工。除了低自尊会带来更多消极、负面的注意偏向外，脆弱型高自尊也会促使人们对攻击性线索产生注意偏向。针对高中生的一项研究发现，脆弱型高自尊学生和安全型高自尊学生都会受到攻击性词汇的注意捕获，但是前者会更难将注意力从攻击性词汇上转移，即表现为注意解脱困难。

③自尊会影响一个人的记忆。记忆偏向（memory bias）是由于在某种人格特质上的差异导致人们对某一特殊类型的先前经验的回忆或再认知产生更好或更坏的倾向。简言之，自尊作为一种相对稳定的人格特质时，会影响我们对某些已有经验的记忆，比如对于收到的积极评价，高外显自尊者会比低外显自尊者有更多更清晰的记忆。研究者给人们呈现一系列词汇后，要求他们对见过的词语进行回忆，发现相比于低外显自尊者，高外显自尊者明显回忆出了更多的积极词语。然而研究者还发现，低内隐自尊者比高内隐自尊者能回忆出更多的积极词汇，即低内隐自尊者有更强的积极记忆偏好。这印证了美国心理学家布兰登的伪自尊论，高自尊可能是虚假的，低内隐自尊让人们变得脆弱，高外显自尊成为他们保护自我的一种手段，在处理信息时有强烈的自我保护动机，会忽视与自我不一致的消极评价来保护自尊，抵抗焦虑。

④自尊影响人们的决策和归因方式。不同的自尊水平使人们在决策时会有不同的风险偏好，研究者在赌博情境下测试了人们的选择意愿，发现高外显自尊者的内隐自尊越低，会更倾向于规避风险。这说明，防御型高自尊（高外显自尊，低内隐自尊）的人有更强的防御意愿，倾向于规避风险来保护自我。归因方式是指人们如何解释自己或他人行为的原因，高外显和内隐自尊者更多地将自己的成功归于自身特质或可控的内部因素（如自身的聪明，

能力,努力),而将失败归于外部环境因素(如运气,难度),低外显自尊者则恰好相反,而消极归因又可能反过来影响自尊水平。

(2)自尊影响人们的心理健康。

①自尊与人们的心理健康有紧密联系。如前所述,低自尊会带来更多自我加工的负面偏向,不利于人们的心理健康。自我负面偏向效应往往会让低自尊的人不自觉地更在意消极事件,并且忍不住不断思考,对自己产生更多负面评价,容易把这一次失败的消极意义扩展到自己整个人身上,认为自己做什么都不行,长此以往,将导致抑郁和焦虑。研究者发现,带有抑郁情绪(常表现为心情低落)的人的自尊水平明显比普通人低很多,而抑郁症患者的自尊水平又明显低于有抑郁情绪的人,但抑郁康复者的自尊水平与普通人并没有很大差异。这说明,自尊伴随着抑郁状态的变化而变化。

②自尊还被视为幸福的根源。研究发现,高自尊能提升人们的幸福感,这是因为高自尊者即使面对失败也能保持自信,积极地解决难题。研究还发现,防御型高自尊者(外显自尊高,内隐自尊低)的幸福感较低。一方面,低内隐自尊使人们在处理信息时会无意识地更关注消极信息;另一方面,外显和内隐自尊的不一致又会使人们不断寻找证据来支持自己的高自尊,损耗了有限的认知资源,只会让人感觉自己活得很累而非幸福。

(3)自尊影响人们的社会适应。

①自尊影响个体适应集体、适应社会的能力。马斯洛需求层次理论将人的需求按照最基本到最高级的顺序排为生理、安全、爱和归属、自尊、自我实现五个层次,自尊属于人的第四层需求,是一种必需的心理需求。个人需要维持自尊水平,来使自己达到期望的状态,这也就决定了高、低自尊的人在生活中的行为必然会受到不同动机的驱动。高自尊者更关注如何提高自己,进一步实现自我价值;而低自尊者则是想方设法保护自己不受伤害。面临一个新环境时,高自尊者能够从中找到自己的个人价值,从而更好地适应这个环境;低自尊者对外界有更多的防御,通过负面滤镜来解读他人的行为,以保护自己的自尊,从而破坏人际关系。因此,自尊通过影响人的行为,调节人与环境之间的关系,不仅能够反映人们的适应状况,也会影响个体的适应能力。

②自尊影响个体的人际关系。自尊体现人们适应社会交往的能力,当被他人排斥的时候,自尊高的人不会过多地陷入自我责备,而是去想办法调整自己的行为以提高被群体接纳的可能性。但是,低自尊会损害这种能力,导致人们在与他人社交时一旦受挫就更容易焦虑和紧张,造成社交焦虑,进一步加强"我的社交能力果然很差""我怎么做都不会招人喜欢"的信念,在本来就脆弱的自尊心上再踩自己一脚,从而选择主动和他人保持距离或干脆断绝社交活动。

外显自尊和内隐自尊的不一致也会对人际关系造成不良影响。研究发现,防御型高自尊者往往有更强的攻击性,更加自恋,并且更可能偏向自己和自己所在的群体,这都可能损害到人际关系。这是因为防御型高自尊的人对威胁线索更敏感,一旦出现可能损害自己自尊心的人或事,他们就可能做出过度反应以保护自尊,然而这可能会引起他人的厌恶。此外,当发生冲突时,高自尊个体往往积极促进情感交流,主动破冰,而低自尊者为了自我保护可能会表现出更大的敌意,这显然会恶化人际关系。

③自尊影响青少年的学业成绩。对青少年来说,学业成绩是他们最被关注的一部分,自尊对其具有重要影响。美国著名心理学家詹姆士提出"自尊=成功/抱负",除了客观成就外,自尊还与主观预期水平相关。国内的大部分研究都显示,高自尊学生的学业成绩比低自尊学生更优异。自我决定理论(self-determination theory)认为,人们拥有自主和受控两类动机,持有自主动机的人能从自己的意愿来决定行为,而持有受控动机的人则认为自己是被控制的,他们的行为更多是"被迫"的。研究发现,相信自己的行为使能自我控制的人的内隐自尊明显高于被动接受的人的内隐自尊,并且有受控动机的人会更多地拥有防御型高自尊(高外显自尊,低内隐自尊)。青少年的学习生活也是如此,高自尊的青少年更可能持有自主动机,为了自己的目标而主动、积极地学习,遇到考试失败也不会轻易否定自己而自暴自弃。低自尊个体则更可能持有受控动机,按照父母、老师的指示去学习,被动地接受知识,遇到失败也更容易否定自己而放弃。

为方便读者朋友们测量自尊,我们提供了美国心理学家罗森伯格编制的自尊量表(the self-esteem scale, SES)供大家进行自我测试。详见表3.2。

测一测

指导语：请仔细阅读下面的一些描述，根据您的真实情况，选择合适的选项作答。如果该陈述非常符合您的情况，请选择4；如果符合您的情况，请选择3；如果不符合您的情况，请选择2；如果很不符合您的情况，请选择1。

表3.2　自尊量表

单位：分

题号	题目	很不符合	不符合	符合	非常符合
1	我感到我是一个有价值的人，至少与其他人在同一水平上	1	2	3	4
2	我感到我有许多好的品质	1	2	3	4
3	归根结底，我倾向于觉得自己是一个失败者*	1	2	3	4
4	我能像大多数人一样把事情做好	1	2	3	4
5	我感到自己值得自豪的地方不多*	1	2	3	4
6	我对自己持肯定态度	1	2	3	4
7	总的来说，我对自己是满意的	1	2	3	4
8	我希望我能为自己赢得更多尊重	1	2	3	4
9	我确实时常感到毫无用处*	1	2	3	4
10	我时常认为自己一无是处*	1	2	3	4

注：* 表示反向记分，即1分计4分，2分计3分，以此类推。

计分方式：

总分为各题得分相加，其中第3、5、9、10题为反向计分。

自尊评估：

总分范围是10～40分，分值越高，自尊程度越高。总分高于36分，自尊水平较高；低于25分，自尊水平较低。

二、青少年的自尊

1. 青少年自尊的特点

(1)青少年自尊的发展特征。

在人漫长的一生中，自尊水平并不是一成不变的。美国心理学家罗宾斯等人在 9～90 岁的人群中开展了自尊的横断研究,测量并记录了自尊的发展轨迹,如图 3.1 所示[①]。从图中可以得知,自尊水平是随着人的年龄变化不断发展的,在人生的不同阶段,个体自尊水平也有所不同。在人生的前半段,从童年晚期到青春期,人的自尊水平不断下降,跌至谷底,直到成年早期才开始逐步回升。成年中期的自尊水平相对平稳,缓慢上升,直到老年期又开始下降。

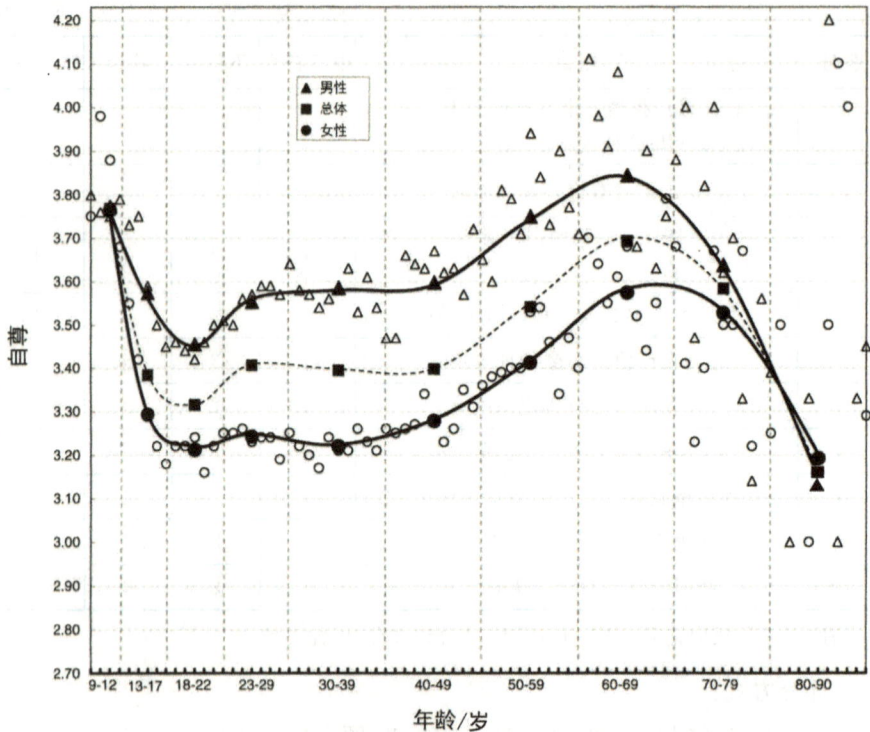

图 3.1　自尊发展的年龄特点

儿童从 3 岁左右自尊开始萌芽。在自我概念日益清晰的同时,儿童的自尊水平也稳步上升,达到一定高度。直到小学五六年级,儿童的自尊发展进入相对稳定的阶段。进入初中后,一方面,青春期的到来使他们在生理、心理上都产生了巨大的变化,第二性征开始发育,急切地需要自我认同;另一方

---

① Robins R，Trzesniewski K，Tracy J，et al. Global self-esteem across the life span [J]. Psychology and Aging，2002，17(3)：423 - 434.

面，崭新的学校环境，陌生的同学，颇有难度的课业，都使青少年的自尊发展变得不稳定，总体呈下降趋势。青少年晚期心智逐渐趋于成熟，自我整合基本完成，此时进入高中，已经能够较好地适应各种环境变化，自尊水平也趋于稳定。青春期是个体发展的重要过渡阶段，是青少年自我认同、自尊形成的关键时期，青少年开始思考我是谁、我是否是有价值的人、我是否为他人所接纳和尊重等问题，这一时期青少年的自尊发展直接影响人格的形成和心理健康水平。

（2）青少年自尊的性别差异。

从图3.1中也不难发现，男性和女性的自尊水平是存在差距的。罗宾斯等人的研究发现，男性和女性在童年期的自尊水平大体相同，而进入青春期后，男性的自尊水平开始大幅领先于女性，这种差距直至老年期才逐渐消失。这说明，女孩在经历青春期时可能比男孩面临更多的困难，除了身体上的巨大变化容易引起她们对自身外貌的不满外，女孩还会受到一些传统观念和负面刻板印象的束缚，如女生被更多地教导要安分守己，或者"女子无才便是德""女生就是学不好数学"等，而男生则从小被灌输要有冒险精神，赋予创造一番成就的期望。

2.青少年自尊的影响因素

（1）个体因素。

个人方面，除了前文提到的年龄和性别外，作为认识自我的重要成分，外表会影响一个人的自尊。尤其是处于青春期的孩子，他们的性意识开始萌芽，对异性眼中的形象颇为在意，他们对自己的外表或外貌的评价直接影响了其自尊。研究发现，外貌水平对青少年自尊的预测作用非常强，远高于其他因素。然而，美并没有唯一的标准，家长应该给孩子灌输正确的审美观，并不是眼睛有多大、皮肤有多白才算美，健康和自信才应该是一个人最美的样子。国内一项研究还发现青少年对自身体重的感知，而非实际的体重会影响青少年的自尊水平，那些实际上很瘦但自认为自己肥胖的孩子自尊更低。家长和学校应该帮助青少年对超重肥胖问题保持健康的心态，尽量避免青少年对自身的体重产生认知偏差，导致低自尊，诱发各种心理问题。

（2）家庭因素。

①父母的自尊高低。高自尊的父母往往会更加自信，认为生活富有乐趣，有更高的意义和价值感，在朝夕相处的过程中就会提高青少年的自尊水平。因此，父母要从自身出发，保持一种积极自信的健康心态，这会对子女的自尊发展有重要作用。

②教养方式。当父母教养方式更注重温暖与支持时，亲子之间就建立了安全依恋关系，孩子的自尊水平也就越高。

③家庭结构。独生子女家庭可以把所有的陪伴与支持都放在一个孩子身上，而非独生子女家庭的孩子之间则可能出现不平等的状况，受到更多关注的孩子更容易被培养出高自尊，而受冷落的孩子则倾向于形成低自尊。

④家庭社会经济地位。家庭社会经济地位越高，儿童的自尊水平也可能越高。家庭社会经济地位高的父母受教育程度可能更高，可能更能够给予孩子合适的关心和理解。收入高的家庭还能为孩子提供更好的生活条件，而贫困家庭的孩子则可能产生自卑心理。不过家长们也不必担心自己的学历不够好或是收入不够高，当我们可以为孩子提供基本生活保障的时候，父母对孩子的关心和理解才是培养出高自尊的关键。

（3）学校因素。

①师生关系。研究发现，在小学阶段，满意的师生关系有利于儿童自尊发展，教师提问方式也会极大地影响小学生的自尊。如果教师使用质问的语气反复提问，这种方式会极大地损害孩子的自尊。如果教师在学业之外还能对学生在情感上表示关心，尤其是对自尊的关心，则可以极大地提升教学效果，而良好的学业表现又会反过来有利于高自尊的发展。

②同伴关系。进入中学后，同伴交往对青少年来说变得更为重要，他们变得更加依赖同伴。拥有良好同伴关系的青少年，在同伴团体中被接纳和肯定，形成积极的自我评价，有利于自尊发展。

③学业成就。学业成就是孩子在学校里表现的直接体现，是评价孩子的主要指标之一，成绩越好的孩子，更多地得到积极评价，有利于形成积极自我价值，促进自尊良性发展。但家长对于成绩的过分重视也可能带来风险，家长更应重视孩子的全面发展。

（4）文化因素。

不同文化背景对个体成长有不同的影响。个人主义文化往往强调个体的独特性，而在集体主义文化中人们则以融入集体为傲。

三、家庭仪式与青少年自尊

1. 家庭仪式能够提高青少年自尊

家庭是孩子最早接触到的群体，家庭仪式作为家庭文化的载体影响着青少年自我概念和自尊的发展。

家庭仪式能够有效促进个体形成积极的社会认同，维持并提高青少年的自尊。根据社会认同理论（social identity theory），个人自我概念和自我价值来源于个体对所属群体的认同，个体基于个人能力形成个人认同，基于所属群体的特点形成群体认同。这也就意味着，青少年对家庭的认同感越强，就越有利于形成积极的自我概念和自我价值。法国心理学家 Frayon 等人的研究发现，种族认同感越强的青少年往往拥有更加积极稳定的自尊。个体对家庭的接触远比整个种族要更频繁，也更亲近，因此有理由认为拥有强烈家庭认同感的青少年，就拥有更加积极的自尊。不论是模式互动、家庭传统还是家庭庆典，家庭仪式使家庭成员们能够体验甚至庆祝彼此的家庭成员身份。例如新人的婚礼，新郎新娘需要向双方父母敬茶并改口叫对方父母"爸妈"，父母则会给出"改口费"表示祝福，这样的仪式让家庭成员能够聚在一起，让他们更清晰地意识到自己已经属于这个家庭。

家庭仪式的象征性更有利于促进个体对自我身份的认同，仪式的举办让家庭成员对自己的成员身份有了实感，将抽象的象征性意义转化为看得见摸得着的实践活动，进一步让家庭成员理解"我是谁"。一些特殊的家庭仪式，例如祭拜祠堂，进祠堂时不能踩在门槛上，烧香时火越旺越好，三炷香是为自己祈福，六炷香是为两代人祈福，九炷香则是为三代人祈福，这些习俗往往是祖祖辈辈流传下来的，仪式的这种延续性增强了家人之间的联系。

为了探讨家庭仪式与青少年自我控制的关系，浙江大学心理系的陈一冉对浙江省一所高中的 544 名高中生进行了问卷调研。被试中，男性 232 名，女性 312 名，被试年龄为 16～18 岁。结果如表 3.3 所示。

表 3.3　家庭仪式与自尊关系的回归分析($N = 544$)

预测变量	结果变量			
	性别对自尊的影响		家庭仪式对自尊的影响	
	β	t	β	t
性别	-0.024	-0.549	-0.074	-1.817
家庭仪式	—	—	0.352	8.642^{***}
F	0.301		37.511^{***}	
R^2	0.001		0.122	
ΔR^2	0.001		0.121	

注:(1)***,$p < 0.001$。

(2)t 值:t 检验是用于对各变量系数显著性检验,t 值是 t 检验的统计量值。如果 F 检验的 p 值小于 0.05 就说明整体回归是显著的。

(3)F 值:F 检验是用于整体回归方程显著性检验,F 值是 F 检验的统计量值。如果 t 检验的 p 值小于 0.05 就说明说明预测变量是可以有效预测结果变量的变异。

(4)R^2:用于整体回归方程拟合优度检验,R^2 值越大表示自变量对因变量的解释程度越高。

(5)p 值即概率,反映某一事件发生的可能性大小。统计学根据显著性检验方法所得到的 p 值,一般以 $p<0.05$ 为有统计学差异。

(6)β 是回归系数,说明预测变量和目标变量的相关程度。

(7)N 是样本人数,即本次调查人数。

(8)本书表格及图中各变量字符代表的含义均与本表相同。

由表 3.3 可知,性别对青少年自尊水平并没有明显的影响($\beta = -0.024$,$p > 0.05$),在控制性别的影响后,家庭仪式对青少年自尊有明显的正向预测作用($\beta = 0.352$,$p < 0.01$)。也就是说,家庭仪式开展得越频繁,种类越丰富,就越有利于青少年构建安全型高自尊。

2. 家庭仪式、亲子依恋和自尊

家庭仪式为何会影响青少年的自尊?家庭仪式可能促进了亲子关系,从而导致青少年的自尊发展。

亲子依恋(parent-child attachment)指子女和父母之间的情感联结。依恋理论首先由英国精神病学家、心理学家约翰·鲍比(John Bowlby)于 20 世纪 50 年代提出。该理论认为,婴儿为寻求安全和保障与抚养者(通常是父母)

建立起最初的依恋关系。在早期与依恋对象互动过程中,儿童会发展出一系列关于自我和他人的心理表征,即内部工作模型,这种模式是一种对他人的预期,会对个体之后的人际交往产生深刻而广泛的影响。美国心理学家玛丽·爱因斯沃斯(Mary Ainsworth)根据幼儿与母亲共处和分离时的不同表现,将依恋进行了分类:安全型依恋和不安全型依恋,其中不安全型依恋又分为焦虑-回避型不安全依恋和焦虑-反抗型不安全依恋。当母亲离开时,安全型依恋的孩子通常会明显感到不安,而当他们的母亲回来时,他们会很高兴。当受到惊吓时,这些孩子会向母亲寻求安慰。而对于焦虑-回避型不安全依恋的孩子,母亲的离开会使他们感到过分地紧张或焦躁,母亲回来时却又表现出冷漠回避的态度。对于焦虑-反抗型不安全依恋的孩子,当母亲离开时,显示出强烈的反抗情绪,当母亲回来时,虽然主动接近但显示出强烈的抗拒情绪。

已有大量研究证据表明,无论是儿童期还是青春期,不安全的亲子依恋有可能导致抑郁和焦虑等心理健康问题,并可能影响到成年。拥有安全型依恋的儿童能更好地与他人建立关系。他们能够把父母已经建立的安全形象投射到他人身上,从而能够自信地进行交流,这让儿童可以结交到更多同伴。而回避型依恋的人往往不会在关系中投入太多情感,并且在关系结束时几乎不会感到痛苦。

此外,亲子依恋的质量也会影响儿童的行为表现。研究表明,安全型依恋的儿童会对需要帮助的人表现出更多共情和及时的关怀回应,对外群体成员也会有更多包容,这会增加儿童和青少年的利他行为。而不安全依恋的孩子由于缺乏安全感,对他人更容易产生戒备和敌意,因此相对会产生更多攻击行为。

为方便读者朋友们测量亲子依恋,我们提供了李董平等人编制的亲子依恋问卷供大家进行自我测试。该问卷包含亲子信任、亲子沟通、亲子疏离三个方面,经验证具有良好的信效度。详见表3.4。

测一测

指导语：请仔细阅读下面的一些描述，根据您的真实情况，选择合适的选项作答。

表 3.4 亲子依恋问卷①

单位：分

题号	题目	完全不符合	比较不符合	不确定	比较符合	完全符合
1	对于我关切的事情，我喜欢征求父母的意见	1	2	3	4	5
2	父母帮助我更好地理解我自己	1	2	3	4	5
3	我将我的难题和烦恼告诉父母	1	2	3	4	5
4	父母帮助我讨论我的困难	1	2	3	4	5
5	父母尊重我的感受	1	2	3	4	5
6	我认为我的父母是称职的父母	1	2	3	4	5
7	当我和父母讨论问题时，父母在意我的观点	1	2	3	4	5
8	父母理解我	1	2	3	4	5
9	我信任父母	1	2	3	4	5
10	和父母相处，我感到不舒服*	1	2	3	4	5
11	父母让我感觉愤怒*	1	2	3	4	5
12	我从父母那里没得到什么关注*	1	2	3	4	5
13	父母不了解我最近的状况*	1	2	3	4	5

注：*表示反向记分，即 1 分计 5 分，2 分计 4 分，以此类推。

计分方式：

总分为各题得分相加，其中第 10～13 题为反向计分。得分越高，表明您

---

① 李董平，许路，鲍振宙，等. 家庭经济压力与青少年抑郁：歧视知觉和亲子依恋的作用[J]. 心理发展与教育，2015，31(3)：342 - 349.

的亲子依恋的安全感越高。

家庭仪式有利于帮助父母与孩子之间构建高质量的亲子依恋关系,从而维持儿童自尊的发展,还可以帮助父母成为更好的抚养者,例如早晚的问候,或是餐桌礼仪,父母通过这些家庭互动教给孩子应有的礼节,从而规范了孩子的行为,也有利于孩子的健康成长。家庭仪式在实际的活动中,把抽象的"家庭"化为现实,向孩子展示"家庭是什么",这一举动拉近了家庭成员之间的距离,直接促进了亲子依恋关系。从上一辈流传下来的家庭仪式,例如祭祀,这种延续性使家庭中的年轻一代可以共同学习和分享社会规范的相关知识。父母将家庭的象征融入仪式中,在参与仪式的过程中,孩子形成、确认并维持了自己的家庭成员身份,家庭内部的凝聚力增强,有益于家庭成员的身心健康。家庭仪式所传递的情感上的承诺增加了孩子对家庭的信任感,而家庭仪式的象征性又促进了个体对家庭的归属感,从而有利于构建高质量的亲子依恋关系。

社会计量理论认为,自尊可以评估人们被社会接受或拒绝的程度。那么对于孩子来说,安全的依恋关系代表着抚养者对自己的接纳与喜爱,建立在这个基础上,孩子会认为自己被社会接受的程度较高,有利于形成高自尊。大量实证研究也表明,高质量的亲子依恋对个体的自尊发展有积极作用。在儿童早期,不安全的依恋可能导致低自尊,对自我价值产生怀疑,进而影响自身能力的发展。进入青春期后,由于学业和社会的复杂性增加,各种各样的困难又进一步妨碍了青少年的自尊发展,而良好的亲子依恋关系可以保护青少年自尊的发展。安全的依恋关系使儿童认为自己是有价值的,他们会用行动来证明自己是值得信赖和被照顾的,而这反过来又会使他们成长为自信、健康的成年人。根据依恋理论,安全的依恋关系有助于孩子形成积极的信念,认为自己是可爱的、有能力的。父母通过亲子依恋为孩子提供了支持,尤其是情感上的支持,以及有效的社交技能,这帮助孩子能够更好地和朋友、老师交往,创造高质量的人际关系,而这又反过来提升了自尊。

因此,亲子依恋有可能在家庭仪式和自尊的关系中发挥中介作用,即家庭仪式会影响亲子依恋,进而影响自尊。陈一冉对数据进行了分析,结果如图 3.2 所示。

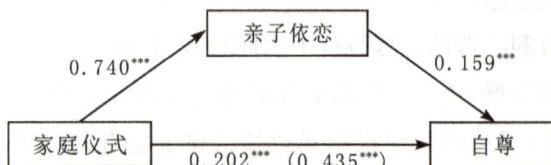

图 3.2　亲子依恋在家庭仪式与自尊关系中的中介作用分析

由图 3.2(*** 表示 $p<0.001$)可知,家庭仪式显著正向预测自尊($\beta = 0.202$, $p < 0.001$)和亲子依恋($\beta = 0.740, p < 0.001$),亲子依恋显著正向预测自尊($\beta = 0.159, p < 0.001$)。这意味着,亲子依恋在家庭仪式与自尊的关系中发挥中介作用,开展高质量的家庭仪式有利于形成安全的亲子依恋关系,从而帮助孩子培养稳定的高自尊。

3. 家庭仪式、生命意义感和自尊

青少年正处于寻找自我同一性的关键时期,开始思考一些关于人生意义的问题。生命意义感是个体发展中的重要感受,指人对生命存在以及生命意义的体验和感知。生命意义感偏向哲学的概念,涉及很多生命伦理的话题,譬如"人活着是为了什么?"这样的终极话题。虽然其概念容易理解,重要性也不言而喻,但我们仍很难有效地说明生命意义感的本质。相对主义认为,每个个体拥有各自不同的生命意义感,因此很难对生命意义感给出完善的定义。但由于生命意义感存在于每个个体,美国心理学家斯蒂格等人直接将生命意义感分为两部分,一是生命意义的寻求——人们可能会找寻各自生命意义与价值的趋向;二是生命意义的存在——生命意义的存在与体验是人继续生活的动力之一。正是因为生命意义的存在,让人们能够拥有生活目标、对生活的控制感和自我价值感。

生命意义感是人们心理健康的重要支持。国内一项针对大学生的调查发现,拥有高生命意义感的人其生活满意度和幸福感会更高。而缺乏生命意义感是产生心理健康问题的重要原因,有的人感到生活空虚无聊,找不到生活的意义,进而产生抑郁、焦虑等负面情绪,甚至萌生自杀想法,产生反社会行为等。寻求和拥有生命意义感也有利于人们创伤后的状态恢复。国外研究者对美国"9·11"恐怖袭击和西班牙马德里火车爆炸之后两国群众的心理状态进行了调查,发现在受到这种集体性创伤后,这两种文化下生命意义感越高的人,伴随着更少的创伤后应激障碍(PTSD)症状和更多的积极改变。

　　奥地利心理学家弗兰克基于存在主义和生命意义感的相关研究提出了意义疗法，从追求人生的意义、发现人生意义的方法和超越自我的途径三个方面，来引导来访者发现和创造生命的意义，建立明确的生活目标，树立积极的态度，从而治愈心理疾病。

　　家庭是个体生命意义感最初的来源。家庭仪式特有的象征性为平淡的生活赋予了意义，而人们又在生活中寻找生命的意义。生命意义感是一个人的生命和存在的本质所产生的意义以及感受到的意义。生命意义感与身体健康、心理健康有密切联系，拥有强烈生命意义感的个体不仅会更乐观，生活得更开心，他们所感受到的幸福也更加强烈。个体往往在与他人的相互依赖中发现和创造意义感，婴儿从出生开始便与父母相互依存，马斯洛将个体对于关系的需求归为人类的第三层需求，正是出于对这种亲情关系的需求与渴望，父母和孩子才构建为一个家庭，由此，生命便有了意义感。孩子在父母的呵护下长大，在这个过程中他们见证了父母庆祝生日、庆祝纪念日，清明时节祭奠先祖，慢慢地他们也学会了做各种各样的事情来纪念重要的日子、重要的人。家庭仪式为人们的生活提供了意义模板，人们把这个模板延续到日常生活中，生日值得纪念，成长值得记录，"今天天气很好"同样也很有意义，"我又长高了一点"也值得小小地庆祝一会儿。人们为万事万物赋予意义，为生活赋予意义。英国心理学家 King 提出建立生命意义感的三种基本方法：归属（关系）、行动（参与有意义的活动）、理解自己和世界。简单地说，"归属"就是在与他人建立关系的过程中寻求生命意义感，而家庭恰好为此提供了合适的载体。个体在家庭仪式的实践活动中，通过行动增进自己与家人之间的关系，这个过程是追求生命意义感的过程，而这个过程的结果则是个体对生命意义感的体验。

　　恐惧管理理论认为，意义感和意义本身构成了自尊，用于防御死亡意识，克服死亡带来的恐惧并缓解焦虑。当个体感觉受到威胁时，人们试图通过接受周围的文化世界观来寻找意义，以此获得意义感，提升自尊，防御焦虑。举一个通俗的例子，王明是年级里名列前茅的优等生，在一次重要的全市联考中他发挥失常，成绩下降了许多，这让他感到恐惧，他开始害怕学习和考试，不愿面对失败带来的痛苦。日复一日，这种不安并没有得到任何缓解，他开始尝试换一种心态学习，只为了学习知识而不一味关注成绩，渐渐地他不再因学业而感到恐惧，因为他已经重新寻找到学习的意义，提升了自尊，有效地防御了焦虑。青少年体验到的生命意义感越强，其自尊也更加积极。可见，生命意义感和个体自尊存在密切的联系。

我们提供了生命意义感问卷(meaning in life questionnaire,MLQ)供大家进行自我测试。生命意义感问卷最初由美国心理学家斯蒂格等人编制,刘思斯和甘怡群对其进行了修订。该问卷包含生命意义体验与生命意义寻求两个维度,共10个条目,经检验具有良好的信效度。详见表3.5。

测一测

指导语:请仔细阅读下面的一些描述,根据您的真实情况,选择合适的选项作答。

表3.5　生命意义感量表中文版①

单位:分

题号	题目	完全不同意	不同意	较不同意	不确定	较同意	同意	完全同意
1	我正在寻觅我人生的一个目的或使命	1	2	3	4	5	6	7
2	我的生活没有明确的目的	1	2	3	4	5	6	7
3	我正在寻找自己生活的意义	1	2	3	4	5	6	7
4	我明白自己生活的意义	1	2	3	4	5	6	7
5	我正在寻觅让我感觉自己生活饶有意义的东西	1	2	3	4	5	6	7
6	我总在尝试找寻自己生活的目的	1	2	3	4	5	6	7
7	我的生活有一个清晰的方向	1	2	3	4	5	6	7
8	我知道什么东西能使自己的生活有意义	1	2	3	4	5	6	7
9	我已经发现一个让自己满意的生活目的	1	2	3	4	5	6	7
10	我总在追求一些能让生活显得重要的东西	1	2	3	4	5	6	7

---

① 刘思斯,甘怡群. 生命意义感量表中文版在大学生群体中的信效度[J]. 中国心理卫生杂志,2010,24(6):478－482.

计分方式：

将每道题的得分相加,得分越高,表明您的生命意义感越高。

此外,生命意义感可能在家庭仪式和自尊的关系中发挥中介作用,即家庭仪式会影响生命意义感,进而影响自尊。陈一冉对数据进行了分析,结果如图3.3所示。

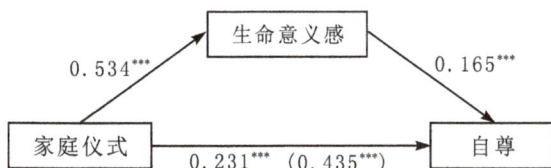

图3.3　生命意义感在家庭仪式与自尊关系中的中介作用分析

由图3.3($***$表示$p<0.001$)可知,家庭仪式显著正向预测自尊($\beta = 0.231$, $p < 0.001$)和生命意义感($\beta = 0.534, p < 0.001$),生命意义感显著正向预测自尊($\beta = 0.165, p < 0.001$)。这意味着生命意义感在家庭仪式与自尊的关系中发挥中介作用,拥有更丰富的家庭仪式有利于青少年发现和创造生命意义感,有利于形成安全型高自尊。

四、分析与启示

家庭仪式所特有的象征性能够提高家庭凝聚力,更好地维系家庭成员之间的关系,而这种良好的关系有利于形成安全的亲子依恋。与此同时,安全的亲子依恋能够帮助个体寻求并体验生命意义感,英国心理学家 King 的研究也支持了这一点。拥有安全依恋关系的儿童往往有更多的积极情绪和更少的消极情绪,而积极情绪则有助于体验生命意义感。安全型依恋关系为亲子双方带来了愉悦和放松,而这些积极的情绪体验则构成了生命意义感产生的前提,同时安全依恋提供的归属感又组成了生命意义感的一部分。生命意义感又是自尊的来源之一,生命意义感的增强有利于自尊的提升与稳定。

生命意义感源于家庭,也源于父母与孩子的相互依存。亲子依恋关系是最持久、最紧密的社会联结之一,也是幼儿最早建立的社会关系。复杂多样的社会关系为人们生活中的意义提供了底色,这些关系帮助人们把以前的经验整理组织起来,为人们带来奋斗的目标,这一切都让人们的生活变得更加重要。高质量的亲子依恋作为一种强联结,家人提供的安慰和关心等一系列情感支持可以帮助个体更好地理解自己、理解世界、理解生活,而这也是创造生命意义感的方式之一。总而言之,家庭仪式为个体带来归属感,形成安全的亲子依恋关系,从而帮助个体创造生命意义感,有利于高自尊的形成。

在实践方面,这也为我国的家庭教育提供了一些启示。首先,相关部门及家长应重视和发挥家庭仪式在青少年发展中的作用。《中华人民共和国家庭教育促进法》第二章"家庭责任"强调了家庭在促进孩子健康成长中的主体责任。本研究揭示了家庭仪式与青少年亲子依恋、生命意义感、自尊的正向关系,这表明家庭仪式可以作为有效手段促进我国儿童和青少年的社会性发展。其次,本研究为家长如何开展家庭仪式提供了理论依据。亲子依恋和生命意义感是家庭仪式影响自尊的中介机制。因此,家长可以通过举行家庭仪式,例如过生日、庆祝纪念日等,获得更多与孩子进行情感交流的机会,增强孩子的归属感和群体认同,由此建立安全的亲子依恋关系。在良好的亲子关系中,家长可以更顺利地帮助孩子发现并创造属于自己的生活意义,有利于形成积极的自我概念,从而促进自尊的发展。最后,新科技也为新时代的家庭仪式提供了更多样的形式选择,例如网络云扫墓、电子生日蜡烛等,当现实条件受限时,这也不失为举行家庭仪式的一种好方法。

第三节 家庭仪式与自我控制

一、自我控制概述

1. 自我控制的定义

颜渊问仁。子曰:"克己复礼为仁。""克己复礼"作为儒家伦理的核心命题之一,其间蕴含着仪式与自我控制间的丰富联系。根据《孟子·尽心上》记载,孟子曾提到"君子三乐":"父母俱在,兄弟无故,一乐也;仰不愧于天,俯不怍于人,二乐也;得天下英才而教育之,三乐也。"朱熹认为,对于兄弟父母平安和教书育人之乐是否可得取决于天意和他人,唯有坦荡为人是"可以自致"之乐,应当勉力为之、自我督促。程子指出了"克己"在其中的作用:"人能克己,则仰不愧,俯不怍,心广体胖,其乐可知,有息则馁矣。"对于克己的含义,朱熹认为"克,胜也;己,谓身之私欲也",这与心理学中的"自我控制"(self-control)有相通之处。那么,"自我控制"到底是指什么呢?

在心理学中,自我控制被认为是自我的核心功能之一。自我控制让人们在没有外界监督的情况下,按照理想、价值观、道德、社会期望等标准对自己的认知、情绪、行为进行调节与控制,并做出适当的反应。心理学家提出了许多理论来解释自我控制,但一般认为自我控制是人们克服诱惑、约束自己从而达到提升自我的能力与手段。例如临近考试,是制订严格的复习计划,还是先行享乐再临时"抱佛脚",又或者学习了一段时间后,是再接再厉还是放松一下,这些选择背后都离不开自我控制的作用。

研究表明,人们的自我控制依赖于血糖的可用性。人脑依赖血液中的葡萄糖获取能量,大部分的认知过程都涉及葡萄糖的消耗,而涉及高水平脑力劳动的活动尤其容易受到血糖水平波动的影响。美国心理学家 Gailliot 等人发现,人们在进行自我控制后血糖水平会显著降低,从而导致在之后的自我控制测试中表现不佳。

由于不同人之间的自我控制存在差异,而个人的自我控制会随着情景和时间的变化发生波动,因此自我控制可以分为特质自我控制和状态自我控制。状态自我控制是指个体内由于自我损耗而导致的自我控制水平暂时降低,美国社会心理学家 Baumeister 等人提出的自我控制的能量模型可以用来解释自我控制的这一特征。能量理论主张,人们的自我控制能力是一种有限的资源。自我控制能力的发挥依赖于个体自身有限的资源,每当人们进行一次自我控制之后,这种资源就会被消耗一些,处于暂时耗竭的状态。如果人们很快再次尝试自我控制——即使是在与第一次自我控制无关的领域——他们往往会比之前没有进行自我控制时做得更糟,这种现象被称为"自我损耗"。以往研究主要从被试在双任务范式中的行为反馈来了解他们的自我损耗程度。例如 Baumeister(1998)曾经做过关于抵制诱惑导致自我损耗的研究。在研究中,两组饥饿的被试进入桌上放着胡萝卜和巧克力的房间,实验组只能吃胡萝卜而禁止吃巧克力,控制组则没有要求。之后,两组被试需要解决一个有相当难度的问题,结果发现实验组由于抵制诱惑而经历了自我损耗,在难题面前比控制组更容易放弃。

2. 自我控制的测量

人们在进行自我控制的成功程度上存在着稳定的个体差异,因此自我控制通常被看成是一种稳定的特质,代表个人主动控制冲动反应的能力。布莱克夫妇通过对 130 名儿童进行的追踪调查研究提出,自我控制是个体稳定的人格特质之一,儿童在童年时期(11~13 岁)就会形成比较稳定的特质自我控制。

自我控制量表(self-control scale, SCS)是目前使用最为广泛的测量特质性自我控制的量表之一。谭树华和郭永玉对该量表进行了修订,形成了包括冲动控制、健康习惯、抵制诱惑、专注工作和节制娱乐五个维度共 19 个条目的中文版量表。耶鲁大学教授 Morean 在 2014 年对自我控制量表进行修订,形成了包含自律性(self-discipline)和冲动控制(impulse control)两个维度共 7 个条目的简化版,即简式自我控制量表(brief self-control scale,BSCS)。罗涛等人对该量表进行了修订,经检验在我国大学生、中专生和中学生样本中具有良好的信度和效度。为方便读者朋友们测量自我控制,我们提供了简式自我控制量表供大家进行自我测试。详见表 3.6。

测一测

指导语:请仔细阅读下面的一些描述,根据您的真实情况,选择合适的选项作答。将每道题的得分相加,得分越高,表明您的自我控制力越高。

表 3.6 简式自我控制量表

单位:分

题号	题目	完全不符合	比较不符合	不确定	比较符合	非常符合
1	我能够很好地抵制诱惑	1	2	3	4	5
2	我会做一些能给自己带来快乐但对自己有害的事情*	1	2	3	4	5
3	大家说我有钢铁般的自制力	1	2	3	4	5
4	有时我会被有乐趣的事情干扰而不能按时完成任务*	1	2	3	4	5
5	我能为了一个长远目标高效地工作	1	2	3	4	5
6	有时我会忍不住去做一些事情即使我知道那样做是错误*	1	2	3	4	5
7	我常常考虑不周就付诸行动*	1	2	3	4	5

注:* 表示反向记分,即 1 分计 5 分,2 分计 4 分,以此类推。

计分方法：简式自我控制量表包括两个维度

自律性＝3＋5＋7

冲动控制＝1＋2＋4＋6

二、青少年的自我控制

1. 青少年自我控制的特点

（1）自我控制随着年龄的增长而不断提高。

自我控制能力从童年到青春期，再到成年，随着年龄的增长而不断提高，其中在儿童早期发展尤为迅速（3～5岁），关键期是3.5～4.5岁，进入成年后则相对稳定。儿童自我控制的发展和生理的成熟密不可分，随着大脑额叶在3.5～4岁时的快速发展，儿童可以逐渐有意识地控制自己的行为，学会遵守规则，但对规则的认识和理解还不充分，其自我控制水平还未达到成熟，不能时刻控制自己，还需要有人时不时地提醒。儿童在四岁半以后，自我控制发展的速度将逐渐放缓，但发展水平趋向成熟，能够自觉地遵守规则，能够区分短期和长期结果，延迟满足的能力也随着年龄的增长而不断提高。

（2）冲动与控制存在一定的冲突。

青春期是自我控制能力发展的重要时期。青春期的孩子的主要特点是爱冒险、寻求刺激和对社会评价的敏感性增加。这导致青春期孩子的一系列健康风险增加，如意外事故、暴力冲突和抑郁等。一些青少年的大脑发育模型表明，这些风险问题可能与青少年的冲动系统和控制系统的冲突有关。自我控制的双系统理论认为，我们拥有一个面对诱惑自动产生冲动的冲动系统和一个对冲动进行控制的控制系统，冲动系统过强或者控制系统过弱则会导致自我控制的失败。在大脑中，两种系统分别对应着不同的神经机制。前者对应着负责触发冲动的中脑边缘奖赏回路，后者对应着负责控制冲动的前额叶皮层。由于青春期的变化，两种机制表现出不同的成熟时间，当冲动系统已经成熟时，控制系统仍然需要几年后才能达到成熟。两种机制成熟的时间差距可能使自我控制能力在青春期中期出现一段易受风险影响的时期。一项面向12～34岁人群的研究发现，15～19岁的青少年在自我控制测试中的得分最低。除此之外，随着年龄的增长，青少年面临着更多的学业压力和情感问题,这对自我控制水平提出了更高的要求。以前培养的自我控制能力可能不足以满足这一阶段的新需求,能否处理好这些问题将决定着青少年能否顺利进入成年时期。良好的自我控制能力能够帮助青少年顺利度过这一充满动荡和挑战的时期。研究发现,自我控制能力高的青少年较少会饮酒和吸烟,也会经历较少的情感和行为问题,表现出更多的亲社会行为,相比于自我控制能力较低的青少年更有可能在学业上做得更好。

2. 青少年自我控制的重要性

克己者成,纵己者败。古往今来,一个个例子无不告诉我们,自我控制是人们走向成功和获得幸福的关键因素。

(1)学业成就。

斯坦福大学心理学家沃尔特·米歇尔(Walter Mischel)在 20 世纪 60 年代后期进行了著名的"棉花糖实验"。在实验中,研究人员将孩子们喜欢的一份棉花糖放在他们面前,要求他们选择是立即吃掉这份棉花糖还是等一小段时间,选择后者就可以获得两份棉花糖。随后,研究人员会把孩子独自留在只有一份棉花糖的房间里。不出意外的是,许多孩子在研究人员离开房间后不久,就会吃掉一份棉花糖。但是,有一些孩子能够一直等待,直到得到两份棉花糖。研究人员将这一现象称为延迟满足(delay of gratification),一种甘愿为更有价值的长远结果而放弃即时满足的抉择取向,以及在等待中展示的自我控制能力。这些研究发现由沃尔特·米歇尔博士在 1989 年以"delay of gratification in children"(《有关儿童延迟满足的研究》)发表在知名杂志《科学》上。研究人员发现,与立即屈服于诱惑的孩子相比,能够延迟满足以获得更大奖励的孩子更有可能获得更好的学习成绩。2005 年一项颇具影响力的研究发现,自律的学生能够取得更好的学习成绩,更有可能被录取参加竞争激烈的学术课程。该研究还发现,在预测学业成就方面,自我控制是比智商更重要的因素。

(2)身心健康。

自我控制的好处不仅限于学业成绩,还影响着人们的身体和心理健康。一项长期的有关健康的研究发现,儿童时期的高水平自我控制预示着成年时期更好的心血管、呼吸道和牙齿健康状况。当经历负面情绪时,人们可能会通过将注意力转移到其他事情上来分散自己的注意力。注意力控制是一种重要的自我控制形式，它使人们能够避免分心，从而专注于最相关和最重要的事情。有研究表明，具有高自我控制能力的学生能够更好地应对考试焦虑。

（3）人际关系。

自我控制同样有助于人际关系。杜克大学 2013 年的一项研究指出，如果我们希望得到别人的尊重，其中一个要素就是控制自己的行为。自我控制有助于长期关系的维持。在一段关系中，关系双方的动机和目的有时会不可避免地发生冲突，根据相互依赖理论，在这种情况下，可以分为基于即时享乐和利己主义冲动的行为偏好与基于更广泛关注（如同伴的幸福和关系的长期维持）的行为偏好。具有自我控制能力的个体可以控制自利冲动而为长期关系的维持做出让步。例如，在选择观看什么类型电影时，不去坚持自己的偏好；在和同伴发生冲突时，克制立即报复的冲动，以更宽容的方式解决问题。

3. 青少年自我控制的干预

青少年拥有自我控制能力的重要性推动了对自我控制的干预研究，并取得一定成效。这些干预方式包括认知训练、运动训练、正念疗法，以及以家庭或学校为基础的综合干预措施等。虽然自我控制是一种有限的资源，但我们可以通过做一些事情来增强意志力。自我控制能力和肌肉的相似之处不仅表现在疲劳方面，它还和肌肉一样会在锻炼之后得到增强。

（1）认知训练。

冲动系统在某些情景下会自动激活与行为决策相关的图式，如果能够用更健康的图式来替代原有的图式，就能改变先前的行为模式。这里介绍趋近-回避训练，它们能从源头上切除冲动诱惑，从而提升自我控制。在趋近-回避的训练研究中，要求被试用操纵杆将圆形盘子拉向他们，将方形盘子推开，研究者将蔬菜放在圆形盘子上，零食放在方形盘子上，以训练被试趋近蔬菜和回避零食。结果发现，趋近-回避训练除了对体质指数没有显著影响外，对饮食行为、自我控制、自我效能感和生活质量等指标都有一定改善和促进作用。

（2）运动训练。

运动训练可以通过减缓或恢复自我损耗（自我控制资源的消耗）来干预自我控制。以色列研究者 Shachar 等人发现，进行持续 24 周、每周 5 小时的运动训练，包括每周 2 小时的武术锻炼和每周 3 小时的团体体育活动（如足球、篮球、排球)可显著提升青少年的自我控制能力。这表明通过行为训练和坚持运动锻炼可在一定程度上提升自我控制资源储量,从而提升自制力。

(3)正念疗法。

正念是让人更专注在生活的每一刻,并随时观照和重整内心状态的一种态度与做法。在正念过程中,人们有目的、有意识地关注、觉察当下的一切,而对当下的一切又都不作任何判断、任何分析、任何反应,只是单纯地觉察它、注意它。研究表明,正念使我们变得更加了解和接受内心的情绪和冲动,改变对情绪的态度,而不是专注于改变情绪本身,从而帮助我们控制自己的行为。例如在愤怒或悲伤时,尝试观察自己的想法,注意伴随这种情绪的身体感觉,比如心跳加速。通过注意情绪在身体中的表现方式,可以延迟和抑制通常伴随这些情绪而来的过度反应。

4. 青少年自我控制的影响因素

正如我们生活中的印象和众多研究所表明的,人们的自我控制能力存在着巨大的个体差异,有的人能比其他人更好地管理自己的生活,调节自己的情绪,控制饮食,履行承诺等。遗传因素与环境因素(家庭因素、学校因素和社会因素)相互作用,共同影响自我控制能力的发展。

(1)遗传。

Beaver 等人在 2008 年使用当时是中学生的 452 对异卵双胞胎和 289 对同卵双胞胎的样本,发现遗传因素占了自我控制变异的一半以上(52%～64%)。2019 年的一项荟萃研究综合了来自不同的自我控制遗传的行为学研究,分析包括 31 项双胞胎研究的单卵和异卵双胞胎的相关性,涵盖年龄范围从 1 到 33 岁,总样本量超过 30 000 对双胞胎。结果表明,单卵双胞胎的整体相关性为 0.58,异卵双胞胎的整体相关性为 0.28,自我控制的遗传率为 60%。

(2)家庭因素。

亲子互动和家庭环境被认为是影响儿童自我控制水平的关键因素。一方面,孩子们会通过观察家长如何处理愤怒、焦虑、恐惧等负面情绪来学习自我控制;另一方面,年幼的孩子在学习控制自己时需要父母大量的练习和耐心。哥伦比亚大学的一项研究说明了父母在幼儿自我控制发展中发挥的关键作用。研究人员在就读于启蒙中心的幼儿中实施了"和平儿童早期社会情感冲突解决计划"(ECSEL)。每个教室都被分配为以下三个条件之一：①日托人员、父母和孩子；②日托人员和孩子(没有父母)；③控制条件，没有进行培训。ECSEL教授孩子们自我控制、情感独立、合作、亲社会技能和解决问题的技能。培训结束后，研究人员发现，与只有日托人员的条件和控制条件相比，有父母参与条件下的孩子的问题行为显著减少，并且被评为具有更高的自我控制能力。使用积极育儿策略的父母为孩子的行为提供了明确的标准，及时、一致地监控和管教孩子的不良行为，并引导他们自己解决问题，这有助于他们逐渐内化外界规则并形成对适当行为的期望，进而促进自我控制的发展。对于亲子关系而言，成功建立亲密关系的父母有助于儿童发展更好的情绪调节能力，这为进一步发展自我控制奠定了基础。青春期良好的亲子关系则使父母能够有效监控、识别和约束青少年行为。因此，良好的亲子关系提供了一个有利于父母培养孩子自我控制能力的环境。研究表明，积极的育儿方式和亲密的亲子关系与儿童早期和中期更高的自我控制水平有关。

(3)学校因素。

除了父母，教师是儿童成长中最有影响力的成年人。教师的教学方式对自我控制影响的一个重要体现是标签的力量。教师有时会给表现不佳的孩子贴上"标签"，然而，以积极的方式给孩子贴上"标签"可能是一个更好的选择。在北卡罗来纳大学进行的一项实验中，研究者将75名年轻女孩分为3组，第一组被告知"我听说你很有耐心"；第二组被告知"我听说你有一些非常好的朋友"；对第三组什么也没告知。结果发现，第一组的女孩在自我控制测试中的得分最高，"我听说你很有耐心"的标签使孩子接收积极的期待，从而向着期望的方向发生转变。

随着年龄的增长，孩子们会越来越有兴趣花更多的时间与其他孩子在一起，这给予孩子发展自我控制的机会和动机，孩子在与同伴的游戏互动中学会遵守规则，而发展调节情绪和控制行为的能力能使孩子在人际交往中更容易被接纳。

(4)社会因素。

社会文化和媒体也会影响儿童自我控制的发展。在不同的文化背景下，人们对自我控制可能会有不同的理解。例如在亚洲文化中，行为、情绪和认知的调节通常从属于社会和谐的维护，而在欧美文化中，自我控制有助于提高个人的自主性和实现个人的目标。对于媒体的影响，有研究指出媒体对自我控制的影响,让幼儿接触含有暴力的电视会阻碍自我控制,尤其是在幼儿独自观看时。

三、家庭仪式与青少年自我控制

1. 家庭仪式与自我控制

在 2018 年的一项研究中,为了了解仪式如何帮助人们解决吃得太多这一常见的自我控制问题,研究人员招募了想减肥的大学生。一半的学生被告知要"注意"接下来五天的饮食(每次吃东西的时候,试着停下来,仔细想想在吃什么)。另一半学生在每顿饭前增加了一个三步仪式,包括将食物切成碎片,重新排列碎片,使它们在盘子上对称,最后在食用前将餐具在食物顶部按三下。仪式本身没有任何意义,因为它是研究人员编造的,他们感兴趣的是吃饭前的仪式是否可以改变饮食行为。结果发现,与那些被告知要注意饮食的人相比,那些遵循饭前仪式的人在 5 天内平均吃的食物要少得多——每天几乎少 1 000 千焦耳。

在上述研究后续的实验中还发现,仪式增强了参与者的自律感,进而提升自我控制水平。具身认知理论认为,生理体验与心理状态之间有着强烈的联系,人们会通过观察自己的行为来推断自己的态度、情绪和其他内在状态。例如当情绪低落时,将嘴角上扬,做出微笑的表情,也能使心情变好一些。这种心理过程也适用于仪式,当任意的行为序列缺乏明显的工具性时,人们会对它们采取一种仪式性的立场,并赋予它们意义。在仪式的过程中,参与者执行固定的动作,观察自己的行为,这向参与者传达了自律的信号,即自己应该并可以严格遵守标准和坚持完成任务,而这些自律的主观感受反过来会增加参与者对于之后行为的自我控制。仪式的具身参与过程可以在仪式结束后的短期内提升自律感,同时由于家庭仪式的重复性,反复强化,长此以往,将推进仪式参与者自我控制水平的发展。

多次参加仪式能够强化自我控制的资源。自我控制的资源模型是非常经典的自我控制理论之一。根据资源模型,人在进行自我控制时需要消耗有限的自我控制资源,而每一次自我控制的执行,都会使资源相应减少。同时,人的自我控制资源是领域一般性(domain-general)的,也就是说,所有形式的自我控制行为消耗的都是相同的自我控制资源,例如如果学习时把手机放在触手可及的地方,那么当我们在克制玩手机的欲望时,专注于学习的难度也会增加。仪式是一系列固定的流程式动作,在进行仪式的过程中,参与者需要专注于仪式中的动作和仪式的内容,例如当和家人庆祝生日时,我们需要完成如许愿、吹蜡烛、切蛋糕等动作并投入和家人的交流中(这时做别的事显然是不恰当的)。因此,每一次的仪式过程都是对参与者自我控制资源的消耗。而自我控制资源的机制类似于肌肉,会因短期的反复使用而耗竭,但就像通过运动锻炼身体一样,肌肉力量会在单次运动后在短期内下降,经过一段时间得到恢复,并且长期规律的运动可以使肌肉在反复的消耗和恢复中得到增强。因此,从长远来看,重复锻炼自我控制往往会加强自我控制。美国心理学家 Murave 等人的研究发现,完成两周的自我控制训练后的被试,在之后的自我控制任务中的表现明显好于对照组被试。重复进行的仪式(如晚餐仪式)可以提升自我控制资源,从而帮助个体更加从容地面对复杂的问题和挑战,实现对更高水平的自我控制。

儿童和青少年是在家庭环境中发展和完善自我控制能力的。家庭仪式作为家庭生活以及亲子互动的重要组成部分,与自我控制之间存在着正向联系。事实上,家庭仪式能够促进社会规范内化和家庭稳定性,这些都有助于提高青少年自我控制的发展。

家庭仪式可以通过社会规范的内化来促进自我控制。社会控制理论(social control theory)提出了三种类型的社会控制,分别是内在控制、直接控制和间接控制。社会控制越强,青少年越不可能做出违规行为。其中,内在控制指个人接受社会规范,并将其成为自己人格的一部分。在家庭仪式中,尤其是中国传统的家庭仪式中,往往蕴含着传统美德和道德规范,例如餐桌上的长幼有序,春节、重阳等传统节日里的仁义礼智信,又或是五四、国庆节中的自由、平等、爱国主义等。青少年在参与家庭仪式的过程中,通过父母的言传身教学习仪式背后的社会规范,并经过仪式的反复实行,将外在的社会观念、价值标准等慢慢转化成自己的观念和价值标准,最终变成自己内在的心理特质或人格特质的一部分。社会学家涂尔干(E. Durkheim)认为,只有在个人认同社会集体道德意识,接受社会道德规范,并且在社会中建立了一个权威的、强有力的称之为集体纪律的社会控制系统时,良好的社会秩序才会出现。将良好的社会秩序缩放到个人层面,也就是高自我控制水平。因此,家庭仪式可以帮助参与者将社会规范加以内化,提升自我控制能力。

家庭环境是影响自我控制发展的关键背景因素,家庭仪式有利于家庭稳定性,为青少年的自我控制发展提供有利环境。Israel 和同事在构建家庭稳定性的模型时,描述了一种家庭稳定性即分子家庭稳定性(molecular family stability),指日常家庭活动和惯例的规律性。这包括一贯的日常活动(如吃饭或睡觉),儿童与家人一起参与的活动(如周末活动或宗教仪式)以及由家庭安排或支持但没有直系家庭成员参加的活动(如参加课外活动或与朋友共度时光)。家庭仪式作为一种亲子共同参与并具有重复性和规律性的活动,既可以出现在日常生活中(例如晚餐仪式,睡前仪式),也可以是阖家参与的活动,因此可以提升分子家庭稳定性。青少年在稳定的家庭环境中,能感受到安全性和可预测性,从而为其练习和完善新的自我控制技能、促进技能的发展或增强对技能的掌握提供可能。而在混乱的家庭环境中,青少年不得不消耗自我控制资源以应付不断出现的变动和意外,因此无法得到有效练习和完善自我控制技能的机会。此外,稳定的家庭环境可以提供关于如何选择和安排行为的方法,这可以帮助规范青少年的行为。例如青少年可以在家庭仪式中观察到父母是如何采取措施确保用餐时间的规律性(准备杂货清单、购买食物、准备饭菜、摆好桌子、召集家人),学习如何管理时间,以及为实现目标而优先安排和组织行为,这可以帮助青少年学会如何更有效地实现自我控制。

为了探讨家庭仪式与青少年自我控制的关系,浙江大学心理系的陈迪对浙江省两所中学的 1380 名高中生进行了问卷调研。被试中男性 669 名,女性 711 名,被试年龄为 16~18 岁。结果如表 3.7 所示。

表 3.7　家庭仪式与自我控制关系的回归分析($N = 1380$)

预测变量	结果变量			
	自我控制		自我控制	
	β	t	β	t
性别	0.001	0.012	0.029	1.084
家庭仪式	—	—	0.238	9.035***
F	0.001		40.818***	
R^2	0.001		0.001	
ΔR^2	0.056		0.056	

注:* * *,$p < 0.001$。

由表 3.7 可知,性别对青少年自我控制水平并没有明显影响($\beta = 0.001$, $p > 0.05$);在控制性别的影响之后,家庭仪式对青少自我控制有明显的正向预测作用($\beta = 0.238$, $p < 0.001$),也就是说,家庭仪式有助于青少年发展自我控制能力。

2. 家庭仪式、亲子依恋与自我控制

上一节我们已讲到,家庭仪式提高了青少年的亲子依恋,由此促进其自尊的发展。那么,家庭仪式是否有可能提高亲子依恋,从而促进青少年的自我控制的发展? 亲子依恋(parent-child attachment)意指子女和父母之间的情感联结。依恋理论指出,个体与依恋对象(如父母)的互动会以心理表征的形式存储在记忆中,并以此为基础发展出个体与他人和自我的不同工作模型,这些工作模型将会影响个体后续的情绪和行为,其中也包括了自我控制的发展。安全型亲子依恋的孩子通过与照顾者的反复成功互动,在依恋关系中内化了有效的情绪调节策略,并能成功地将其应用于依恋关系之外,从而提高了对情绪的自我控制能力。除此之外,根据社会控制理论,青少年与父母之间的依恋程度越高,即意味着其与父母之间的沟通越良好,越会认同和模仿父母的价值观和举止言行,将外在的社会观念和价值标准等内化为内在的心理或人格特质的一部分,进而减少越轨行为发生的可能。同时,良好的亲子关系使父母可以更有效地对孩子的不良行为进行监控、识别以及管教,有助于孩子自我控制能力的提高。多项研究表明,安全型的亲子依恋与青少年较高的自我控制能力呈正相关。

因此,亲子依恋有可能在家庭仪式和自我控制的关系中发挥中介作用,即家庭仪式会影响亲子依恋,进而影响自我控制。陈迪对数据进行了分析,结果如图 3.4 所示。

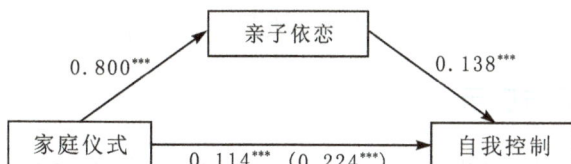

图 3.4　亲子依恋在家庭仪式与自我控制关系中的中介作用分析

由图 3.4(*** 表示 $p < 0.001$)可知,家庭仪式显著正向预测自我控制($\beta = 0.114$, $p < 0.001$)和亲子依恋($\beta = 0.800$, $p < 0.001$),亲子依恋显著

正向预测自我控制($\beta = 0.138, p < 0.001$)，这也意味着亲子依恋在家庭仪式与自我控制的关系中发挥中介作用，开展高质量的家庭仪式有利于形成安全的亲子依恋关系，从而帮助孩子发展自我控制能力。

3. 家庭仪式、生命意义感与自我控制

在上一节我们发现，家庭仪式提高了青少年的生命意义感，由此促进其自尊的发展。那么，家庭仪式是否有可能提高生命意义感，从而促进青少年的自我控制的发展？生命意义感被认为具有促进自我控制的功能。拥有生命意义感为建立长期目标奠定了基础，在意义的引导下，个体为实现目标而超越一时的冲动和本能的欲望，从而控制自己的情绪和行为。正如诗人汪国真在《热爱生命》中所言："既然选择了远方，便只顾风雨兼程。"先前研究发现，在青少年和成人样本中，拥有生命意义感均与自我控制呈正相关。

因此，生命意义感有可能在家庭仪式和自我控制的关系中发挥中介作用，即家庭仪式会影响生命意义感，进而影响自我控制。陈迪对数据进行了分析，结果如图 3.5 所示。

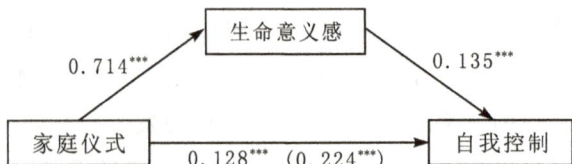

图 3.5　生命意义感在家庭仪式与自我控制关系中的中介作用分析

由表 3.5($***$ 表示 $p < 0.001$)可知，家庭仪式显著正向预测自我控制($\beta = 0.128, p < 0.001$)和生命意义感($\beta = 0.714, p < 0.001$)，生命意义感显著正向预测自我控制($\beta = 0.135, p < 0.001$)，这也意味着生命意义感在家庭仪式与自我控制的关系中发挥中介作用，拥有更丰富的家庭仪式有利于青少年发现和创造生命意义感，有利于发展自我控制。

四、分析与启示

本节从自律感、自我控制资源、社会规范内化、家庭稳定性、亲子依恋、生命意义感等角度出发，探讨了家庭仪式与自我控制之间的关系。青少年自我控制能力的培养对于其今后的人生有着重要影响，具有自我控制能力的青少年可以更好地完成学业、适应社会，而低自我控制的青少年则可能误入歧途。

一般的干预措施,如口头教育、行为训练等,由于青少年逆反心理的存在,可能无法达到预期的效果。本节为此提出了一个新的思路,通过举行家庭仪式来提升青少年的自我控制能力。

一方面,家庭仪式对青少年带来的影响是潜移默化的,可以有效避免直接干预可能引发的抵触情绪;另一方面,家庭仪式作为一项广泛而普遍的家庭活动,相比于实施门槛较高的专项性训练或治疗,家庭仪式便于实施且过程可控,可以是早中晚餐的固定程序,也可以是节日的共同庆祝。因此,家庭仪式可以作为提升青少年自我控制能力的有效方法。

青春期是亲子冲突的高发期,青少年由于自我意识的增强,希望摆脱成人的监护,亲子关系和沟通频率往往不再如童年时那般亲密和频繁。家庭仪式为亲子之间的互动搭建了桥梁,并且通过共同身份的建立和维持提高了家庭认同感和凝聚力,强化了青少年和父母的情感联结。积极的亲子依恋使家长能更好地为青少年提供引导,使青少年能培养情绪调节能力和内化社会规则,因而有助于自我控制能力的发展。

青春期是生命意义形成的重要时期。随着青少年抽象思维的发展,他们逐渐开始建立一个更加连贯的世界观,并从日常经历中获得意义。家庭仪式的结构化和可预测性在生活中建立起稳定的秩序感和连贯性,使青少年从中得到世界是可理解的和生命是有意义的体验。安全型的亲子依恋有助于青少年形成关于世界的安全感和关于自我的价值感,拥有积极的生命态度,进而寻求并获得生命意义感,同时当意义感受到威胁时,在家庭支持的感知下获得意义补偿。拥有生命意义感的青少年能树立并着眼于长远的人生目标,面对青春期出现的各种诱惑时能更好地实现自我控制。

上述中介机制的发现也为家庭仪式的实践带来了启示。家庭仪式在实施的过程中,应注重加强亲子互动和建立家庭认同感,同时让青少年理解仪式的意义,使仪式不流于形式,保持仪式的结构化和规律性,从而更好地发挥亲子依恋和生命意义感的中介作用,实现家庭仪式对青少年自我控制能力的有效影响。

第四章

家庭仪式与心理健康

> 心灵纯洁的人，生活充满甜蜜和喜悦
>
> ——[俄] 列夫·托尔斯泰

第一节　家庭仪式与心理健康概述

一、心理健康概述

1. 心理健康的定义

人生忧乐，存乎一心。心理健康已经成为现代社会的重要议题，《中国国民心理健康发展报告（2019—2020）》（中国科学院心理研究所，2021）显示，2020 年我国青少年的抑郁检出率为 24.6％。青少年心理健康已成为一个不容忽视的问题，保护青少年的心理健康迫在眉睫。家庭作为社会的基本单元，家庭支持是青少年心理健康的基础和原动力。很多研究发现，每天一起吃饭，每年过家庭节日等这样简单的家庭仪式可以给青少年带来许多心理上的益处，帮助他们更好地认识自己，对抗负面情绪，适应社会，享受生活。这一节我们将讨论家庭仪式和青少年心理健康的关系。

公元 2 世纪罗马医生盖伦曾说"健康就是没有疾病的状态"，心理健康的定义很长一段时间内都受到这种健康观的影响，因而将"心理健康"定义为没有心理疾病。随着时代和科技的发展，人们逐渐认识到"无病即健康"的观点并不全面。"心理健康"究竟是什么？目前还没有统一的定义。世界卫生组织(WHO)将心理健康定义为"一种幸福的状态",在这种状态下,个体可以充分认识自己的能力,能够应对日常生活的常见压力,有效地学习工作,为他人作贡献。这深刻反映出积极心理学的观点,将"幸福"作为心理健康的关键因素,将心理健康概念化成积极的影响,强调心理的积极方面。但也有研究者认为,心理健康不等于幸福,一个心理健康的人也会有悲伤、抑郁等消极情绪。精神病学顶级期刊*World Psychiatry* 提出,心理健康是一种动态的内部平衡状态,使个人能够在与社会普遍价值观相协调的情况下发挥自己的能力,这些能力包括基本的自我认知和社交技能,识别、表达和调节情绪以及与他人共情,应对负性生活事件及扮演社会角色,身心之间达成和谐。这一定义考虑了威胁心理健康的消极因素,一个心理健康的人可以动态适应不同时期所需要的改变,比如一个青少年在经历青春期动荡的自我冲突碰撞之后,可以通过调节适应,恢复到身心平衡的状态。总之,心理健康是一个复杂综合的概念,包含两层含义,一是没有心理疾病,二是一种动态平衡的积极心理状态。

一个心理健康的人通常拥有什么样的特点呢? 他/她通常具有但不限于以下特征:①对生活满意。生活满意度经常用作衡量心理健康的指标,表示一个人享受生活的能力,当人们身体健康、人际关系良好、对自己有积极的认识时,通常会对生活更满意;②有足够的心理弹性。心理弹性是从逆境中恢复过来的复原力,心理弹性高的人更有信心应对挑战,更好地应对压力;③身边存在一定的社会支持。社会支持对积极的心理健康很重要,来自家人、朋友、老师及同学的支持有利于维持积极的心理健康;④有一定的心理灵活性。心理灵活性可以理解为一个人如何适应变化的情境需求,能够重新配置心理资源,转变观点,平衡生活中出现的心理冲突。

2. 心理健康的操作性标准

心理健康的标准是对抽象的心理概念的具体化,可以帮助我们具体地理解"一个心理健康的人应该是什么样子的"。对照心理健康的标准,我们可以简单了解自己的心理健康水平。

(1)马斯洛和米特尔曼提出了国际上比较公认的 10 条心理健康标准。

①有充分的安全感;

②充分了解自己,合理评估自己的能力;

③生活理想和目标符合实际;

④不脱离现实环境；

⑤保持人格的完整与和谐；

⑥善于从经验中学习和成长；

⑦维持良好的人际关系；

⑧适度合理地宣泄和调整自己的情绪；

⑨能平衡个性和集体要求；

⑩能在社会规范框架之下实现自我需要和价值。

（2）中国心理卫生协会2012年发布了6条心理健康标准及具体评价因素。

①认识自我，接纳自我。能够了解自己并合理评价自己，有一定的自尊和自信，认识自我存在的价值和意义。主要从自我认识、自我接纳两方面进行评价。

②自我学习，独立生活。能从经验中学习、成长并学以致用，能够独立处理日常生活中的大部分事务。

③情绪稳定，有安全感。能够进行情绪调节，保持情绪稳定，对人身安全和生活稳定有基本的安全感。主要从情绪稳定、情绪控制、情绪积极、安全感四个角度进行评价。

④人际关系和谐。具有基本的社会交往能力，保持基本的人际交往，能在关系互动中体验到正常的情绪状态和满足感，能够接纳他人以及人际交往中的一些问题。主要从良好人际交往能力、人际满足、接纳他人三方面进行评价。

⑤角色功能协调统一。心理和行为表现能符合社会规范、角色要求、所处环境、年龄阶段和个人现实需要。主要从角色功能、行为符合年龄、行为符合环境、实现个人满足四方面进行评价。

⑥适应环境，应对挫折。不回避现实环境接触，能积极面对、接纳和应对现实，能积极面对和处理困难、挫折。主要从现实接触、挫折应对等要素进行评价。

3. 心理健康的重要性

心理健康是整体健康不可或缺的部分，不仅影响我们的思考、感受和行为方式，还在我们的一生中的各个阶段占据重要地位。

（1）心理健康与身体健康密切相关。

世界卫生组织的第一任总干事 Brock Chisholm 指出，"没有心理健康，就没有真正的身体健康"。英国有一项针对上万名老年人进行十年追踪的研究,该研究发现,过去有更好的身体健康水平会增加现在的心理健康水平,同时过去有更好的心理健康水平会积极预测现在的身体健康水平。抑郁症、焦虑症这种心理疾病会带来很多失眠、精力不足、胃口不佳等影响身体健康的生理表现。除了短期影响身体健康外,心理健康问题如果不及时医治,严重程度会随着年龄的增加而加重,引发各种并发症甚至导致残疾。

(2)糟糕的心理状况会影响学习和工作。

抑郁是工作中最常见的心理健康问题。一般来说,存在抑郁倾向的员工生产力较低,会出现缺勤旷工现象。心理健康水平较低的学生可能因为精力不佳、学习动机不足,出现学习效率低下甚至不想学习的情况。

(3)心理健康水平还与人际关系有关。

心理健康水平与人际关系相互影响,一个人的心理健康水平越高,人际关系越积极。一个人心理健康水平较低,会直接影响社交技能,自我评价较低,不愿主动交流而回避社交,形成不良的人际关系,反过来加重其心理负担,陷入恶性循环之中。

(4)良好的心理健康状况可以帮助我们适应社会。

心理健康的人倾向于选择积极的应对方式来应对人生的挫折和挑战,有能力灵活应对多变的社会环境。心理健康状况良好的人更愿意积极主动接触社会。如果长期持续性情绪低落,人们会对很多事情失去兴趣,产生自卑心理,容易把自己封闭起来,不愿意接触外面的世界。

二、青少年的心理健康

1. 青少年身心发展特点与心理危机

青少年时期一般指 11 岁到 18 岁这段时期,是儿童告别稚嫩走向独立的转折期,是人生旅途的黄金时期,但也是心理健康的"高危期"。在这一时期,青少年不仅面临着身高体重、性成熟等一系列生理变化,还面临着寻找自我同一性、与家庭逐渐分离、学习压力变大、思考如何步入社会等诸多挑战。在这一阶段,青少年自我意识逐渐增强,不仅渴望独立,在意他人看法,还容易情绪冲动,内心冲突增强,心理也比较敏感,容易产生心理问题。

(1)生理发展特点与心理危机。

青少年面临着身体快速生长和性器官开始发育两大变化。一方面,虽然发育时间存在一定的性别差异,但是整体上青少年身高和体重增长迅速;另一方面,青少年性激素分泌逐渐增多,开始经历性成熟。面临这些生理变化,青少年会逐渐开始注意和重视自己的形象,容易因为容貌或身材而焦虑,进而产生心理负担,产生自卑心理,影响心理健康。

(2)青少年认知发展特点与心理危机。

根据瑞士著名发展心理学家皮亚杰的认知发展理论得出,青少年在青春期逐渐进入形式运算阶段(formal operation),抽象逻辑思维能力不断发展。青少年不再依赖于用具体事物来理解问题,如用糖果来理解加减法,其假设演绎推理能力、系统推理能力逐渐发展,能够系统思考更加复杂抽象的问题,例如在头脑中有逻辑地思考"世界的起源"这种抽象的问题,也可以处理"如果货币被废除会发生什么"这种假设性问题。另外,这一时期青少年元认知(metacognition)开始发展,青少年有能力认识、监控、理解自己的思维过程,这种元认知有利于青少年更好地学习知识。

(3)青少年情绪发展特点与心理危机。

青少年情绪主要表现为半成熟、半幼稚的矛盾性特点。随着青少年身心的变化发展和自身经验的丰富,他们情绪的感受和表现形式更加多样化,但并不稳定,表现出明确的矛盾性。首先,强烈、狂暴性和温和、细腻共存。青少年对各种事物比较敏感,偶尔某些情绪情感会冲破意识的控制,表现强烈。其次,可变性和固执性共存。青少年情绪波动剧烈,例如常常生闷气或毫无理由地朝父母发脾气,并且受情绪影响持久。最后,内向性和表现性共存。青少年会逐渐学会掩饰压抑自己的情绪,但偶尔也会表现出强烈的情感情绪反应。出现这些特点的原因主要在于,青少年在这一阶段大脑皮层中分别负责情绪体验和情绪调节管理区域的区域发展不平衡,进入青春期中晚期后,随着大脑皮层的发展完善,青少年的情绪状态会逐渐稳定。

(4)青少年社会性发展特点与心理危机。

青少年社会性发展主要表现在六个方面:①追求独立自主;②形成自我意识(例如思考"我是谁"等);③适应性成熟(即适应由于性成熟带来的社会化的一系列变化);④认同性别角色;⑤社会化的成熟(即形成社会适应能力);⑥定型性格的形成。处于青春期的孩童,友谊关系成为其重要的情感支持源,这一阶段友谊的强度和重要性程度在其毕生发展过程中占有重要地位。在道德品质方面,青少年处于伦理观的形成时期,品德处于动荡型向成熟型过渡的阶段。他们可以比较自觉地运用一定的道德观念、原则、信念来调节自己的行为,随之而来的是世界观的初步形成。

2. 青少年常见的心理问题

世界卫生组织(2021)的研究显示,在全球范围内,七分之一的青少年患有心理问题,抑郁症、焦虑症和行为障碍是其中最常见的心理疾病。我国的青少年心理健康状况也不容忽视。不管是从全球还是从国内来看,青少年的心理健康问题都是一个亟待解决的重要公共卫生问题。目前青少年常见的心理问题有以下四个方面。

(1)情绪障碍。

情绪障碍是青少年常见的心理问题,主要表现为抑郁症和焦虑症。

抑郁症在青少年中比较普遍。据世界卫生组织估计,3.6% 的 10~14 岁儿童和 4.6% 的 15~19 岁儿童患有焦虑症,1.1% 的 10~14 岁青少年和 2.8% 的 15~19 岁青少年患有抑郁症。抑郁症严重影响青少年的学业、社交等方面,程度比较严重的可能导致自杀。抑郁症自杀率很高,10%~15%抑郁症患者最终死于自杀。

青少年焦虑状态主要有以下几种常见形式:第一种是分离性焦虑障碍,与主要依恋对象(常以母亲为主)、家庭或熟悉的环境等分离时出现持续且过分焦虑有关,如因害怕分离而不愿上学。据国外报道,其患病率是 3.5%~5.4%;第二种是社交性焦虑障碍,在与陌生人接触时出现持续和过分退缩,无法与同伴进行正常交往,患病率是 1.1%~1.8%,多见于女孩;第三种是恐怖性焦虑障碍,患者总是提心吊胆地害怕实际上并不具有危险的事物或情境,或者害怕程度超过客观存在的程度,症状反复或持久出现。

(2)行为障碍。

行为障碍常见于青少年期的早期。注意缺陷多动障碍是一种常见的青少年行为障碍,俗称多动症,主要特点是注意力难以集中、活动过多、无法控制行为等。研究表明,由于难以集中注意力和无法控制情绪,多动症严重影响青少年的学业成绩和社交互动,使他们容易受到孤立排挤,导致出现负面的情绪和行为问题。其他常见的行为障碍表现形式还有行为退缩(如表现为特别胆小、不愿意社交),行为不恰当(如不喜社交,经常虐待小动物发泄情感),暴怒发作(如在愤怒不满时发生尖叫、撞头、咬、用力踢等行为)等。

(3)进食障碍。

神经性厌食症(anorexia nervosa)和神经性贪食症(bulimia nervosa)是常见的进食障碍,前者是无节制地节食,后者是无节制地暴食。进食障碍是一种危险的心理问题,非常容易引发健康疾病。

(4)精神障碍。

精神分裂症(schizophrenia)是一种病因未明的常见精神障碍,主要症状可能包括幻觉、妄想等精神活动不协调和脱离现实,常见于青春期后期和成年早期,也就是 18～25 岁。强迫症属于一种精神障碍,青少年强迫症多发生于 10 岁前,强迫症状具有几个特点:重复出现;患者认识到这些强迫观念或行为不合理但无法控制;自我强迫和反强迫矛盾引起患者焦虑和痛苦;强迫冲动来源于自我而非外力。临床表现为过度洗手、不可克制地反复计数等。

3. 青少年心理健康的测量

心理健康是一种相对于身体健康而言抽象的心理状态,心理特征和行为特征往往难以概念化和量化。上文提到的心理健康标准是从定性角度评估心理健康,那么我们如何才能量化心理健康呢? 目前应用范围最广泛、效率最高的方式是筛查评估工具,也就是问卷量表,具有样本大、时效快、成本低、准确性较高等优点,普遍被中小学校用于大规模筛查心理健康高危倾向学生,还可以方便学生进行自测。这些测量量表包括心理症状评定量表、心理健康量表和心理健康人格量表三大类。

(1)心理症状评定量表。

心理症状评定量表侧重于从心理症状的角度来考察青少年的心理健康。研究者最常使用的是症状自评量表(symptom checklist 90,SCL-90),该量表从感觉、情绪、思维、生活习惯、人际关系等十个方面,共 90 道题来全面测量一般的心理健康状态。典型例题如"神经过敏、心里不踏实",要求受检者根据自己的症状在 0～5 级进行选择,0 代表自觉无症状,5 代表自觉症状的频度和强度都十分严重,测量结果可以反映出个体的抑郁、焦虑等心理症状。

另外还有评估特定心理症状的量表。比如测量抑郁倾向的病人健康状况问卷（the patient health questionnaire，PHQ-9），通过自我报告的形式评估过去两周抑郁症状的发生频率，可以用来筛查和发现重度抑郁症个体。该量表有9个题目，核心题目是"入睡困难、睡不安稳或睡得过多"和"有不如死掉或用某种方式伤害自己的念头"，若这两题大于1分或者总分大于5分就需要对孩子积极关注，及时介入了解。此外，还有测量焦虑程度的焦虑自评量表（self-rating anxiety scale，SAS），也是通过自我报告的形式评估焦虑症状出现的频率。

为方便读者朋友们测量心理健康状况，我们提供了PHQ-9问卷供大家进行自我测试。详见表4.1。

测一测

指导语：在过去的两周内，您生活中以下症状出现的频率有多少？请仔细阅读下面的一些描述，根据您的真实情况，选择合适的选项作答。

表4.1　抑郁情绪量表(PHQ-9)

单位：分

项目号	描述	完全没有	几天	一半以上的天数	几乎每天
1	做事时提不起劲或没有兴趣	0	1	2	3
2	感到心情低落、沮丧或绝望	0	1	2	3
3	入睡困难、睡不安稳或睡眠过多	0	1	2	3
4	感觉疲倦或没有活力	0	1	2	3
5	食欲不振或吃太多	0	1	2	3
6	觉得自己很糟或觉得自己很失败，或让自己或让家人失望	0	1	2	3
7	对事情专注有困难，例如阅读报纸或看电视时	0	1	2	3
8	动作或说话速度缓慢到别人已经察觉，或正好相反，烦躁或坐立不安、动来动去的情况更胜于平常	0	1	2	3
9	有不如死掉或用某种方式伤害自己的念头	0	1	2	3

计分方式：

将 9 个条目得分简单相加得到总分，最高分 27 分，最低分 0 分，分数越高，抑郁症状越严重。

抑郁症状评估：

临界值是 10 分。其中 0～4 分为没有抑郁症，5～9 分可能有轻微抑郁症，10～14 分可能有中度抑郁症，15～19 分可能有中重度抑郁症，20～27 分可能有重度抑郁症。

其中，项目 1 和项目 4，代表抑郁的核心症状；项目 9 代表有自伤意念。总分大于 10 分且项目 1、4、9 题每项得分＞1，需要及时关注，请及时到专业医院进一步咨询就诊。

（2）心理健康量表。

心理健康量表侧重于从综合的角度去测量心理健康水平。我国学者编制了很多专门面向青少年的心理健康量表，比如王极盛教授编制的针对 12～18 岁中学生的中学生心理健康量表（mental health inventory of middle school students，MMHI-60），包括强迫、偏执、人际敏感、抑郁等 10 个方面，可以比较全面地反映青少年的心理状况。

还有研究者从积极心理健康角度开发了沃里克-爱丁堡积极心理健康量表（Warwick-Edinburgh Mental Well-being Scale，WEMWBS），从快乐和幸福两个层面来测量个体的积极情绪、人际关系满意度和积极心理功能。该量表适用于评估青少年的积极心理健康水平。苏丹和黄希庭教授编制了包含生活幸福、乐于学习、人际和谐、考试镇静、情绪稳定等五个维度的中小学生心理健康量表等。

（3）心理健康人格量表。

心理健康人格量表侧重于从主体内部影响因素角度来评定。这些量表包括可以测量出 16 种基本人格特质的卡特尔人格因素测评量表（sixteen personality factor questionnaire，16PF），可以测量出神经质（N）、精神质（P）和外倾性（E）的艾森克人格问卷（eysenck personality questionnaire，EPQ），其中，N 分数高表示情绪不稳定，P 分数高表示有病理性人格，即可能有人格障碍，E 分数高表示外向。此外，简易应对方式问卷（simplified coping style questionnaire，SCSQ）从积极和消极方面测量人们对积极应对和消极应对的方式,而社会支持评定量表(social support rating scale)测量人们感知到的社会支持水平。这些都能在一定程度上体现出一个人的心理健康水平,适用于一般人群,也适用于青少年。

(4)其他心理健康测量方法。

除了量表评估,还有一些比较小众的评估方式。一种方式是与测量身体状况类似的生理测量,通过测量个体的生理水平来反映其心理健康水平,比如通过 EEG 技术(一种脑电技术)监测人们的脑电波来测量压力水平。另一种方式是临床医生比较常用到的诊断性访谈。这些诊断性访谈有时候可能需要长达几个小时才能完成,相对于量表会做出更加细致深入的评估,从而获得具有诊断性、明确性的结果。由于时间、资源、规模的限制,这两种方式一般应用于临床医院的专业评估或学术研究。

3. 我国青少年心理健康的特点

根据《中国国民心理健康发展报告(2019—2020)》以及其他研究者的研究结果,我国青少年心理健康状况整体良好,但在年龄、性别、地区等方面存在差异。

(1)整体心理健康水平良好。

陈丹对 4 153 名青少年进行心理健康问卷调查发现,73.7%的青少年心理健康状况良好,轻度心理问题检出率为 26.3%,表现在学习压力感、强迫、焦虑、情绪波动、人际敏感等问题。

(2)青少年心理健康状况存在人口统计学差异。

我国青少年的心理健康在年龄、性别、地区和群体等方面存在着一定的差异。

年龄差异。青少年心理健康问题随着年龄增加而增加。一项对 15 846 名青少年心理健康状况的调查显示,青少年抑郁情绪随着年级升高而升高,初中阶段为发病高峰。小学阶段的青少年抑郁检出率约为一成,初中阶段约为三成,高中阶段接近四成。学业压力是影响青少年心理健康的主要压力源,随着年龄的增长,学生的学业压力随之陡增,在无法合理释放压力的情况下容易导致学生出现焦虑、抑郁情绪。

性别差异。多数研究显示,男生的心理健康水平要好于女生。一项对国内青少年心理健康普查显示,女生的抑郁检出率高于男生,其中轻度抑郁检出率为 18.9%,高出男生 3.1 个百分点,重度抑郁检出率为 9%,高于男生 3.2个百分点。可能是因为女生通常心思细腻,对压力的感知更加敏感,容易有心理波动。

地区差异。俞国良和李天然的研究显示,城乡高中生的心理健康存在差异,城市高中生在学习、自我、人际关系、社会适应、情绪调节和职业规划方面均优于农村高中生。

群体差异。家庭结构完整的青少年心理健康水平往往高于不完整家庭的青少年,像孤儿、单亲、留守儿童等特殊群体的心理健康问题值得关注。一项对国内农村贫困地区 3~16 周岁留守儿童心理健康普查发现,非留守儿童情绪行为问题的整体状况要好于双亲留守儿童,也就是说在情绪、品行问题、注意多动、同伴交往等方面的表现好于留守儿童。由此可见,双亲留守是儿童心理健康的高风险因素,留守儿童往往因为亲子关系的缺失而导致情感、精神方面的心理诉求没有被满足。另外,也有研究者对流动青少年群体和一般青少年群体进行比较后发现,流动青少年群体因为居住地变动频繁和生活不稳定而处于一种心理上的游离状态,容易焦虑不安,在自责倾向、冲动倾向和学习压力上比一般青少年更明显。

4. 青少年心理健康的影响因素

青少年心理健康水平受到多方面因素的影响,我们主要从内部因素和外部因素来探讨。

(1)内部因素。

内部因素主要与青少年个体自身有关,如人格特质、归因方式等。

①青少年的性格影响着心理健康。有人说"性格决定命运",因为性格往往决定了一个人的行为倾向、思维习惯和与世界交往的方式,那它与心理健康挂钩就不足为奇了。人格五因素模型(简称大五人格理论)将人格分为开放性(具有想象、审美、情感丰富、创造等特质)、责任心(显示胜任、公正、尽职、自律、谨慎等特点)、宜人性(具有信任、利他、谦虚、共情等特质)、外倾性(表现出热情、社交、冒险、乐观等)及神经质或情绪稳定性(具有焦虑、敌对、压抑、冲动等情绪特质)。有一项实证研究发现,神经质与身心健康密切相关,那些神经质较高而外倾性特质较低的人,往往比神经质程度低的同龄人

更不健康。高神经质的人常常有焦虑、紧张、担忧等负面情绪并且难以控制，甚至出现不理智的行为。有研究发现，神经质对于心理健康问题和心理疾病具有重要的预测作用，如高神经质可能增加抑郁症的发生率。国内也有学者研究中学生的大五人格和心理健康发现，除开放性外，人格的四个因素与心理健康都存在显著相关，且神经质和外倾性能有效预测心理问题，外倾性程度高的学生乐观开朗、好交际，社会支持系统健全，其心理健康问题较少。

②归因是对积极或消极生活事件背后发生原因的解释，青少年不同的归因方式也会影响心理健康。根据韦纳的归因理论，人们通常从内外部、稳定性和可控性三个维度来进行评价。不同的归因方式会影响我们的情绪体验和之后的行为方式。研究表明，"将消极事件归因于外部的、暂时的、他人的原因"这种积极的归因方式，也就是将失败归结于任务难度或运气，可以让青少年有更加积极的自我评价，体验到更少的消极情绪，拥有更高的生活满意度。例如学生对考试的归因，有些学生将考试考不好归结于努力，自己没下功夫，那他下次倾向于继续努力，从而有利于获得学业上的成功。而有些学生归因于自己能力不够，觉得自己太笨了，不如别人聪明，那他就容易自我否定，自怨自艾，长期考试考不好就容易陷入屡战屡败的负循环，势必会增大他们的学习压力和学习焦虑。我们应该引导青少年做更多的可控性归因，比如努力，因为这样我们才有能力去控制和改变。

（2）外部因素。

外部因素主要包括家庭因素、人际因素、社会因素等。

①家庭因素。家庭是青少年成长的最初场所，父母是孩子的第一位老师，家庭因素对青少年的心理健康起着重大而深远的作用。

家庭结构（一般由夫妻关系和亲子关系构成）是重要的影响因素。家庭结构不完整（如单亲家庭）是影响儿童和成年人心理健康的风险因素。单亲家庭更容易面临一些经济压力，母亲或父亲独自养育而将注意力过于集中于孩子等问题，这些都容易影响孩子的心理健康成长。

家庭氛围也影响着青少年心理发展。家庭氛围指的是家庭成员采用稳定的相处模式进行交往的气氛。良好的家庭氛围可以使孩子得到安全感和归属感。不良的家庭氛围主要表现为家庭关系不和谐及父母行为不妥当，前者充斥着争吵甚至暴力的氛围，这会让青少年感到恐惧，后者会给青少年带来不良行为示范,两者都可能使青少年的认知情感产生扭曲。

父母对孩子心理健康发展起着至关重要的作用。父母的社会经济地位,比如父母的受教育水平和经济收入会影响青少年的心理发展。根据家庭投资模型(family investment model),父母社会经济地位高的青少年可以在经济水平、社会资源和教育资源较充足的条件下成长,身心发展得到有效保障,因此其心理发展会相比于父母社会经济地位低的青少年可能更好。

教养方式是青少年心理健康的保护因素。美国心理学家戴安娜·鲍姆林德(Diana Baumrind)根据父母对孩子的支持程度、控制要求程度的高低,提出了四种基本的教养方式:第一种是对孩子高要求的同时给予孩子充足的爱和尊重的权威型;第二种是对孩子过分严要求、过分控制的专制型;第三种是溺爱孩子但几乎对孩子没有制定规则和要求的放纵型;第四种是既对孩子没有期望又忽视孩子情感需求的忽视型。大多数研究者认为,权威型是其中最好的教养方式,权威型父母积极承担养育孩子的责任,为孩子营造了一个温暖民主的家庭环境,能够为孩子提供强大的情感支持,增强孩子的自信感、安全感,有助于孩子形成乐观开朗的性格,而其他三种教养方式或多或少都有一点消极,例如过度严格、专制、溺爱,容易让孩子缺乏安全感、滋生自卑感或者以自我为中心,可能滋生不良情绪甚至引起心理问题。

父母倦怠不利于孩子的心理健康。家家有本难念的经,父母在长期压力下容易产生压力感、紧张感。尤其是在经济和社会转型的背景下,竞争加剧,父母的育儿压力越来越大,久而久之会让父母情绪低落,对养育孩子失去动力,产生倦怠感。研究指出,父母倦怠容易导致对孩子漠不关心、没有要求、没有交流,甚至出现指责、殴打孩子等暴力行为,从而造成孩子缺乏安全感,感到自卑恐惧,不利于孩子发展良好的心理品质。

②人际因素。和谐的人际关系是心理健康的保护因素,亲子关系是基石,相互支持的同伴关系和平等尊重的师生关系是两翼,应给予青少年足够的支持能量。学校里的人际关系对于青春期阶段的学生来说越来越重要,大量研究都发现,师生关系、同伴关系都和青少年心理健康有关,积极的同伴和师生关系能够为青少年创造一个良好的学习环境,提供充足的社会情感支持,有助于学生良好的心理健康发展。

父母与孩子的关系是一条独特的纽带,从孩子出生开始就对孩子产生持久深远的影响,为他们的个性、行为模式、价值观奠定了基础。虽然青春期孩子的人际交往重心开始逐渐从父母转移到同伴、同学,但亲子关系对于青少年来说仍然是很重要的一部分。与父母关系融洽的孩子更有可能积极主动与周围他人建立关系,积极探索社会世界,表现出更多积极的社交行为,为良好的同伴关系和师生关系奠定基础。

学校对于青少年来说是除家庭以外最重要的社会场所。除直系亲属外,学生生活中最常见的积极榜样或者值得信赖的人就是老师。学生与老师之间的积极关系对其主动参与度、社交技能、解决问题能力和自主性都会产生积极作用。有研究发现,学校支持可以对家庭支持匮乏的青少年心理健康具有一定的保护作用。这意味着与老师的积极关系对于遭受家庭变故或者缺乏家庭关爱的青少年尤为重要。

除了师生关系,同伴关系也可以调节、缓和存在家庭问题的青少年的心理健康水平。良好的同伴关系可以成为青少年发展社交能力、建立自尊和提供情感支持的重要贡献因素。同伴关系的好坏主要体现在同伴接受度(被同伴接受的程度)、朋友的可靠性(在需要时朋友能给予的帮助)、与朋友的亲密感、结交新朋友的难易程度四个方面。青少年的同伴接受度可以积极预测其在未来社会的适应程度。朋友的可靠性和亲密性体现了青少年的友谊质量,这是预测青少年心理适应程度和幸福感的关键指标。另外,结交新朋友的难易程度也可以影响青少年心理健康,一项对西班牙 980 名青少年进行的研究发现,更容易结交新朋友的青少年有更高的生活满意度,而交友困难与有严重的抑郁症有关。

③社会因素。《中国国民心理健康发展报告(2019—2020)》指出,我国青少年心理健康与 10 余年前相比稳中有降,抑郁问题基本保持平稳,轻度抑郁检出率较 2009 年高出 0.4 个百分点,自杀意念检出率高出 6.2 个百分点。经济快速发展、社会变迁和环境多变本身容易带给青少年一系列情绪和行为适应问题,影响青少年的心理健康。随着经济水平的提高,孩子的幸福感门槛也随之变高,社会多元化带来生活更多选择的同时也带来了选择困扰,青少年面临着更多的理想与现实不匹配导致的内心冲突,环境的不确定性也容易使青少年对未来生活产生焦虑情绪。

如今各类网络社交媒体占据青少年日常生活的很大一部分时间,大量研究表明,社交媒体容易影响青少年的心理健康。每天使用社交媒体的总时间越长,越容易使青少年产生抑郁情绪。蒙特利尔大学对3826名加拿大青少年开展了4年追踪研究,结果发现,使用社交媒体时间每增加1小时,青少年抑郁症状严重程度将增加0.64。社交媒体也容易导致青少年进行更多的社会比较,进而产生焦虑情绪。社交媒体中存在一些脱离普通大众的内容,容易使心理不成熟的青少年在与现实接轨时有一种不平衡感和失落感,对自己的身材、容貌、家庭经济等产生自卑、焦虑,久而久之易导致心理健康问题。

5. 青少年心理异常信号和干预措施

(1)心理异常信号识别。

有研究指出,50%有严重精神疾病的成年人患病始于14岁,但通常在发病后6~23年才开始治疗。对于许多患有心理障碍的成年人来说,他们在儿童期和青春期就出现了症状,但是这些症状通常没有被及时识别或解决。早期治疗可以帮助预防更严重、更持久的问题,越早开始治疗,效果越好,及时发现孩子的心理健康问题格外重要。

就像跛脚的人走路姿势通常和普通人不一样,我们能清楚这个人脚可能受伤了。那如果一个孩子的心理出现问题,我们有可能通过一些信号来进行判断吗?虽然心理疾病很难诊断,但它和生理疾病一样,往往会在生理、情绪、认知和行为方面释放一些心理危机的信号。或许每种疾病都有其自身独特的症状,美国心理健康研究所于2019年发布的心理疾病的普遍症状通常包括下面几个方面。

①生理表现。

• 难以入睡或者嗜睡,白天总是犯困。

• 过度运动、节食或暴饮暴食。

• 身体无力,有下沉感。

• 出现无明显原因的身体不适,比如头疼、胸闷、胃痛。

• 心跳得很厉害。

②情绪表现。

• 经常发脾气,或大部分时间非常易怒。

• 感到过度悲伤或者情绪低落。

• 情绪极端,变化强烈,一会儿突然非常开心,一会儿突然非常沮丧低落。

- 过于担心或恐惧。

③认知表现。

- 思维迟缓。

- 不能解决日常生活中的问题。

- 有自杀念头。

- 自述认为有人试图控制自己的思想，或者听到了其他人听不到的东西。

④行为表现。

- 成绩出乎意料地急剧下滑，对学习失去动力。

- 总是回避朋友和社交活动，花更多时间独处。

- 有伤害自己（例如烧伤或割伤自己的皮肤）的行为。

- 过多使用酒精、烟草或其他药物。

- 从事危险或破坏性行为，如不安全性行为。

- 多次重复动作或检查事情，以免发生不好的事情，比如一天洗手30次。

- 精力和活动在某段时间高度增加，并且需要的睡眠比平时少得多。

- 不停地运动，不能安静地坐着。

若家长观察到孩子身上有其中一项或者多项警告信号，尤其是"有自杀念头""伤害自己"等这样危险的信号时，就要关注和重视孩子的心理健康，可以找孩子学校的心理老师、心理咨询师或者专业医生寻求帮助，向他们描述孩子最近的变化和症状，最好去精神心理的专科医院或者综合医院的精神心理科做一个诊断性评估。对于许多人来说，获得准确的诊断是治疗计划的第一步。诊断后，专业人士可以帮孩子制订治疗计划，其中可能包括药物治疗、行为治疗或生活方式的改变。

家长必须要注意以下两点。第一是以上的表现并不代表专业评估，只是提供一种线索，这些线索并不一定代表孩子就一定处于心理健康危机之中。孩子如果在短时间或者几天内出现这些表现，过几天就自我恢复了，家长其实无需过多担心，短暂的心理起伏是非常正常的。如果孩子有持续数周或者数月的症状并且干扰到孩子的日常学习和生活，就需要引起高度重视，并尽快联系专业人士咨询。第二是心理疾病的评估和诊断是非常难的，往往真正有心理疾病的孩子隐藏得很好，他们的症状可能并不清晰，和正常人没有什么两样。这就需要家长更加细心地去发现他们的异常信号。

（2）家长可采取的干预措施。

如果孩子诊断之后确诊为抑郁症、焦虑症等心理疾病，作为家长我们应该怎么做呢？

泰戈尔曾说：

这个世界上什么事情最容易？答案是：指责别人。

这个世界上什么事情最困难？答案是：认识自己。

这个世界上什么事情最伟大？答案是：爱。

①接受孩子"心理感冒"的事实。一旦孩子被确诊为心理疾病，通常作为家长往往可能会发生如下反应：第一种是感到羞耻，希望孩子尽快恢复，于是病急乱投医，预约了很多心理医生；第二种是不认同专业的诊断，不相信不接受自己的孩子会有心理问题，只是认为孩子不想上学；第三种是不敢让孩子吃药，认为药物会引起不良反应，会产生药物依赖。这些反应都是不可取的。我们应该认识到心理疾病是可以被治疗的，心理咨询不是越多越好，药物也确实有助于治疗。作为家长，您应该做的是理性接受孩子确诊的事实，主动学习关于疾病的相关知识，对这个疾病有正确的认识和了解，全面了解孩子的症状、病情、治疗方案及是否出现对药物的不良反应，协助医生对孩子进行心理治疗。

②让孩子动起来。长期保持运动有诸多好处，可以有效缓解抑郁等心理问题，因为运动可以改善激素水平，促进人体"快乐精灵"多巴胺（提升人的幸福感）和内啡肽（有镇静安抚的作用）的分泌，有研究发现锻炼后被试反映自己感觉更好了。除了这种即时性的影响，运动还具有长期有益的影响，可以提高个体的自尊水平、减少社交回避症状。运动包括跑步、游泳、骑自行车、散步等有氧运动，也包括力量训练等无氧运动，还包括攀岩、定向越野、露营等户外体验式项目。作为家长，一方面让孩子意识到锻炼的益处，养成保持运动的意识和习惯。如果孩子已经有运动爱好，请督促孩子定期运动，如果没有就引导孩子尝试找到一项喜欢的运动，让孩子学习并逐步培养运动习惯。另一方面，尝试在周末有空的时候带着孩子去户外露营爬山，这不仅能锻炼身体，还能让孩子有更多的亲子互动及与大自然互动的机会。

③培养青少年健康的生活习惯。除了运动，规律作息、多吃蔬菜、拒绝烟酒等良好的生活方式也很重要。保证孩子有良好的睡眠，睡眠不足或者睡眠

不规律不仅影响身体状况,也会影响心理状态。您需要监督孩子的作息时间,如果孩子太晚睡或者太晚起,请及时终止这种行为,适当和孩子定一些心理契约。同时让孩子多吃蔬菜和水果,蔬菜和水果富含抗氧化剂,可以抑制氧化应激对精神健康的不良影响。此外,还要引导孩子不碰烟酒。酒精和尼古丁给青少年的精神和行为影响都是巨大的,对青少年的智力、判断力和自我控制能力都会产生消极影响,不利于身心健康。

④给予孩子足够的支持。父母和家庭可以给予青少年非常大的能量支持。第一是情感支持。您可以用安慰鼓励的方式来支持您的孩子,比如留意检查孩子是否是放松的,告诉孩子可以放松下来,避免把更多的注意力放在是否能完成学业上。不要向孩子施压或让他处于焦虑的境地,让孩子知道我们理解并希望帮助他变得更好。第二是根据孩子的需要来适应和安排生活。比如在学校寄宿的孩子如果有自杀倾向,可以安排孩子走读。这些情感支持和行动支持都可以让孩子感受到自己被理解被关心,也能让父母减少一些无助感。

(3)家长可采取的预防措施。

总体上大部分青少年心理健康经历的都是常见但不太严重的心理问题,比如学业压力、人际困扰等。我们如何做好青少年的心理健康危机预防,并且在出现一般心理问题时可以帮助孩子疏导呢?

①提升孩子的心理健康素养。不管是父母还是学校,都应该有意识地学习青少年心理健康的知识,您可以买一些与心理健康相关的书籍,或者去专业的心理健康平台学习一些基本的心理科普知识。这样不仅可以帮助您更好地理解青少年的特点和常见的心理健康问题,还可以帮助孩子认识、处理和预防心理问题的相关知识和信念,包含自助干预、寻求专业帮助的知识和信念。同时一定要培养青少年求助的意识。青少年遇到心理困扰是正常现象,但是很多孩子可能不知道如何求助,或者逃避问题,导致一般的心理困扰慢慢演变成严重的心理疾病。因此,家长和学校一定要引导好孩子心理成长的正确方向,培养孩子的心理健康素养,引导孩子在遇到心理困扰的时候可以向父母、学校心理咨询室、老师等倾诉宣泄。

②营造平等安全的家庭环境。家庭是孩子成长的第一所学校,也是孩子心里永远的避风港。青春期的孩子心理需求发生了突变,成人感增强,容易

和父母对抗,父母要意识到孩子日渐增长的独立感,尽可能创造一个平等的环境,要"平视"他们,而不是"俯视"他们,要尊重孩子的声音和选择。青春期的孩子对外界评价非常敏感,家长尽量不要当众批评孩子,应维护孩子的自尊心,当孩子的自尊受到威胁时容易冲动而产生应激行为。平等的氛围让孩子感受到自己是被尊重的独立个体,温暖安全的家庭氛围也同样重要。一项对存在心理问题的中学生研究发现,家庭环境越差,青少年感知到父母的支持越少,他们会越少寻求支持,情绪和行为问题会越多。给予孩子充足的安全感对孩子的身心健康和社会适应非常重要。您可以为家庭安排一两项固定的家庭仪式来营造良好的家庭氛围,比如每周六晚上全家人好好一起吃顿精心制作的晚餐,这样的小而美的仪式可以让孩子感受到家庭联系和家庭温暖的氛围。总之,青少年会遇到生理变化的困扰、人际交往问题、青春期情窦初开等,父母的教育要有的放矢,同时要给足青少年安全感,让他们意识到家庭永远是避风港。

③与孩子开放对话。不管孩子有没有心理问题,家长都应该保持与孩子持续、开放、真诚的沟通交流频率。比如谈谈自己在青少年时期的经历和恐惧,让孩子知道他们并不孤单,他们的焦虑也不是独一无二的。您甚至可以把沟通变成一项常规的家庭仪式,比如一周一次或者一月一次。虽然孩子到了青春期都有自己的心事,真诚开放的沟通状态很难达到,但是努力去尝试沟通总是没有错的,像对待您的朋友一样对待孩子,聆听他们的声音。久而久之,孩子就会与您建立起朋友般的信任关系,您能理解他们的感受,给他们带来启发,当他们下次遇到困扰的时候可能就会想起您了,这样您就可以及时了解孩子内心真正的想法和秘密,及早发现他们的压力源,及早进行干预。

④引导孩子如何交朋友。青少年在这个阶段开始进入"心理断乳期",同伴关系变得越来越重要,同伴系统逐渐成为青少年的一大情感支持来源。父母要引导孩子如何交朋友,但不要限制孩子选择朋友的权力。让孩子自己去探索外部世界。

⑤不要一味盯着学习。青少年要经历小升初、初升高的阶段,学业压力越来越大,学业成为这个阶段的孩子的主要压力源。父母需要关注孩子的学习,但是有一定的技巧。不要只盯着成绩特别是单次的成绩,当他们考差时更不要直接训斥孩子,这时候更理想的做法应该是关注孩子的情绪,如果孩

子因为成绩差导致情绪低落，就想办法帮助孩子疏解情绪，在孩子冷静之后帮助孩子理性分析，补上知识点的薄弱环节。另外，如果想要孩子取得好成绩，不要只用说教规劝孩子甚至逼迫孩子学习，而是通过自己的行为来潜移默化影响孩子，让他们去发现学习的重要性和意义，以身作则，在家少玩手机多看书。

三、家庭仪式与青少年心理健康

前文提到，家庭因素对青少年的心理健康起着举足轻重的作用。家庭是孩子最初的社会化场所，家庭系统是青少年主要的支持来源。家庭仪式作为家庭活动中的一个重要载体，对青少年心理健康的影响也是长期而深远的。有项研究对比了心理健康的青少年和有心理问题的青少年，发现有心理问题的青少年往往没有长期稳定的家庭仪式，家庭功能在一定程度上是缺失的。下面我们将从青少年心理健康影响因素出发，来探讨家庭仪式如何影响青少年心理健康水平，具体包括情绪、价值观与人格等内部影响因素，以及社会适应等外部影响因素。为了方便理解，我们将会用具体的例子来详细描述家庭仪式对心理健康不同方面的作用过程。

1. 家庭仪式发展青少年积极情绪

家庭仪式因其独特的归属感功能可以帮助青少年获得充足的家庭归属感，发展快乐幸福的积极情绪。比如一个家庭维持着这样的家庭仪式：一家人每天晚上互相分享三件快乐小事，分享的过程是孩子与父母互动交流的过程。一方面，家庭仪式创造了家人陪伴的机会，可以增强孩子与父母的联系，获得当下互动过程带来的情感能量，感受到家庭温暖的氛围。这样的仪式是专属于这个家庭的特殊活动，具有独一无二的象征意义，建立了家人之间联系的纽带，是创造全家人共同记忆的机会，孩子通过每天长期重复的实践可以持续获得来自家庭的情感能量，得到充足的家庭归属感和安全感。另一方面，家庭仪式创造了孩子表达情绪的机会，青春期的孩子大多心思敏感，内心常常有关于学业、朋友、爱情等的矛盾和冲突，但他们常常不愿意表达自己的内心，分享快乐小事的仪式就是给孩子抒发自己情绪的机会，让他们有机会表达自己感到快乐的时刻，也可以引导他们诉说自己的烦恼，在可能短短的10分钟仪式互动过程中感到放松、快乐，继而通过仪式长期重复，孩子可以持续获得这样的积极情绪,锻炼情绪调节能力,从而获得积极心理资本。研究也表明,家庭仪式是青少年情绪调节能力的保护因素。日常的家庭分享仪式还可以包括分享自己的一天,分享自己一件感恩的事情、有挑战的事情、成功的事情等。当然类似这样的家庭分享仪式建立起来并不容易,孩子一开始可能不愿意分享或者谈论他的一天,这时候可以尝试让问题变得有趣,不要让分享变成一种随堂测试,另外也要多倾听孩子的想法和意见。

2. 家庭仪式是缓解焦虑的缓冲器

日常生活充满了不确定性和压力,而家庭仪式因其提供确定感的功能可以成为缓解焦虑的缓冲器。家庭仪式是一组预先设定好的象征性动作序列,如晚餐、假期活动等,其往往渗透在日常生活中,这样一种特殊的存在能够让我们明确知道在什么样的时间点需要做什么样的一些事情,从中可以在一定程度上帮助青少年体验到对于未来的确定性和预测性,从而缓解生活不确定感所带来的焦虑。青少年经历着动荡的青春期,面临学业压力变大、人际关系调整、生理成熟等诸多变化,家庭仪式建立了有秩序、有规律性和可预见的家庭环境,在他们充满压力和不确定性的时期提供稳定,可以有效帮助他们应对这段不稳定和混乱的时期。

3. 家庭仪式帮助青少年应对负性生活事件

家庭仪式可以通过确定感的功能进一步帮助青少年应对生活中突然遭受的负性事件。哈佛大学商学院的 Allen Ding Tian 等人开展了一项关于仪式的研究,研究者要求参与者回忆过去分手的或是所爱之人死亡的经历。然后,要求其中一部分人进一步回忆自己经历的仪式,另一部分人则不回忆过去的仪式。结果显示,进一步回忆仪式的参与者的悲伤程度更低,因为他们通过仪式感受到了更强的控制感。大部分人在自己的青少年期难免经历过亲人朋友亡故的事件,一般人最终都会顺利度过这个悲伤低谷时期,但是也有一部分青少年会因此遭受过大的打击和痛苦而长久无法走出,甚至产生生理疼痛、不愿上学、社交困难等适应困难。青少年心智发展还不成熟,缺少社会阅历,往往在遭受类似于痛失亲人这样很大的打击时容易突破最后一道心理防线,产生无力回天的无助感,感觉自己的生活失去了控制。

在面对亲人突然死亡的最开始阶段,家庭仪式可以成为孩子的保护因素,通过提供一种确定感来缓解青少年突如其来过多的悲伤情绪和无助感。

比如一个家庭在遭遇亲人离世后依然保持着每天晚上八点半一起看半小时书的仪式,这样一组预先设定好的象征性动作序列可以让孩子感受到生活依然还有可预测确定的事情,在无助绝望的时刻感受到一点掌控的感觉。这样的特殊仪式可以帮助青少年重拾对生活的控制感,减少因为急性负性生活事件而导致心理创伤的可能性。

临床应用于丧亲案例的家庭干预治疗法指出,承认亲人死亡的事实、调整家庭成员世界观以接受亲人死亡的事实、重新组织家庭结构和生活是帮助患者走出阴霾的三大目标。家庭仪式有助于实现这三大目标,帮助青少年和家庭适应亲人亡故。如果没有家庭仪式,我们也可以通过建立一些家庭仪式来帮助我们度过亲人死亡的适应阶段,比如在孩子母亲突然死亡后与孩子建立一个每天和家人拥抱的小仪式,在这样简单的与家人拥抱的动作中,孩子会意识到自己再也无法与母亲拥抱,会提醒孩子承认亲人已不在的现实,每天这样重复的仪式久而久之也可以帮助孩子去慢慢适应这个现实。再比如建立每周给去世的妈妈写信的仪式,孩子可以在信里抒发对母亲的思念,告诉母亲自己过去一周的生活,与"天上"的母亲隔空对话,这样的仪式是重新帮助孩子与母亲建立新的联系的过程,找到与母亲新的互动方式的过程,可以减少家庭的破碎感,促进孩子积极调整自己的观念,接纳母亲去世的事实,从中感受到开始新生活的力量和勇气。

4. 家庭仪式塑造青少年积极价值观

日常生活中的家庭仪式是塑造青少年积极价值观的机会。比如有家庭保持着每周六家庭聚餐的家庭仪式,母亲对全家人进行分工:父亲备菜、母亲做饭、孩子洗碗,每个人都需要对自己的工作负责,这样的规则蕴含着培养孩子责任感的象征意义,孩子在这样的仪式中长期实践,有机会感受到自己作为家庭一分子的责任,并在家庭中发挥着作用,亲身感悟责任感的意义和快乐。

传统节日中的家庭庆典是一种传递道德文化价值观的表达方式。端午节是中国的传统节日,很多家庭都会在每年的五月初五聚在一起过节,有的家庭还会有一起包粽子的仪式,父母在包粽子的过程中有机会告诉孩子端午节的来历,将端午节背后的传统文化价值观和屈原"苏世独立、横而不流兮"的高贵人格传递给他们。传统节日中的家庭仪式不仅传达着家庭情感意义,也传达着节日背后的文化象征意义,孩子可以因此习得相应的价值观和人格。

明尼苏达大学教授 Fulkerson 等人的研究表明,有家庭仪式的家庭晚餐频率越高,越有利于青少年的发展资产(如积极的价值观)的增长。因为家庭仪式的存在,青少年有机会习得积极价值观和健全的人格,而这都是青少年保持心理健康的重要基础和前提。

5. 家庭仪式促进青少年社会适应

适应社会能力是青少年心理健康中的重要部分,家庭仪式可以通过提高青少年的社会联结感来帮助青少年更好地适应社会。

社会联结感(social connectedness)指人们与社会世界保持密切联系的主观意识。社会联结感高的人往往愿意亲近他人,积极参与社会或群体活动,认为他人值得信赖,更愿意主动投入社会,因此也更容易适应社会。有研究已经发现,家庭仪式可以积极预测社会联结感。每周家庭出游是一种常见的家庭仪式。家庭游玩包含了父母与子女之间的高度互动,语言沟通交流与肢体接触都很频繁。这样的互动过程增进了孩子与父母之间的联结感。这种家庭联结感的增强为孩子提供了一种人际交往的安全感,孩子会更加积极看待社会关系,更乐于与他人接触交流,融入社会。

除了心理上的社会联结感,家庭仪式也是提供具体的社会生活规则和问题解决的重要信息来源。家庭出游过程中会涉及很多实际生活情境和人际交往情境,父母在解决问题和与他人沟通交往的过程就是言传身教的过程,孩子在这样的情境下可以习得生活、人际关系等蕴含的规则和处事方式,比如如何礼貌求助陌生人。社交技能是适应社会的基础,家庭出游这样的仪式给孩子提供了走出去与他人互动的机会,促进了孩子社交技能的发展。

6. 家庭仪式是临床心理治疗的手段

除了对日常生活的心理健康状况产生影响外,家庭仪式也被作为一种治疗技术应用于临床治疗。临床研究者很早就发现家庭仪式存在治疗作用,认为可以把家庭仪式作为孩子的早期干预手段。研究表明家庭仪式干预能够帮助儿童应对学校暴力、家庭破裂和学习困难。聚餐被作为主要干预场景并取得一定成效。例如家庭仪式治疗通过改变进餐仪式来重构日常的家庭过程,通过修改、调整和设计家庭仪式以改善家庭过程。下面有一个实际的临床治疗案例,讲述了家庭仪式如何通过重构帮助孩子适应变化,更好地理解家人的意义。

Stephen 一家是一个四口之家：父亲 Stan、母亲 Sue、哥哥 John（18 岁）和妹妹 Lisa（15 岁）。哥哥开始要去远方上大学，家人们喜忧参半，既有对他进入人生下一阶段的喜悦，也有"失去"家人的悲伤。这个家庭已经习惯"共享家庭晚餐"的仪式，但是他们对这一传统即将丧失感到难过。妹妹尤其感到悲伤，因为她和哥哥很亲近。John 现在不能在家吃晚饭了，要坐的椅子现在空了。如果有人试图坐在 John 的座位上，她会非常生气，因为她觉得这在传递一个信息：John 不再是一个重要的家庭成员，他们的家庭将分崩离析。

为了缓解 Lisa 和家人的不良情绪，治疗师为此创造了一个新的家庭仪式：在每天晚餐时，要求父母或者妹妹其中一个人坐在哥哥的座位上。然后全家一起畅聊自己所过的一天，引导他们将注意力从 John 的座位被占转移到家人彼此和当下。一方面，有人坐在 John 位置上的动作会引发之前的难过情绪，但是新的交流仪式可以转移大家的注意力，帮助应对与家人分开的不适情绪，引导他们迎接新的生活方式；另一方面，治疗师还安排建立哥哥和家人每周一次晚餐的仪式，但是一名其他家庭成员要坐在哥哥之前固定的椅子上，从而打破"固定椅子象征家庭成员一员"的无意义联系，让家人认识到无论任何人坐在哪里，他们的家庭在面对这种变化时仍是凝聚在一起的，通过定期接触的这样有意义的仪式来建立和维持家庭的联系。这一家庭晚餐仪式的重构和建立通过新的互动模式构建家庭象征意义，帮助这家人理解家人的真正意义，帮助妹妹适应生活变化，最终妹妹也从之前的悲伤消极情绪中走了出来，认识到一家人永远是一家人。

家庭仪式可以帮助家庭解构、重构及构建预防性、保护性和康复性行为，有助于缓解家庭冲突和愤怒，明确家庭角色，创造更积极的家庭环境，让青少年有更好的家庭氛围去健康成长。后面我们还将详细介绍家庭仪式的治疗功能。

总而言之，积极的家庭仪式所展现的象征性、重复性、长期性等特征以及承载的归属感、确定感等功能都对青少年的心理健康大有裨益，影响着他们的人际关系、生活、社会适应等多方面。但是，如果家庭仪式的过程开展过于呆板僵化，比如每周打电话只是例行公事地打一分钟，问候孩子最近是否吃得好喝得好，没有展开了解孩子在学校的学习生活情况，那么孩子在这个互动中感受到的来自父母的情感能量就比较薄弱,感受到的父母支持就会比较少,家庭仪式就不能发挥出其家庭功能,给孩子带来的安全感和归属感就会比较少,这样长久以后虽然仪式一直进行,但是孩子从其中所获得的安全感并没有增多。

在接下来的两节中,我们将详细介绍家庭仪式与幸福感和孤独感的关系,深入探讨家庭仪式如何影响心理健康。

第二节　家庭仪式与孤独感

一、孤独感概述

孤独感是由个人认知和社会环境相互作用产生的复合情绪,其产生或许会引出如下疑问:我有那么多朋友,也会感到孤独吗？孤独到底是什么？我该怎么避免孤独呢？和孤独感近距离接触后怎么恢复？近些年,对孤独感的心理学研究探讨了引发孤独感的风险因素,以及人们怎么去缓解孤独感。但其实在人类出现孤独感之前会经历诸如焦虑、不安甚至恐惧等其他负面情绪,而这些孤独感的"前期准备"情绪最早出现在人类婴幼儿时期——当母亲远离幼儿时,幼儿会表现出局促不安和害怕。虽然一些研究分析了父母、家庭对个体尤其是对青少年孤独感的影响,但鲜有研究从家庭仪式的角度讨论此话题。因此,我们将探讨家庭仪式对青少年孤独感的影响,以及如何通过家庭仪式降低孤独感。

1. 孤独感的定义

请想象一下,当你搬到一个新城市时,面对新的环境和新的人际关系时,心里是什么感觉？当你中午就餐时,别人都在有说有笑,可你连一同吃饭的人都没有,你心里是什么感觉？当你遇到不开心的事情,打开手机却找不到一个可以倾诉的人时,心里又是什么感觉？答案可以是五味杂陈,具体说不清,但其中有一味必然是"我感到孤独"。

孤独感作为当下人们常挂在嘴边的名词,最早出现在医学研究中,用来说明人们在人际沟通中表现出的质的异常,是人们的社会交往技能、语言表达技能发展缓慢的一种病症。哲学上将孤独感解释为人类属性中一个必不可少的特征,是被一种存在于人们"找到生命意义的需要"和"对人世本质的虚无的觉察"之间的矛盾所激发的状态。1973 年,孤独感首次出现在心理学家的研究视野中,由于孤独本身的复杂多维和主观性质,在历史的长河中,孤独历经以下几种定义:①孤独是对某些特定类型关系缺失的反应;②孤独是一种让个体意识到与别人分离的感觉;③孤独是一种渴望他人关注却仍独自存在的感觉;④孤独是一种缺乏与他人沟通的个体体验;⑤孤独是一种在生活中由于未完成的社会/情感生活形成的巨大空虚。

虽然对孤独感的定义不一,但从上述可以看出孤独感的一些共同特征:①孤独感是一种不愉快的、负性的情绪体验;②孤独感是一种主观体验;③孤独感是由缺乏良好的人际关系引起的。

值得注意的是,虽然有些词语,听起来和孤独一样,都是描述一个人的状态,但还是有细微的差别,以最容易混淆的孤单为例,其实这两者之间没有直接的联系。我们讲的孤独感是一种主观感受、被动的结果。而孤单则是指独自一人的存在状态,是一种更为自主和可控的情况。孤独不一定孤单,身处人群也可能会感到孤独;同样,孤单也不一定孤独,独自一人有时也会感到快乐。除了孤单,还有另一个容易与孤独混用的词——独处,孤独与独处在概念上的区别就在于孤独与负面的情感评价相联系,而独处通常不与消极或积极情感相联系,即使有联系也是更偏向积极的情感评价,往往带有一种乐观的内涵,表达一种精神上的自我超越状态。

2. 孤独感的类型

英国社会学家 Weiss 按照人际关系对象的不同,将孤独感分为情绪孤独感和社会孤独感两类。其中,情绪孤独主要指个体的依恋需求得不到满足所引发的情绪状态,触发对象通常是与自己有亲密关系的人。比如孩子失去父母,成人失去配偶时,最容易感到这种情绪孤独。而与情绪孤独不同,社会孤独主要指个体的社会联结需求得不到满足,比如缺少朋友,或必要的社交活动,感到自己孤身一人,甚至被排斥时所产生的孤独。

还有研究者从时间上将孤独感划分为长期性孤独、情境性孤独和暂时性孤独。长期性孤独通常源自个体一直感到缺乏自己满意的人际关系或社交不足,比如有些人会说"为什么我总是一个人,为什么我总是找不到一个真正的朋友?"情境性孤独通常源自个体因特定事件的影响或外部环境的改变而产生的情绪体验,比如个体刚经历感情破裂或突然进入到一个陌生的工作环境。暂时性孤独即绝大多数人都会时不时地感受到的一种孤独类型。长期感到孤独的个体通常难以与他人发展或维持稳定的亲密关系,并为此感到深深的痛苦。情境性孤独和暂时性孤独又可合称"情绪性孤独",这种孤独的影响不像长期性孤独那样深远,只是由于环境变化导致的"短暂孤独",一旦有人与我们交流,这种孤独感便会消失,但如果没有及时调整,就有可能转化为长期性孤独。

明尼苏达大学研究者 Garson 等人也同样从时间上对孤独做了区分,他们认为孤独既可以是短期的(一时性的)或境遇性的,也可以是长期性的或特质性的。前两者对应暂时性孤独和情境性孤独,是一种状态孤独。而长期性或称特质性孤独,则可能是个体对长期人际交往不足的反应后逐渐演化为一种人格特质。

孤独分类除了以上几种外,近些年也有人提出依据关系类型划分孤独,比如由缺少家人联系产生的父母孤独,由缺乏同龄人支持产生的同辈孤独。还有学者提出伦理孤独、语言孤独以及情欲孤独,分别对应因受伦理限制无法畅言自我的孤独、因语言隔阂无法顺畅交流的孤独,以及无法与外界产生联系,感情处于自闭的孤独,在这一分类框架下,我们之前所探讨的孤独类型都属于最后这一类情欲孤独。

3. 孤独感的测量

了解了孤独感之后,该如何测量是很多人会关心的问题,有关孤独感的测量多采用问卷法,针对不同的测量对象,研究者编制出不同的孤独感测量工具。

(1)成人孤独感测量工具。

UCLA 孤独感量表。美国心理学家 Russell 等人认为孤独作为一种情绪体验,在核心上不存在质的差异。据此,Russell 于 1978 年编制了此量表,用于评价因渴求社会交往和实际得到满足之间的差距所产生的孤独感,并于 1980 年对其进行了修订。该问卷有 20 个题目,每个题目有 4 级评分,强度从高到低打分,比如 4 代表"我常常有感觉",1 代表"我从未有此感觉"。UCLA 孤独感量表是我国应用最广泛的孤独感量表之一。

Rasch 型孤独感量表(a rasch-type loneliness scale)。不同于 Russell 将

孤独感作为一维的评价，荷兰社会学家 De Jong-Giverveld 等人认为孤独感是多维的，据此，他们编制了此量表，该量表探讨孤独者的感知、体验以及对缺乏人际交往的评价。将孤独按强度、时间和情绪特征把测量者划分为：无孤独者、对人际关系不满者、暂时性孤独者和失望性孤独者，是较为典型的成人孤独感测量工具。

大学生孤独感问卷。李艺敏等人在参考以上量表的基础上，结合国内外研究，编制了此问卷。该问卷由 83 个条目组成，主要内容包括社会孤独、人际孤独、自我孤独和发展孤独四个维度，每个条目按 5 点计分，强度由高到低，即 5 表示"总是如此"，1 表示"从不如此"。相较于前两者，该问卷更适合用于测量大学生群体。

（2）儿童、青少年孤独感测量工具。

儿童青少年孤独感量表（the louvain loneliness scale for children and adolescents）。比利时鲁汶大学心理系教授 Marcoen 等人通过区分孤独感的类型评定孤独感，该量表按关系类型和对孤独感的态度，划分成四个分量表：与同伴有关的孤独感，与父母有关的孤独感，对孤独感的积极态度，对孤独感的消极态度。该量表测量了对孤独感的积极态度和消极态度，比较新颖。

RPLQ 量表（the relational provision loneliness questionnaire scale）。该量表是在 Weiss 对孤独感分类的基础上编制的，包含四个分量表，通过评价儿童对同伴和家庭关系的满意程度来测量孤独感。

中学生孤独感问卷量表。李晓巍等人编制了针对中学生群体的孤独感问卷，2014 年对其进一步修订并完善。该问卷包括 21 个题目，包括单独孤独体验、对自己社交能力的知觉、对目前同伴关系的评价和对重要关系未满足程度四个维度。问卷采用 4 点计分，强度由高到低，即 4 代表"完全符合"，1 代表"完全不符合"。社交能力知觉得分代表消极评价，将其反向计分后与其他三个代表积极评价的维度得分相加，取其平均分作为孤独感总分。

4. 孤独感的消极影响

虽然现在有些言论鼓吹"孤独会使人强大""孤独是一个人的狂欢"等，但其中寓意我们更愿意将其理解为"独处"，至于孤独，就像村上春树说的"哪有人喜欢孤独"，若不喜欢，还刻意逼迫自己修炼孤独，那就如同逼迫自己服下毒药。它的副作用可能会超乎你的想象。

（1）孤独感对身体健康的影响。

人的身体对孤独的反应其实和饥饿类似，如同饥饿过度容易引发身体疾病，孤独感被发现与心血管疾病、糖尿病、中风、肥胖、酒精或药物滥用以及阿尔茨海默氏症有关，也会诱发个体出现酗酒、暴饮暴食或者食欲不振等情况，影响个体睡眠质量，降低对其他休闲活动的满意度。

（2）孤独对心理健康和认知功能的影响。

据世界卫生组织的一项报告显示，在新型冠状病毒感染暴发的第一年，全球焦虑和抑郁的发病率大幅增加了 25%，孤独是主要助长因素之一。长时间的孤独还会让人产生焦虑和暴躁。

孤独感也会损害个体的认知功能，即长期处于孤独状态的个体在需要执行控制能力的任务中表现水平下降。例如 2013 年一项英国老龄化纵向研究（english longitudinal study of ageing，ELSA）中，在两个时间点对 6000 多位老人进行了认知功能检测。通过语言流畅度测试和记忆复述任务发现，报告社交活动参与较少的受试者四年后认知功能下降得更多。2019 年的一项最新研究也进一步佐证了由人际关系缺乏引起的孤独感对个体记忆力的影响。研究者对参与 ELSA 的 11 000 余人进行了为期两年的调查，结果显示，社交隔离水平高于平均的男性和社交隔离增多的女性这两个群体都表现出比平均水平更严重的记忆力下降。长期的社交隔离，或称孤独，会引起大脑某些区域的变化，比如前额叶皮层（控制决策和社交）体积缩小或皮质信号传导失调，海马体积低于正常，脑源性神经营养因子（brain-derived neurotrophic factor，BDNF）浓度更低（此二者均与学习记忆功能受损相关），或杏仁核（掌管情绪加工）体积较小等。但值得注意的是，孤独感和大脑功能变异之间的关系目前只存在相关性，其中的因果机制有待进一步研究。

（3）孤独感对人际关系的影响。

孤独感也会影响个体自身的社会交往，孤独的人倾向于对自己的社会交往作出负面评价。当面对一张微笑的图片时，长期处于孤独状态的人的腹侧纹状体（ventral striatum）——通常被认为参与大脑奖赏回路的大脑区域，显示出更低的活动水平。而当面临一张愤怒或恐惧的照片时，处于孤独焦虑状态下的个体的杏仁核（与检测威胁有关的大区域）的活动明显增强。这意味着孤独状态下人对负面的社交信息更敏感,但这种情况只出现在社会支持较低的个体中。人们对社会支持的看法会校准杏仁核如何评估社会威胁,这反过来影响他们患焦虑症或其他疾病的风险。

5. 当代的孤独感

孤独感并非人类生而就有的情绪体验,它是一种后天形成的复杂情绪。虽然人人都会时不时感到孤独,但每个人报告的频率和程度不同,有的人只是偶尔感到轻微的孤独,有些人则是长期饱受孤独的侵扰,痛苦不堪。

不同年龄阶段的个体对孤独感的体验也不同。总的来说,青春期后期孤独感最高,成年中期逐渐降低,在成年后期又呈现增长的趋势。研究者发现,有些因素在所有年龄层中都与孤独感相关,例如独居、邻里接触频率等,有一些因素只在特定年龄层中与孤独感相关。与朋友的接触频率和受教育水平是年轻人特有的孤独感相关因素;就业状况与孤独感的相关性只存在于早期中年人中;与家人的接触频率则与早期中年人和晚期中年人的孤独感有关;当个体处于晚期中年人阶段,对个人健康的感知和孤独感的相关性最强。

当代的孤独感与过去的孤独感的不同源自"社交网络"发展的影响。如果说早期孤独感的产生是由于书信马车一类的慢通讯无法满足人们对于人际关系的即时需要,那么科学技术发展到今天,视频通话、高铁飞机的出现理应会降低个体的孤独感。但美国匹兹堡大学 Primack 等人的一项研究却给出不同的答案——研究小组对西弗吉尼亚大学 1178 名 18～30 岁的学生进行了调查,调查内容除了他们使用社交媒体的情况外,还包括他们对社交媒体使用体验的评价,以及他们自我感知的孤独程度。调查统计结果显示,社交媒体使用体验与孤独感强度有关:负面体验每增加 10%,使用者的孤独感会增强 13%,而正面体验增加却不会减轻使用者的孤独感。这意味着,社交媒体使用越多,使用者的孤独感可能会越强烈。这同时意味着科技的发展不仅没能降低个体的孤独感,反而有可能使人们感到更强烈的孤独感。

正如我们在本节开头所说的,人与人之间的交流绝不仅是几行文字就能满足的,背后联系人的生活状态、情感状态如何都可能是我们关心的话题,而互联网的飞速发展使生活节奏加快的同时,让我们难以再驻足好好和他人说说话,也似乎再难找到好好听我们说话的人,我们因孤独而使用互联网,却因互联网变得更加孤独。很多年轻人窝在家里玩手机,看似不孤独,却自嘲"空巢青年",甚至有些商家借此打响"空巢经济",推出一系列据说可以"缓解"孤独的商品。

对这种情况,日本社会形容其为"无缘社会",所谓"无缘"指没有血缘、地缘和亲缘,意思是"在高度成长的过程中,许多维系人际关系的传统逐渐被打破,个人与个人之间不再有任何关系及亲缘。"每个人都逐渐处于一种没有关联,互不相干的社会。在这一环境中,人们越感到孤独越会渴望联系,掏出手机,去浏览大量的社交信息,奇怪的是"我们从早到晚都在创造连接、用表情包填满对话框,却对面对面的连接毫无兴趣",正如英国文化史学者费伊·邦德·艾伯蒂在《孤独传》中指出的:"社交媒体的悖论之处在于它制造的孤独与它努力克服的孤独是一回事。"当社交媒体无法满足人们的人际交往需求时,这意味着我们需要重新审视自己的人际交往方式。

二、青少年的孤独感

1. 青少年孤独感现状

青少年期是孤独感发生和发展的高危期。美国全球健康医疗保险机构信诺(Cigna)在一份调查统计当中指出,美国最孤独的年龄人群分布在 18 至 20 岁,其次是 23 至 47 岁。此外,英国一项名为"BBC 孤独实验"的在线调查结果显示,处于 16 至 24 岁的个体孤独感最强烈,40% 的人表示自己经常感到孤独,而对于 75 岁以上的人来说,这个数字只有 27%。我国的情况类似,有不少学生经常或偶尔感到孤独。总之,孤独感在年龄维度上呈现小龄化的特点,这一变化除了与青少年自身特点有关,与家庭、学校以及整个社会环境的变化也有关联。

2. 青少年孤独感的影响因素

(1)个体特征。

①人格。一般来说,神经质倾向越高的个体越容易感到孤独,而宜人性、尽责性和外倾性高的个体则不容易受到孤独的侵扰。据德国的一项长达 15 年的研究表明,由于人格的稳定性,这种影响甚至会持续到个体中年。研究人员在 1995 年招募了 661 名平均年龄 24 岁的年轻人,测量了其人格特质的孤独感和主观幸福感,然后在 2010 年追踪到了其中的 271 人,彼时这些年轻

人平均年龄40岁,向他们询问了同样有关孤独感和幸福感的问题,结果发现,他们年轻时的人格度量与他们中年时的孤独和健康得分密切相关。简而言之,随着年龄的增长,神经质的参与者会更加孤单,并感到不太健康。

②依恋方式。依恋方式指的是个体与他人产生情感联系的方式。根据"回避"和"焦虑"两个维度,成年人的依恋方式可以划分为以下四种类型:低回避低焦虑的安全型依恋、低回避高焦虑的痴迷型依恋、低焦虑高回避的恐惧型依恋,以及高焦虑高回避的恐惧型依恋。除了安全型依恋外,其他三种类型可以合称为"不安全型"依恋,这些依恋类型的个体更容易感到孤独。痴迷型依恋个体渴望与人亲密,很担心失去,对自己评价消极;疏离型依恋的个体回避亲密接触,难以信任和依赖对方;恐惧型依恋的个体则是处在矛盾混乱之中,一方面渴望与人亲密,另一方面又回避和人更深接触,这种人际交往过程中呈现出的困难都会影响个体的孤独感。

③归因方式。遇事倾向于做内部归因的人更容易感到孤独。比如习惯于将自身人际关系的失败归因于个人,但当人际关系获得成功时却常归因于运气和其他外部因素,这种归因方式会使个体面对孤独时更被动和感觉到更大的压力。

④自尊。相比高自尊个体,低自尊个体更容易感到孤独。这或许是因为缺乏信心或者内向的人在日常生活中,尤其是在遇到难题需要支持的情况下,不太会愿意主动培养和寻求社会联系,导致孤立感和孤独感,进一步挫伤自尊,陷入"没信心—不求助—孤独—没信心"的负性循环中。

(2)家庭环境。

①父母关系。作为孩子社会化的第一场所,家庭对于青少年情绪表达能力和社交能力的培养有重要作用。当父母关系不和甚至争吵不断时,会破坏孩子的安全感,使孩子不敢轻易表达自己的看法,也难以和父母交流。经常处于父母消极情绪表达氛围中的儿童更少地被同伴接纳,教师评价的社会能力也较低,这些都会为个体将来的孤独感易发埋下伏笔。

②亲子沟通。亲子沟通是指父母与子女之间信息、观点、情感或态度的交流,是一个解决问题或增强情感联系的过程。研究表明,亲子沟通能够预测个体孤独感。不良的亲子沟通不仅会提升个体孤独感,甚至会导致孩子转而寻求网络帮助,形成网络依赖。以手机为代表的电子网络设备并不能降低

孤独感,反而有可能会增加个体的孤独感。相比那些非依赖个体,对电子设备依赖成瘾的个体产生孤独感的可能性是前者的 1.6 倍,究其原因,网络并不能减轻孤独感,它只是给个体造成人际联系、获得人际支持的幻觉。减轻孤独感最好的办法还是人际交流。

③父母教养方式。青少年的孤独感与父母的教养方式及情感支持有极大关系。当父母为权威型时,即对孩子采取尊重的态度,注重孩子情感体验,形成自主式教育时,会减少孩子的孤独感。但当父母为专制、放纵或者忽视型时,会遏制孩子的自主性,忽视孩子情感需要,从而增加孩子的孤独感。

(3)学校环境。

①同伴关系。当个体进入学校后,其社会关系更加丰富复杂,老师和同伴在这一阶段逐渐占据重要地位。其中同伴关系是个体学习人际关系处理的第一个阶段。当个体能够积极完成学业的同时,能够和周围的同学相处融洽,就不容易受孤独感侵扰。

②师生关系。作为青少年的第二指导角色,在青少年应对自身情绪的学习过程中,老师起着引领和协调的作用。由于青少年正处于自我觉醒期——开始逐渐探索自我,其中个性的碰撞势必带来同伴之间的摩擦,此时,老师作为调解员应当予以引导,若是放任不管,严重时甚至可能导致校园欺凌,使个体遭受同伴排斥等不公平待遇,而这种群体排斥会导致个体出现孤独感。

(4)社会环境。

①过度拥挤。根据联合国经济和社会事务部人口司编制的《2018 年版世界城镇化展望》的数据显示,世界上有超过 55% 的人口居住在城市,到 2050 年这一比例预计将增加至 68%,届时,全球城市人口总量将增加 25 亿,其中中国将新增 2.55 亿。当单位面积不变时,这种人口密度的增加带来的是透不过气的拥挤感。2021 年英国一项研究表明,处于过度拥挤的环境中会使个体孤独感增加 38%,究其原因,或许是感知过度拥挤会导致疏离感,当人们在人口稠密的地区时,会感觉自己没有足够的个人空间,从而引发人们出现暂时性孤独感。

②社会包容性。一代人有一代人的思想,一个群体有一个群体的价值观。当我们相信自身的处境和价值观能被他人接受时,则会面临较少的孤独感风险。换言之,被他人接受,从某种程度上说,也是被他人支持。

③城市环境。这里的环境可以理解为建筑环境，也可以理解为信息环境。前者如钢筋水泥的结构，虽然相较木屋茅房结实了不少，但也着实失了"温度"，如果一个城市只有银泥铁瓦，失去绿意则会让人的孤独无处释放。英国的一项研究表明，在处于有植物和鸟类等自然特征的城市环境中，人们感到孤独的可能性会降低 28%。后者则寓指随着信息便捷化，人与人之间再难找到交流的机会。吃饭可以点外卖，无需采购食材，也不再有逛菜市场与小贩交流菜品的机会；游玩可以看网上推荐，无需和他人面对面获取攻略，也不再有得知他人幸事糗事时欢呼打趣的机会。太快的节奏推着人朝前走，来不及也没有机会和他人寒暄，时间一长，怎会不孤独？

3. 如何应对青少年的孤独

如果孤独无可避免地来临时，我们应当如何应对？

（1）当察觉孩子可能遭受孤独的侵扰时。

首先，识别孩子的情绪感受。有些孩子年龄太小无法识别"孤独"，这时作为家长，可以从帮助孩子识别这一情绪入手——与孩子分享自己感到孤独的经历是个很好的策略。比如告诉孩子"当我想和某人共度时光却无法做到，或者自己有很长一段时间没有和别人在一起时，这意味着我感到孤独。"

其次，倾听孩子的心声。识别出孩子的孤独后，有些父母或许希望立即进入解决问题的模式。但最好先放慢速度，听听孩子要说的话，给孩子敞开心扉的空间，让他们知道谈论情绪是可以的——当他们需要帮助时，你是一个很好的对象。在谈论问题时，可以尽量使用开放式问题并观察孩子的反应，比如当孩子说他们想念与过去经常见面的人共度的时光时，父母可以就此提出问题："你喜欢和他/她一起做什么？你最想念和他/她一起的什么时光？"在此过程中尽量倾听且不要判断，避免过多的同情或者反应过度，因为这可能会让孩子感觉更糟。

再次，帮助孩子学习怎么去应对。比如帮助孩子制订行动计划，当孩子难以询问他人是否想出去玩时，可以引导协助孩子将此事分解为更小的步骤；或者帮助孩子练习社交技巧，试着给孩子足够的时间在支持性的环境中按照他们自己的节奏练习。

最后，也是最重要的一点，客观观察并给予鼓励。孩子在实施行动的过程中难免会遭遇挫折，有些孩子会对此事做负面解释，甚至将此事的原因归结于自己，这时作为父母要帮助孩子注意到这种倾向，并在他们这样做时提醒他们，帮助他们打破这种模式，同时及时对孩子努力摆脱孤独消极影响的行动表示支持和肯定。

（2）当察觉自己正在遭受孤独的侵袭时。

首先，平稳心态。承认孤独的存在，并承认这是需要改变的一种状态，但不要寄希望于一夜之间就能改变，认识到这是个循序渐进的过程。

其次，加强现有关系。试着向父母表达自己目前的情绪感受，打电话给朋友或者家人，或者任何值得信任的人，与他们交谈，良好愉快的沟通可以有效地降低孤独感，有条件的话，面对面交谈更好；或者养一只宠物，"萌萌哒"的小家伙在一定程度上可以缓解个人孤独。

再次，暂时远离社交媒介，比如网络。转而与平时不熟的人甚至陌生人说说话。英国的一项研究请学生在开学前将班级同学划分为强关系和弱关系两类，在学期结束时请学生报告幸福感。结果发现，当学生与那些平时不熟的同学增加互动时，也会体验到更大的幸福感和更强的归属感。所以，参加团体活动，拓展交友圈，结交一些志趣相投的朋友，这种归属感也会带来意想不到的正反馈。

从次，多接触户外。无论是在附近的小路散步还是去森林野餐，与大自然接触可以消除或减弱与孤独相关的负面情绪，甚至可以提升个体幸福感。

最后，让自己保持忙碌也是一种办法。忙碌可以让自己从那些孤独感中分心，比如回想一下，自己是不是有本一直想读却没有读完的书，或者有项一直想尝试的兴趣爱好却从没迈出第一步。花一些时间投资自己和自己的兴趣，并在这个过程中保持专注也是个不错的应对孤独的办法。

三、家庭仪式与青少年孤独感

1. 家庭仪式与孤独感

家庭作为儿童早期社会化的场所，对儿童后期的情绪体验和情绪指导起到至关重要的作用。有关亲子互动的研究表明，父母之间关系的变化，或者家庭系统的营造影响孩子的情绪体验。仪式性家庭活动的开展为亲子互动提供交流的平台，满足孩子情感需求，缓解个体情绪性孤独，同时仪式活动的重复性与象征性也可以在家庭范围内形成集体记忆，家人之间频繁地互动，满足了个体社会联结的需求,降低了个体社会性孤独。综上,家庭仪式本身有助于降低个体的孤独感。

为了探讨家庭仪式与青少年孤独感的关系,浙江大学心理系的赵佳慧对浙江省两所中学的1362名高中生进行了问卷调研。被试中,男性720名,女性642名,被试年龄为16~18岁。结果如表4.2所示。

表 4.2　家庭仪式与孤独感关系的回归分析($N=1362$)

预测变量	结果变量			
	孤独感		孤独感	
	β	t	β	t
性别	0.053	1.948	0.013	0.494
家庭仪式			-0.347	-13.570^{***}
F	3.793		94.229^{***}	
$R2$	0.003		0.122	
ΔR^2	0.003		0.119	

注:***,$p<0.001$。

从表4.2可以看出,家庭仪式能够负向预测孤独感,即家庭仪式参与度越高,则青少年的孤独感越低。

2. 家庭仪式、感知父母支持与孤独感

父母支持(parent support)是有效育儿的关键,通常包括哺育、依恋、接纳、凝聚力和爱。父母支持通常被定义为"父母向孩子表达赞扬、鼓励或者给予拥抱等这类可以传递接纳与爱意的行为"。父母作为孩子生命中的第一位老师,对其成长和发展至关重要。良好的父母支持有助于培养孩子的自信,提高孩子的创造力,培养其情绪控制能力,帮助孩子学习人际交往技能等;而父母支持不足的孩子则更容易产生焦虑,形成低自尊,加之缺乏良好的情绪控制和人际交往能力,使其在成年之后也更容易产生孤独感。

在孩子成长早期,很多家长只注意到父母支持中的"哺育"环节——满足孩子的衣食住行,容易忽略孩子的其他需求,比如自尊、归属感,或被爱的感觉。或者能注意到孩子的需要却不知从何处做起,这时候不妨从家人一起约定在固定的某个时间共同参与某种活动开始——可以是一起读书、运动,或

者每天彼此道一句"早安"或"晚安"。这种共同参与会让孩子产生"我们"的归属感——我们总是共同做这件事,意味着我是其中的一分子,我不是孤单一人。这也能创造有关家庭的共同记忆,这种集体记忆是构建个人概念的重要组成部分,影响着孩子对"自我"的定义。活动中家人之间的交流所产生的情绪融合也影响着孩子对自身情感的觉察、表达与疏通。这种家庭仪式中所包含的父母支持能更好地帮助孩子抵御孤独的侵袭。

因此,感知父母支持有可能在家庭仪式和孤独感之间的关系中发挥中介作用,即家庭仪式会影响感知父母支持,进而影响孤独感。赵佳慧对数据进行了分析,结果如图 4.1 所示。

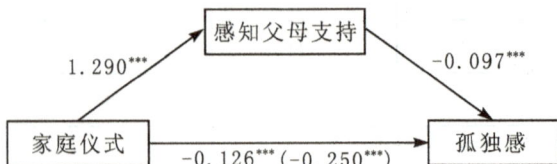

图 4.1　感知父母支持在家庭仪式与孤独感关系中的中介作用分析

从图 4.1(*** 表示 $p < 0.001$)可以看出,家庭仪式会影响孤独感,并且感知父母支持在其中起到中介作用。也就是说,青少年的家庭仪式参与度越高,越能感知到父母支持,进而降低孤独感。

3. 家庭仪式、生命意义感与孤独感

在上一章我们发现,家庭仪式提高了青少年的生命意义感,由此促进其自尊和自我控制的发展。那么,家庭仪式是否有可能提高生命意义感,从而降低青少年的孤独感?家庭仪式中蕴含的生命意义感对降低个体孤独感有重要作用。当一个人的生活被认为是重要的,并且有明确目标感时,其生活就被认为是有意义的,即某人具有了生命意义感,通过体会这种生命意义感,个体可以获得更多的快乐,同时也有助于个体减轻压力和焦虑。生命意义感通常被概括为对个体生活的整体评估。有研究表明,缺乏生命意义感是大多数孤独的个体在评估自己生活时都会提及的表达——觉得自己生活缺乏目标,毫无方向,也不知应该为何努力生活,因而生活的轮廓逐渐模糊,个体陷入一片茫然中。但就像加拿大英属哥伦比亚大学心理学家 Heine 等人 2006年在意义感维持模型(meaning maintenance model)中所提出的那样,人有种天生的直觉——总是会自动化地在接收到的信息中寻找意义。换言之,寻求

意义感是人的本能,当个体失去生命意义感时,就会倾向于从其他方面获得意义感进行补偿。多数情况下个体会转向从自己的关系结构网中寻求办法。对于青少年来说,家庭关系是其最近的"出口",而其中的家庭仪式对于缺乏生命意义感的青少年来说,便成为了再好不过的补偿方式。在仪式中体验归属感或感受到家庭的支持则会增加生命意义感,若孤独源自缺失生命意义感,那么通过家庭仪式赋予生活意义则可以驱赶孤独。

赵佳慧探讨了家庭仪式、生命意义感与孤独感的关系,假定生命意义感在家庭仪式和孤独感的关系中发挥中介作用,即个体通过家庭仪式感知生命的意义,进而影响个体孤独感。数据分析结果如图 4.2 所示。

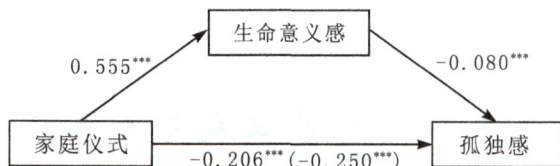

图 4.2　生命意义感在家庭仪式与孤独感关系中的中介作用分析

从图 4.2($***$ 表示 $p < 0.001$)中可以看出,和感知父母支持一样,生命意义感也在家庭仪式和孤独感中间起中介作用。也就是说,青少年的家庭仪式参与度越高,生命意义感也越高,进而降低孤独感。

四、分析与启示

人类自古以来便是群居动物。害怕被排斥、被孤立不仅是生物本能,也是心理反应。孤独对一个人的危害要远大过益处。对于正处于情绪敏感期的青少年来说更是如此,孤独不仅会影响青少年认知功能的发展,使其出现注意力不集中、记忆力下降等情况,也会影响其心理健康,使其出现情绪低落、焦虑和抑郁等症状。有些也会转向虚拟网络寻求慰藉,没有正确的指引就会沉溺其中,难以自拔。如果说孤独是人类生活中时常出现的梦魇,那么如何正确面对它、处理它,是青少年需要学习的东西。作为青少年成长的第一场所,家庭若是能给予其支持和引导,便有利于青少年采取正确的态度应对孤独。

我们的研究不仅支持了家庭仪式与孤独的反向关系,还揭示了两者间的可能机制,即感知父母支持和生命意义感在其中发挥着中介作用。这意味着,青少年能够在家庭仪式中感受到父母的支持,这种支持似无言的细流,在日复一日的来往中滋润着青少年的心灵,在这种关系流动中感受生命的意义,以抵御孤独的侵袭,从而获得更加健康和积极向上的生活态度。因此,家庭仪式不应仅流于表面重复且刻板的形式,家长应该更加关注这种仪式对于孩子的影响和意义,家庭仪式虽然冠以"仪式"二字,但并不意味着这需要多么复杂且精细的准备,对于家长来说,或许是在孩子小时候每天陪伴的睡前阅读,长大后一家人的定期聚餐,又或许只是每日手机上简单一句"早/晚安",这种每天对彼此的问候,也会衍生出不凡的意义,这种简单固定却深具内涵的家庭互动,对于个体来说是体会家庭支持的重要场所,也是促进个体提升生命意义感的重要来源,对于个体的成长和家庭氛围具有不可磨灭的影响。

第三节　家庭仪式与幸福感

一、幸福感概述

幸福是什么?或者说,我们一直所追求的幸福的人生到底是什么样的?古往今来的无数哲学家、神学家,甚至经济学家都试图对其进行定义,尝试找到通往幸福的道路。21世纪初,涌现出一批心理学家,他们致力于用科学手段探究影响人的幸福的内外因素,帮助普通人生活得更美好,增进人类的健康和幸福。近年来的大量研究结果表明,家庭环境、教养方式、亲子依恋关系等家庭因素对于青少年的幸福感至关重要,而对于家庭仪式与青少年幸福感的关系是什么样的,以及我们如何利用家庭仪式带来幸福等问题却少有涉足。

本节将介绍家庭仪式对于青少年幸福感的影响,并揭示家庭仪式如何起作用,如何通过家庭仪式的力量让人们获得更多的快乐和幸福。

1. 幸福感的定义

哈佛大学本·沙哈尔博士坚定地认为:幸福感是衡量人生的唯一标准,是所有目标的最终目标。如今,科技飞速发展,沟通方式越来越便捷,人与人的隔阂却越来越大;物质享受越来越丰富,精神上却好像越来越空虚;人们的生活水平越来越好,而幸福感却好像越来越低……可见,物质上得到的满足并不一定能带来相等程度的幸福感的提高。那么幸福到底是什么?我们又该如何使自己幸福起来？

幸福是什么？是苏格拉底的"有理性和智慧"，是孔子的"老者安之，朋友信之，少者怀之"，是康德的"至善"，是陶渊明的"采菊东篱下，悠然见南山"……从古至今，无数人为此争论不休，人们对幸福的探索从未间断，得到的答案也丰富多彩。可见定义幸福是一件极为困难的事，它有着广泛的含义。从心理学角度来讲，我们可以从"知、情、意"这三个层次来理解幸福。首先，幸福作为一种情感体验，它是一种舒畅、愉悦的感觉。在这个层面上，我们通常用"快乐"来指代幸福。我们的需求、欲望得到满足，或者是某些痛苦得以避免时，就会产生这种让人"快乐"的幸福体验。其次，幸福还可以是一种认知活动。在这一层次上，我们超越了人的生理满足和本能反应，将"幸福"作为一种看待事物的方式和一种主动的体验，每个人都可以学着用幸福的方式生活和思考，使其帮助我们更加积极乐观地看待生活。最后是意志层面上崇高境界的幸福。它是指人在追求自己理想目标的实现过程中，体验到的一种超越金钱、地位的愉悦感和满足感。崇高境界的幸福就是一种精神状态和生命力的体验，是与人的学习、工作、生活目标、价值取向相一致的最美的道德情感体验。这种情感体验推动了人类历史向前进步，促进了人类精神和物质文明的发展。正如司马迁在《报任安书》中写道：

文王拘而演周易，仲尼厄而作春秋。屈原放逐，乃赋离骚。左丘失明，厥有国语。孙子膑脚，兵法修列。不韦迁蜀，世传吕览。韩非囚秦，说难孤愤。诗三百篇，大抵贤圣发愤之所为作也。

可见人们通常以财富、地位、长寿、健康等作为衡量幸福的指标，认为只要得到它们就能获得幸福，但这样的观点是不全面的。幸福并不只是单纯的快乐情绪，也不是简单的物质满足，而是心理因素和外部诱因交互作用形成的一种复杂的、多层次的心理状态。积极心理学家塞利格曼提出了一个幸福的公式：总幸福指数（H）＝个人生理幸福感受的固定指数（S）＋个人生活状态（C）＋个人主观选择（V）；英国学者罗斯威尔通过对多人的调查，提出这样的公式：幸福＝P＋5E＋3H，其中，P代表个性，包括世界观、适应能力和应变能力；E代表生存状态，包括健康状况、财产状况等情况；H代表更高层次的需求，例如自尊心、期望、雄心、幽默感等。

我们可以认为，幸福是一种愉悦的情感体验，是人们对生活满意度的一种主观感受,是人们在一定的社会历史条件下和社会经济关系中,认识到自己的需要得到满足以及理想得到实现时产生的一种情绪状态。

2. 幸福感的测量

2012 年中秋、国庆双节前期,中央电视台推出了一项《走基层百姓心声》特别调查节目——"幸福是什么?"中央电视台的记者们分赴各地采访各行各业的工作者,用镜头记录他们对"你幸福吗?"这个问题的回答。诚然,当我们想知道一个人是否幸福的时候,我们都会下意识地问出这个问题——"你幸福吗?"这样直接地进行询问或许能够帮助我们粗略了解到人们的幸福程度,但是如果想要进一步量化分析,需要借助幸福研究者针对不同目标人群的幸福感所开发的测量问卷。

(1)一般人群的幸福感测量。

为了将幸福感细化为可衡量的指标,心理学者从生活满意度(即人们对生活总体质量的认知评价)和情感(即个人生活中的情绪体验)这两个维度出发进行测量。在生活满意度方面,有学者编制了单条目的生活满意度测量问卷,询问被试"你觉得你的生活怎样?"要求被试用 0～7 分数等级为自己的生活打分,其中 0 代表"糟透了",7 代表"愉悦的"。在情感方面,Waston 等人编制了积极和消极情感量表(positive and negative affect scale,PANAS)测量积极情感和消极情感。在总体幸福感方面常用的测量量表包括幸福感指数量表(index of well-being,index of general affect)、纽芬兰幸福度量表(memorial university of new foundland scale of happiness)和总体幸福感量表(general well-being schedule,GWB)。

国内有学者编制了中国城市居民主观幸福感量表(subjective well-being scale for chinese citizen)。该量表从知足充裕体验、心理健康体验、社会信心体验、成长进步体验、目标价值体验、自我接受体验、身体健康体验、心态平衡体验、人际适应体验、家庭氛围体验等 10 个维度出发对城市居民主观幸福感进行测量。

(2)青少年的幸福感测量。

青少年作为社会中的特殊群体,担负着推动国家未来发展的重任,将成为社会建设的主力军。青少年大脑仍处于发育期,他们注意力水平、认知发展、信息处理能力并未完全成熟,生活环境也大多局限在家庭和学校两个领域,所以青少年幸福感评价工具也应该有别于成人的评价工具。2016 年,经济合作与发展组织(Organization for Economic Co - operation and Development,OECD)设立了一个较为系统的青少年幸福感评价框架——PISA 青少年幸福感评价框架,如图 4.3 所示①,旨在促进青少年幸福感的培养,其测量也为青少年健康成长提供了数据支撑。

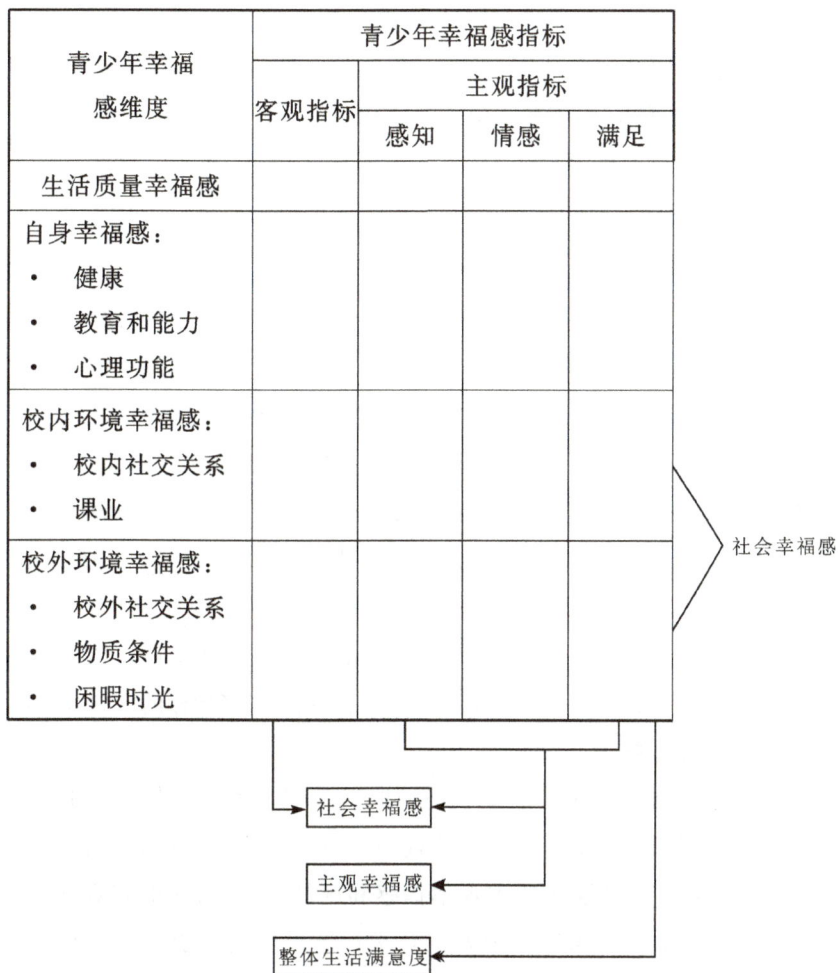

青少年幸福感维度	青少年幸福感指标			
	客观指标	主观指标		
		感知	情感	满足
生活质量幸福感				
自身幸福感: • 健康 • 教育和能力 • 心理功能				
校内环境幸福感: • 校内社交关系 • 课业				
校外环境幸福感: • 校外社交关系 • 物质条件 • 闲暇时光				

社会幸福感

社会幸福感

主观幸福感

整体生活满意度

图 4.3　PISA 青少年幸福感评价框架

---

① 李国庆,刘学智,王馨若.PISA 青少年幸福感评价体系的构建:框架与启示[J].外国教育研究,2017,44(11):55 - 68.

PISA依据青少年生活特点,在评价内容上建立了"四维度""两指标"的青少年幸福感评价内容模型。该模型纵向为青少年幸福感的"四维度",分别为生活质量幸福感、自身幸福感、校内环境幸福感和校外环境幸福感。横向为青少年幸福感"两指标",包含客观指标与主观指标。其中,主观指标又具体分为感知、情感和满足三个方面。框架内每个纵向的幸福感维度都与横向指标相交叉,形成了青少年幸福感"四维度""两指标"的内容评价模型。

长期以来,我国研究者也在青少年幸福感领域进行了长期、深入探索。国内学者从主观幸福感或学校幸福感等角度出发,探究青少年幸福感的特征、影响因素等。但我国目前青少年幸福感评价大多基于主观幸福感理论,或将主观幸福感与心理幸福感、社会幸福感分开讨论,缺乏科学的青少年幸福感评价体系,全面的青少年幸福感评价研究也较少。

(3)家庭的幸福感测量。

家庭是社会的细胞,家庭的健康幸福直接反映了社会的文明和谐。家庭是人口发展最小的单位,也是最重要的单位,人口的出生、死亡、变化都在这个单位里实现。和个人幸福感一样,不同人对于家庭幸福的理解也不尽相同,难以统一。孔子提出"君君、臣臣、父父、子子",认为家庭中的各位成员应该遵守各自的行为规范,同时承担起各自的责任,履行好各自的义务。孟子曰:"老吾老,以及人之老;幼吾幼,以及人之幼。"将一个人的家庭责任扩展到社会中其他成员上。还有人认为"家和万事兴",家庭和谐就是家庭幸福……我国作为一个"家本位"社会,家庭生活就是社会的一个缩影,与其他国家相比,测量家庭幸福感在中国具有更加重要和特殊的意义。在中国,"家庭幸福"被认为是一个多层次、多指标的概念,涵盖幸福观、幸福感和幸福指数三个层面。

如何界定和测量家庭幸福迄今仍未取得共识。家庭为生活于其中的每个成员提供了相同的物质基础和精神氛围,然而不同的家庭角色对幸福的感受或许并不一样。个体层次的主观幸福感和区域/国家层次的客观幸福指数构建似乎都不太适用于家庭。个人主观幸福感可以通过引入能够标准化的客观评价,如朋友数量、空闲时间的多少等来进行测量,而家庭幸福感的测量标准化却不容易建立。不同人对于家庭幸福理解的多样化、不同家庭环境的差异性使得测量的标准化场景难以建立,家庭幸福感的测量比个人幸福感的测量也更加困难,测量结果解释也更加主观。有学者通过"幸福评分基准"

"测量锚点"和"等比例方法"等统计手段对家庭成员的家庭幸福评分进行了标准化,将所有人的比较基准统一调整到同一起点,以避免测量中不同成员的自评异质性问题。还有学者基于经济、健康、文明和社会四大维度,构建评价家庭幸福发展指数的主客观指标,以判断家庭幸福的提升潜力。

在数据收集方面,有全国代表性的幸福感研究还比较少。2012 年中国人口福利基金会与中国人民大学共同开展了"中国家庭幸福发展指数研究"课题,针对影响家庭幸福发展的经济、社会、健康和文明因素进行问卷设计,完成了全国性入户调查访问。2014 年中国人民大学北京社会建设研究院组织实施了"北京市家庭幸福调查",分别从个人和家庭层面对家庭幸福进行测度,构建了标准化家庭幸福评分指标。

3. 幸福感的重要性

假如有一种"体验机器",能够在你想要体验幸福的时候刺激大脑为你带来幸福感,你会使用它吗？很多人的答案都是拒绝,因为这种机器刺激带来的并不是真正的幸福。真正的幸福只有经过自己的努力才能获得。随着时代发展,生活水平逐渐提高,物质资源极大丰富,世界各地的美食和美景仿佛唾手可得,幸福的获取似乎变得像机器一样简单。但是,这些短暂的幸福并不能为我们带来长久的好处,经过我们的努力追寻而获得的幸福才会对我们人生的各个方面产生深远的意义。

(1)幸福感让人健康长寿。

研究发现,幸福的人有较为良好的健康习惯和强健的免疫系统,死亡率、残障率均可降低 50%,衰老也更慢。经常保持愉悦的心情,拥有幸福感,可以促进人们身体健康,甚至延长寿命。

(2)幸福感让人聪慧。

密歇根大学副教授弗雷德里克的研究表明,幸福感让我们体验到很多积极情绪,而这些积极情绪能拓展我们的思维,加快思考速度,提升记忆力,增加包容性和创造力,幸福的人能更好地做出重要决策。弗雷德里克在医疗情境下进行了一个实验,他将 44 名实习医生随机分配到三个组:第一组每个人得到一包糖果,第二组大声朗读人本主义者对医学的看法,第三小组则不进行任何实验处理。之后给所有实习医生一个很难诊断的肝病症状,要他们说出自己诊断的步骤。结果发现,得到糖果的那一组实习医生诊断成功率最高。

（3）幸福感能帮助人恰当地应对困境。

毕淑敏在《我40岁才想明白的事》一书中写道："幸福是一种内心的稳定。我们没有办法决定外界的所有事情，但是我们可以决定自己内心的状态。"乐观的人倾向于把目前的困难看作暂时性的、可控的，是在特定情况下才会偶尔出现的。相反，悲观的人则认为自己的命运是自己无法决定的，努力也不能带来改变，一旦遇到困难就产生放弃的念头。另外，一个人所拥有的积极情绪还能缓解消极情绪，从而对未来产生更多美好的期待。研究发现，在不幸事件发生时，悲观的人比乐观的人患抑郁症的概率要高出8倍。幸福的人面对苦难时，不但更能忍受痛苦，而且在受到威胁时，会比不幸福的人看到更多更加健康和安全的信息。

（4）幸福感会影响人的人际交往。

有研究者随机选取了222名大学生，对他们的幸福程度进行测量后，比较了最幸福的前10%的大学生和其他人的差异，结果发现幸福的人与一般人或不幸福的人有个很重要的差别：社交生活的丰富与充实。这些幸福的人喜欢关注别人，人缘好，更容易交到朋友；喜欢与人分享，不会把注意力过度集中在自己的身上，独处的时间更少，更喜欢参加群体活动；具备更多的同情心，会做出更多的利他行为。当我们感到幸福时，我们不会把注意力集中到自己身上，我们会更关注别人，甚至愿意与陌生人分享我们的好运，这些都是人的社会功能完善的重要体现。

4.家庭幸福的意义

（1）一个人自出生便受到家庭的养育和教育。

一般来说，家庭是个体一生中接触最早、关系最持久，也是最错综复杂的社会生活单位。家庭为下一代的健康成长提供了物质基础，一个健康、幸福的家庭具备赡养和抚养功能、教育功能、经济功能、情感功能、休闲娱乐功能等。在未成年子女的养育方面，社会上没有任何一种机构或制度能够完全替代家庭，健康、幸福的家庭环境对于孩子的健康成长至关重要。研究发现，在家庭关系冷漠、紧张、争吵不断的家庭中，孩子会变得焦虑恐惧、郁郁寡欢，缺乏安全感和自信心，性格变得暴躁孤僻、冷漠敌对，身心的健康发展受到阻碍。更糟的是，父母的坏习惯、坏脾性有很大概率会"遗传"给下一代，原生家庭不幸福的孩子在建立自己的新生家庭的时候，很有可能会重复之前的不幸。

（2）家庭幸福对集体文化中的个体意义尤其重大。

有研究收集了日本、加拿大、波兰与哥伦比亚四个国家的数据发现，对于集体主义文化来说，关系导向的幸福感（例如家庭幸福、婚姻幸福、家庭满意度等）比个人导向的幸福感（例如生活满意度、自我接纳、积极情绪等）对个人幸福的影响更大。日本著名作家、电视节目主持人黑柳彻子在《真正的幸福是什么？》中提到一段儿时的幸福回忆：

"小时候，有一次我在一瞬间突然在心里悄悄地感到'真开心啊'。那是在一个黄昏，雨哗哗地下着，但是爸爸已经结束工作回家来了，家里人都在，连牧羊犬也进了屋，灯很明亮，我和弟弟坐在饭桌旁，等着妈妈把饭做好。我心里非常安宁，因为'大家都在一起，大家都在家里'。爸爸对妈妈说了一句什么话，妈妈看着爸爸笑了，我们也笑了。我从心里感到快乐。"[①]

（3）家庭的幸福还体现着社会的进步。

2004 年 12 月 8 日，三亚举办了世界家庭峰会，会议通过了《三亚宣言》，强调家庭作为社会最基本和最可延续的单位，在维护世界和平、安全、公正、团结与繁荣等方面的重要作用。家庭是社会关系组合体的最小单位，家庭关系是否健康和谐决定着家庭幸福程度，也体现着社会文明程度。歌曲《国家》中这样唱道："家是最小国，国是千万家"，一个家庭自身就是一个小社会。作为社会的最小细胞，家庭的幸福是社会和谐不可或缺的部分。只有实现家庭的幸福发展，才能实现人的全面发展、人口的优化发展和社会的和谐发展。家庭是个人成长获得支持的源泉，它对每个成员的幸福负有久远的责任，每个家庭的幸福都理应受到全面的保护与支持。

二、青少年的幸福感

"小小少年，很少烦恼，眼望四周阳光照……"人们总是用"无忧无虑"来形容童年，然而事实却并非如此。研究发现，在青少年阶段，幸福感随着年龄增长而减弱。相比于初中、高中生，小学高年级学生的幸福感是最强的，随着年龄增长进入青春期之后，青少年逐渐步入成长阶段必经的生理和心理上的动荡期，自我意识快速发展，容易产生无名的烦恼，其消极情感明显升高。面临青春期发育、学业和

---

① 黑柳彻子.真正的幸福是什么？[J].现代青年,2013(11):66-67.

未来职业选择等方面越来越大的压力,逐步告别无忧无虑的童年。

青少年正处于身心发展的动荡期,生理上的逐步成熟和心理上渴望独立的冲突让他们时常处于敏感、冲动的情绪状态之中。作为青少年日常生活学习的主要情境,学校及学习在其幸福感的发展过程中发挥着重要作用,校园氛围、师生关系、同伴关系、班级氛围、教学方式等因素也都是影响其幸福感的重要因素。关注青少年身心健康,提升青少年幸福感刻不容缓。

幸福感有助于青少年形成积极的心理状态,促进青少年心智发展与个人的自我实现。青少年的幸福感是青少年自我发展的重要心理动力之一,影响着青少年的学习能力、学业水平和学校适应。理解与把握青少年幸福感的影响因素对其身心健康和全面发展来说至关重要。

(1)内部因素。

①人格。多年来对幸福的研究均表明,人格因素是幸福感最可靠、最有力的预测指标之一。大五人格中的外倾性、神经质、开放性与青少年学生幸福感各维度之间均有显著的相关;气质类型中的抑郁质与青少年的主观幸福感呈负相关。有学者认为,幸福感就是一种特定的特质状态,并且是可遗传和可习得的。积极心理学家将"知、情、意"三个方面的积极人格特质称为"性格优势",并表示每个人都有着独立的人格、性格和独特的性格优势,这影响着他们的思维和行为方式,影响着他们如何理解和应对自己遇到的人与事。拥有性格优势的青少年幸福感较高,能够较好地应对压力,心理健康水平较高。一项追踪研究结果显示,青少年的性格优势(比如超越、节制、他人导向以及智慧优势)能够预测其两年后的幸福感水平。还有研究探讨了大学生性格优势与幸福感的关系,结果显示,拥有希望乐观、爱与被爱、宽容宽恕、谨慎审慎、社交智慧、洞察悟性、创造才能等优势的大学生的幸福感更高。

②自我。良好的自我概念、积极的自尊有利于促进青少年的幸福。有学者对城市中青少年进行研究发现,那些高自尊的个体对自我持肯定的正向评价,自我接纳与和谐程度高,幸福感体验也较高。高自我效能感的个体参与各种活动的积极性高,具有较高的自我监控和自我调节能力,带有乐观态度的人能够体验到更多的积极情感,从而获得更高的主观幸福感。而良好的家庭环境有利于促进青少年形成积极的自我概念,使他们发自内心地感到幸福。

(2)家庭因素。

家庭为青少年的身心发展提供了物质条件和社会心理支持,家庭各个方面保持稳定的发展,对青少年的成长具有积极意义。

①家庭功能。相比于家庭的经济条件,家庭功能正常、父母关系与亲子关系和谐等因素对青少年的幸福感更加重要。如果青少年缺少与父母的交流、缺少关爱,都将影响着青少年对家庭、亲情的认知和性格的形成,也就影响他们的生活满意度,从而影响主观幸福感。赵雪颖的研究发现,完整家庭的中学生幸福感高于单亲家庭的中学生。还有研究认为,良好的亲子沟通会明显地提高中学生的幸福感水平,青少年与父母间的沟通能够通过情感联系促进问题圆满解决,推动父母与子女之间的相互理解,使青少年易于形成积极的情感和较高的生活满意度。

②教养方式。梅花香自苦寒来,历经苦难的中华民族崇尚吃苦耐劳,认为过于安逸的环境会磨灭人的斗志,只有经历过艰难的磨练,才能够成长。"吃得苦中苦,方为人上人"这一古训流传至今,被很多家长作为教育子女的经典格言。2010年底,"虎妈""狼爸"等教育方式引发了社会的热烈追捧,这些父母相信棍棒底下能成才,对孩子严格要求、严苛管教,他们的唯一目标就是将孩子送进理想名校,走向成功。但更多的父母在"棍棒教育"和"鼓励教育"之间进退两难,于严苛与温柔面前迷失了方向,到底哪种教育方式更好?我国有学者在研究中将父母教养方式划分为民主型、专制型和放任型三种类型,并调查发现,民主型教养方式下的青少年的积极情感和生活满意度高于其他两种教养方式下的青少年。民主型的父母给予孩子的情感温暖和理解,能够帮助他们减少消极情绪,提高生活满意度和主观幸福感,能够更好地投入学习任务、应对挑战。因此,对孩子的磨练要以理解和关爱为基础,一味地严加管教、训斥批评不但不能助其成才,反而只能让孩子独自内化所有的负面情绪,失去幸福的可能性。

父母可以通过开展家庭仪式的方式来增加孩子的幸福感。研究表明,家庭仪式能够促进家庭成员之间积极分享、自我表露,形成积极稳定的群体认同和自我认同,促进青少年的心理健康,有利于增强家庭成员的幸福感。本节将在第三部分详细阐述家庭仪式对青少年幸福感的促进作用及心理机制。

③家庭社会经济地位。意大利作家伊塔洛·卡尔维诺在他创作的寓言故事《快乐人的衬衫》中讲述了这样一个故事:

国王有一个独生子,视若掌上明珠。可这个王子总是郁郁寡欢。左右纷纷献计,有一位大臣道:"如果能找到一位快乐的人,把他的衬衫脱下来给王子穿上,王子就能快乐。"于是国王派出使者四处寻找快乐的人。访遍了朝廷显要,朱门豪家,人人都有心事,都不快乐。最后找到一位农夫,他在树下乘凉,裸着上身,大汗淋漓。使者问他:"你快乐么?"农夫说:"我自食其力,无忧无虑!快乐极了!"使者大喜,便索取他的衬衣。农夫说:"哎呀!我没有衬衣。"

从这个故事看来,经济状况并不是影响幸福的决定因素。有研究发现,家庭经济因素的影响力有限并随着需求的变化而变化,当青少年的基本需求被满足,其更高层次的需求就会出现,即在主观幸福感的基本保证得以满足后,家庭经济情况对幸福感的影响就削弱了。

(3)学校因素。

作为青少年日常生活学习的主要情境,学校及校园生活在其幸福感的发展过程中发挥着重要作用,校园氛围、班级氛围、教学方式、师生关系、同伴关系等因素都是影响青少年幸福感的重要因素。其中,师生关系和同伴关系是影响中学生幸福感的两个重要变量。具体而言,师生关系与中学生的友谊满意度、家庭满意度、学校满意度、环境满意度、自由满意度、学业满意度之间有显著的正相关,并与负性情感之间有显著的负相关。也就是说,良好的师生关系有利于提高中学生的主观幸福感水平。同伴关系作为中学生人际关系的核心部分,也会对中学生的主观幸福感产生显著的影响。良好的同伴关系能够为青少年提供坚实的人际支持系统,友谊质量高、同伴接纳良好的青少年能够更好地应对学业压力和生活中的负面事件,具有更多的生命热情。

(4)社会因素。

情感社会学中社会构建论的主要代表人物霍克西尔德认为,社会规范与文化规则是情感最重要的决定因素。幸福感依赖于社会主流话语与意义框架的形塑。社会的主流意识形态、社会舆论、大众传媒等对社会成员价值观念的影响与塑造,会影响每个社会成员的幸福感。

三、家庭仪式与青少年幸福感

1. 家庭仪式与幸福感

仪式是社会的重要构成单元,家庭仪式对家长与子辈有着双重影响。对家长而言,家庭仪式能够将家庭的价值观、态度和目标实现代际传承;对子辈而言,家庭仪式中的亲密人际交流及其蕴含的象征性意义,帮助他们构建了家庭成员身份和实现自我认同。青少年在发展早期非常渴望和需要与家庭的亲密关系,家庭仪式能够帮助子辈与家人进行积极的分享与自我表露,使他们能有效应对日常压力。此外,家庭仪式中的交流蕴含着象征性意义,使子辈产生家庭特定成员的情感体验和身份知觉,形成积极稳定的群体认同和自我认同,从而促进青少年的幸福。研究也揭示,家庭仪式能够促进青少年的心理健康,帮助他们规避药物滥用、抑郁、自杀等风险。

家庭仪式对于增强青少年的幸福感和心理健康至关重要,并通过直接和间接的两种方式影响参与其中的家庭成员。美国心理学家 Broddy 和 Fiese 等人提出,家庭仪式会直接影响家庭健康和家庭成员的幸福感。Broddy 也认为,家庭仪式通过促进父母健康和提升幸福感来间接影响孩子。家庭仪式的存在可以创造一个更稳定和谐的家庭环境,能够预测个人的心理健康和主观幸福感。这和美国诺克斯学院心理学家 Kasser 等人的研究结果一致,他们的研究结果表明,与家人一起参加活动并与家人共度时光的人总体幸福感更高。对蕴含着家庭仪式的圣诞节家庭聚餐的调查也发现,频繁参与具有家庭仪式感的节日聚餐和活动的大学生会增强生活满意度,体验到更多的主观幸福感。

为了分析家庭仪式与青少年幸福感的关系,熊先畅对浙江省两所中学的 1337 名高中生进行了问卷调查。其中,男生 642 名,女生 720 名,被试年龄为 16~18 岁。数据分析结果见表 4.3.

表 4.3　家庭仪式与幸福感关系的回归分析($N = 1337$)

预测变量	结果变量			
	幸福感		幸福感	
	β	t	β	t
性别	0.042	1.561	0.063	2.350*
家庭仪式	—		0.180	6.709***
F	2.435		23.764***	
R^2	0.002		0.002	
ΔR^2	0.034		0.032	

注:*,$p < 0.05$;***,$p < 0.001$。

由表 4.3 可知,家庭仪式能够显著正向预测幸福感,即家庭仪式参与度越高,则青少年的幸福感越高。

2. 家庭仪式、亲子依恋与幸福感

依恋是一种生物本能,当儿童在感受到威胁或者不适的时候这种本能促使他们向依恋对象寻求亲近。亲子依恋特指儿童、青少年与父母之间形成的特殊的情感联结,这种情感联结可以为个体发展提供支持、安全和自信,情感联结的质量、紧密和稳定性对个体后期的成长至关重要。当孩子和父母之间形成良好的依恋关系时,他们可以积极地认识到自己的能力和价值。安全、稳定的亲子依恋关系能够帮助青少年发展社会情感能力、认知功能,提高身心健康,并可能更幸福。有研究表明,具有安全型依恋并与母亲相处更多时间的儿童表现出更高的主观幸福感。

高质量的亲子互动作为增进亲子关系的重要方式,不仅能够提升亲子依恋质量,还可以作为保护因子帮助他们抵御抑郁和焦虑等消极情感。而家庭仪式则为亲子互动提供了稳定、良好的平台,增强了家人、亲属之间的社会互动,并且能够提升亲子活动的同步性,提高家庭情绪氛围,与亲人、家属间的情感联结的深度、强度也得到加强,帮助建立良好的亲子依恋关系,由此提高了他们的幸福感。

因此,亲子依恋有可能在家庭仪式和幸福感之间的关系中发挥中介作用,即家庭仪式会影响亲子依恋,进而影响幸福感。熊先畅对数据进行了分析,结果如图 4.4 所示。

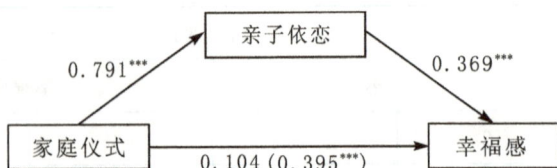

图 4.4　亲子依恋在家庭仪式与幸福感关系中的中介作用分析

从图 4.4($***$ 表示 $p<0.001$)可以看出,家庭仪式会影响幸福感,并且亲子依恋在其中起到中介作用,也就是说,青少年的家庭仪式参与度越高,亲子依恋关系越好,进而提高了青少年的幸福感。

3. 家庭仪式、拥有生命意义感与幸福感

"我是谁?""我从哪里来?""我要到哪里去?"是古希腊著名哲学家柏拉图提出的三个终极哲学问题。生而为人的存在意义、人生的目的和使命究竟是

什么？千百年来，我们对于生命意义的追寻仍未停止。生命意义是一个人对生命价值的肯定，是对生命的积极态度，生活本身的意义就是追求幸福。

有学者提出幸福感是在追寻生命意义过程中得到的一种副产品。生命意义感的高低会影响主观幸福感的水平。从理论上看，生命意义涉及生活目标、生命活力等因素，当缺少这些体验的时候，他们关于高兴、快乐幸福的体验也减少了。有心理学家提出意义维持模型，认为生命意义实质上是认知性的，包含了一些认知技能和维度，可以维持一个人的意义感、感觉和目的，因此可以直接促进幸福感。也有实证研究发现，生命意义能够正向预测主观幸福感，生命意义水平的提高有助于青少年主观幸福感的提升。生命意义在很大程度上能够有效预测青少年的生活满意度、积极消极情感以及整体的主观幸福感水平，也就是说生命意义水平越高，主观幸福感也就越强。生命意义感的确立关系到青少年身心发展的各方面，影响着青少年的健康成长、人格完善、良好适应社会和自身价值的实现，也在一定程度上促进了青少年群体的幸福感。

如果青少年积极寻找自我存在的价值和意义，具有明确的、热烈的、有意义的人生目的，对其生命感到满意，就必然会积极地去对待周围的人和事，即便遭受挫折和磨难也会始终对生活抱有希望和期待，甚至会将学习生活中的不利因素转化为奋发向上的动力，从中锻炼意志和勇气，使自己的心理、社会功能得到更大的完善，进而维持身心健康。

因此，生命意义感有可能在家庭仪式和幸福感之间的关系中发挥中介作用，即家庭仪式会影响生命意义感，进而影响幸福感。熊先畅对数据进行了分析，结果如图 4.5 所示。

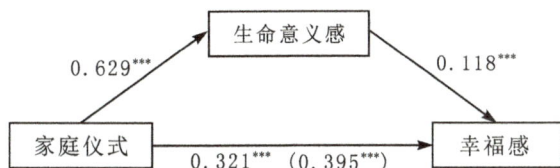

图 4.5 生命意义感在家庭仪式与幸福感关系中的中介作用分析

从图 4.5($***$ 表示 $p<0.001$)可以看出，和亲子依恋一样，生命意义感也在家庭仪式和幸福感之间起中介作用。也就是说，青少年的家庭仪式参与度越高，生命意义感也越高，进而提高幸福感。

四、分析与启示

所谓"幸福的家庭都是相似的",可见通往家庭幸福的道路是有迹可循的。在家庭成员共同生活、互动的过程中,可以通过一些"幸福仪式"来增强幸福感,让幸福家庭得以延续。比如一起散步就是最常见和最简单的家庭互动,可以感受休闲、温馨的家庭氛围;一起进餐,可以感受彼此间的生活乐事,感悟团结和关爱的力量;一起坐公共汽车感悟文明礼让的重要;一起野炊可以体验大自然的魅力;一起串门、一起接待客人可以感受礼节的重要,了解别人及其家庭情况、关心别人;一起庆祝生日可以感恩和感受朋友的友谊;一起逛超市可以放松心情,满足自己的身心需要;一起拍全家福,感受家庭的其乐融融;一起做家务可以感受共同承担责任的重要,享受家庭生活乐趣;一起下棋,可以感受启迪心智的力量,培育正确的输赢观念。

另外,我们还可以选择一些特别设计、计划的仪式,这样效果会更好。比如可以开展家庭体育锻炼活动,家庭游戏活动,剪纸、元宵节制作彩灯、包饺子、做泥工等手工制作活动,家庭音乐会,家庭阅读汇报,废品收集,捐赠活动等。这一类型的亲子活动项目可以使家庭成员身心愉悦,释放心理能量,表现自我需要,留意生活中的乐事,分享生活中的乐事,培养孩子的责任感、同情心以及孩子的环保观念,培养孩子看书学习的习惯及语言表达能力和乐观的心态。

第五章　家庭仪式与人际交往

> 人生交契无老少，论交何必先同调。
>
> ——〔唐〕杜甫

第一节　家庭仪式与人际关系

一、人际关系概述

1. 人际关系的定义

人际关系是人与人之间通过交往和相互作用而形成的心理关系。人作为社会性动物，拥有良好的人际互动技能，维持良好的人际关系是实现自我的前提。一方面，人际关系可以给我们提供心理养分，满足归属的需求。哈佛大学心理学家 Waldinger 等人追踪了一群人 75 年的生活，发现最能够预测一个人的幸福感和健康的不是财富，不是名气，而是人际关系的和谐稳定。另一方面，人际关系是一种无形的资本，通过人际交往获得资源是至关重要的。社会交换理论认为，人是经济理性的动物，人与人之所以会建立关系是为了从对方那里得到自己需要的资源。研究发现，多次囚徒困境博弈中，持合作策略的人比有背叛倾向的人会获得更多的收益。

2. 人际关系的类型

人际关系的类型丰富多样，常见的如亲子关系、同伴关系、师生关系、朋友关系、夫妻关系、同事关系等。人类学家艾伦·费斯克根据人们在人际交往中使用的规则，总结出四种人与人关系类型。

（1）公共分享。

公共分享是指关系双方共享资源，不严格区分你我。例如和谐的家庭关系往往属于共有共享关系，家庭的资源物质按需使用，家人之间相互照顾，所有关乎家庭的决定都需要每个家庭成员的一致同意。

（2）权威等级。

权威等级是指关系各方之间存在等级高低，高等级的个体优先获得资源分配并且有权享受低等级个体的忠诚和尊敬。例如职场里的上下级关系，领导更有发言权和决定权，会受到下属的拥护。

（3）平等互惠。

处于这种关系里的人们会追求平等互惠，这种关系类型往往很难实现，多存在于儿童时期。例如，幼时一同玩乐的孩子不论玩具的实际价值而会交换玩具。

（4）市场估价。

这种关系中的每个人会计算自己的付出与收益，并依此做出决定。经济交易里买卖双方的关系就是最为典型的市场估价关系。

当今互联网的普及颠覆了人类社会已有的交往方式，从过去基于亲缘和地缘关系建立联结到如今借助手机、电脑等媒介交流，已经形成一种新形态的人际交往方式。一方面，虚拟社交的匿名性可能有助于建立人际关系，匿名使互动对象更愿意分享自己的不为他人所知的真实的一面，这些都将提升双方对彼此的好奇和喜欢。同时在匿名的环境中，互动双方可以根据自己的兴趣选择接触的群体，将自己变成群体一分子，更容易建立群体认同感。例如许多人喜欢玩角色扮演类社交游戏，既满足了娱乐需求，也因在网络空间中寻找到新的群体身份而满足了陪伴需求。关于社交应用 Facebook 的多项研究也发现，Facebook 提供了发展和维持社会关系的有效方式，并且带来了更低水平的抑郁和焦虑及更高水平的生活满意度。另一方面，网络社交缺乏面对面接触独有的眼神交流、表情、手势、体态等非语言行为，这些行为可以提供他人性格、情绪状态等信息，也可以用来表达喜欢、厌恶等态度。Okdie 等人做了一项研究，让被试参加两次交流，分别是面对面和线上交流。结果发现面对面交流的互动会形成更积极的印象，更容易发生情感共鸣和思维共振。

二、青少年的人际关系

1. 青少年人际关系的特点

青少年正处于从儿童到成人的过渡期，这是个体社会化的关键时期。家庭关系、师生关系和同伴关系是最重要的三类人际关系。最初，家庭是青少年生活的主要环境，进入学校后，青少年更多的互动对象是同学、朋友和老师。

（1）同伴关系占主导地位。

在青少年时期，相较于家庭和师生关系，青少年在这个阶段更愿意与朋友倾诉和分享秘密，从而获取理解和支持。正如《围炉夜话》中所说："与朋友交游，须将他好处留心学来，方能受益；对圣贤言语，必要我平时照样行去，才算读书。"与朋友交往要留心学习他们的长处，才能从中获益，好的朋友和恰当的交往方式对青少年至关重要。青少年渴望被同伴接纳，在同龄人中建立良好的形象，从而在社会关系中更好地定义自我的角色与身份。但在建立和维持同伴关系的过程中，会存在择友标准扭曲、交往方式不当等问题，比如一些青少年将有钱、漂亮等作为择友标准，或者随意交往，造成交往对象良莠不齐。研究发现，仅仅是有不良同伴的在场，都会增加青少年吸烟、饮酒等问题行为，男孩更容易受到同伴不良行为的影响，而女孩相对来说具有较高的抵抗同伴不良影响压力的能力。另外，男孩更易受到同性同伴的影响，而女孩可能更容易受到异性的影响。

（2）异性交往的敏感期。

青少年时期是性成熟的阶段，不管是男性还是女性，都已开始意识到两性的关系，对于异性"兴趣"的发展，使他们在认知和行为上发展出新的特点，例如女生开始爱美，在意他人对自己外貌的评价。调查发现，初中生愿意和异性交朋友的比例超过不愿意与异性交往的人数比例，而且女生的意愿高于男生，这符合女生相较男生更早的生理和心理发展，其中女生在选择交往对象的时候，会更注重学习成绩和思想品德，而男生更看重相貌。但是由于家长对异性关系往往避而不谈、性教育不到位等原因，青少年的异性交往存在许多问题，例如青少年分不清与异性交往的界限,回避、排斥异性等。而能够与异性健康交往的青少年会对自身的交往能力有更加清晰的感知,并且具有更高的自信。

我们常使用"早恋"来描述青少年的浪漫关系,许多家长和老师认为恋爱会造成学业的下滑,甚至诱发更极端的偏差行为。但是许多研究发现,与异性的浪漫关系有助于青少年情感满足,形成正确的性别观念、自我意识的构建以及提升社会交往能力。值得注意的是,这个阶段的恋爱关系往往比较脆弱和不稳定,一旦关系破裂,青少年容易产生冲动行为和心理创伤,低质量的恋爱关系也会带来抑郁、焦虑等消极情绪,最终影响学业表现。

因此,父母和老师在孩子结交朋友的时候需要正确指导交友过程,避免产生扭曲的交友观,结交不当的同伴关系,也要正确看待异性交往。

(3)亲子冲突更加频繁。

国内研究发现,青少年与父母产生的冲突主要围绕着学业、日常生活安排和家务活动,由于中考、高考成为我国教育考核的重要指标,许多父母在学业上对孩子严格要求,因此不可避免产生冲突。在冲突内容和方式上男孩和女孩还存在一些差异。例如女孩与母亲更容易在做家务方面产生分歧和争吵,而男生更可能在花钱上与父亲产生冲突,男生会比女生有更多的身体冲突,而女生与父母的情绪冲突会更常见。

随着年级升高,亲子冲突的频率和强度呈现先增加后下降的倒 U 形趋势。如图 5.1 所示[①],初一至初三的青少年与父亲或母亲的冲突次数和强度均大致呈上升趋势,初三后开始下降。从青少年的身心发展规律来看,初中阶段自我意识高涨,想变得更加独立,然而因为父母不许可,所以容易爆发冲突。父母应该重视初中阶段的孩子,给予孩子适当的自由,了解孩子的内心,帮助孩子度过这一时期。

---

① 王美萍,张文新.青少年期亲子冲突与亲子亲合的发展特征[J].心理科学,2007 (5):1196-1198.

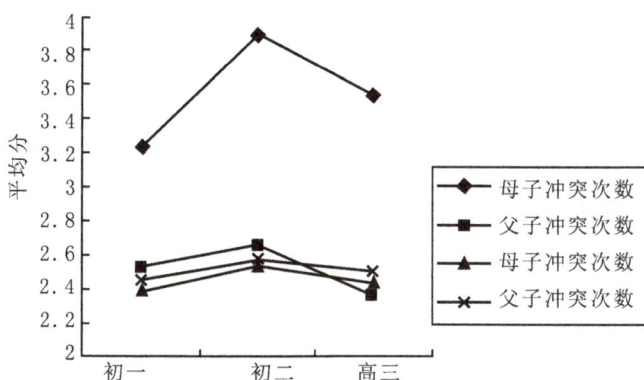

图 5.1 亲子冲突次数与年级的关系

此外,青少年与母亲的冲突次数高于与父亲的冲突次数,可能的原因主要有以下几方面:第一,传统社会文化下家庭主张"男主外、女主内"的分工格局,使得母亲会更多参与孩子的抚养和教育,既促进了亲子关系,也增加了分歧、争吵的可能,因此青少年与母亲发生冲突的可能性更大;第二,母亲在表达沟通上,言语也会更加偏向"啰嗦",情绪情感较父亲更加丰富,容易让青少年在冲突中产生反感;第三,由于父亲常具有威严的形象,不如母亲关系亲密,青少年更不怕与母亲发生争吵。

(4)网络社交成主流。

当代青少年是在互联网浪潮中成长起来的一代,许多青少年减少与现实世界的交往,更愿意在网络世界构建起虚拟的人际关系。一方面,青少年在社交媒体平台上传照片视频、分享经历来展现自我,更加容易获得大范围的同伴认可及社会和情感支持。研究发现这可以有效降低社交焦虑、抑郁和孤独感,还能有效提升青少年的自尊、幸福感和生活满意度,并显著提升青少年的社会地位。另一方面,网络中的社会比较和贩卖焦虑成为了现代社会的特有景观,青少年正处于人生构建期,必然面临着众多压力。人们对自己的评价是通过与他人对比而得到的,当人们看到同龄人比自己拥有更出色的外表或者更突出的成就时,就会对自己的外貌或能力产生更加负面的评价。而网络扩大了社交范围的同时,也扩大了社会比较的范围。人们在刷微博、朋友圈时不自觉地将他人的生活和自己做对比,加之青少年更依赖社交软件,由此更容易与网络社会比较后产生嫉妒、焦虑、自卑情绪,甚至成为诱发抑郁的重要因素。圣地亚哥州立大学心理学教授 Jean Twenge 发现,2012 年以后美国青少年的抑郁症患病率呈陡坡式上升,而这一年正是智能手机开始变得流行,社交媒体变成年轻人必需品的时间。此外,女生比男生更容易受到社交媒体平台的刺激,患抑郁症的比例也显著高于男生。

2. 青少年人际关系的重要性

人们往往用飞扬、激情、阳光等积极词汇来形容青春时期的少男少女。而实际上,青春美好与否很大程度上取决于良好的人际关系。青春期的人际体验直接影响着青少年的身心健康、学业成绩和社会适应。

(1)良好的人际关系是青少年身心健康的保护伞。

研究发现,在生命早期缺失健康亲子关系、经历情感暴力的孩子,会加速生理功能的衰弱。那些在早期生活中经历逆境,如被父母忽视的孩子,在情感调节能力上,更难感知外部的威胁,对奖励的反应更加迟钝,从而会减少对奖赏、激励等行为的追求;在认知能力上,前额叶的冲动抑制、判断决策等能力也会低于同年龄段的平均水平。上述情况将进一步增加青少年进行吸烟、酗酒、恶意进食等行为的可能性。此外,不良的同伴交往与青少年睡眠问题关系紧密。荷兰莱顿大学副教授 van Geel 等人对涉及 7 到 19 岁青少年的 21 项研究进行综合分析发现,同伴的羞辱、攻击、排斥等侵害行为会带来更多睡眠问题,而睡眠问题又会增加青少年进行不良同伴交往的可能性,以及妨碍青少年建立正常人际联结。如有研究指出,睡眠不佳会让人们的迷走神经系统出现钝化,导致其无法对人际交往中的社会刺激(如他人的喜怒哀乐表情)作出正确反应。

还有研究发现,即便是短暂经历社会排斥,也会让人感到沮丧和焦虑,甚至带来生理上的疼痛。研究者让一群孩子参与一个多人传球游戏,其中一部分孩子能和他人自如地接球递球,另一部分孩子在游戏中几乎没有接到过球,因为没有人传给他们(研究者故意设计的)。没有机会接到球的孩子比自如参与游戏的孩子报告了更多的消极情绪,皮肤电和皮质醇水平也明显升高(说明他们很紧张),甚至大脑中负责认知冲突加工的区域 dACC(腹侧前扣带回)也受到了激活。

(2)良好的人际关系助力学业表现。

青少年的学业成绩受到个人因素和外界因素的影响,个人内部因素包括智力、学习动机、自我效能感是等(自我效能感是指个体对自己是否具有能够完成某一目标的行为能力的主观判断、信念或感受）。外部因素是个体接触的家庭、学校等外部环境，具体表现为家庭、师生和同伴关系。

很多父母为了孩子的学习成绩绞尽脑汁，最普遍的方法就是报补习班拼命补课。其实父母本身对孩子的学习成绩起着关键作用。一方面，研究一致表明亲子关系的好坏会影响个体在学业上的投入，研究发现安全的亲子依恋可以帮助孩子在早期形成积极的自我认知，感受到更多的积极情绪和动力，更加主动探索知识，这有利于青少年学业自我效能感的增强，能有效削弱青少年的学习倦怠（学习倦怠表现为个体在学习过程中因为课业压力产生情绪耗竭以及成就感降低）。另一方面，积极、温暖并给予情感支持的教养方式会促进个体的学业成绩，反之，惩罚严厉的父母会给孩子的学业成绩带来负面影响。所以想要提升孩子的学业成绩，批评式教育不可取，应着眼于培养亲密的亲子关系，多给予肯定和尊重，学会接纳和理解孩子。

老师是个体在学校频繁接触的对象之一，研究发现拥有与老师积极和谐的关系会提高青少年对自己所在学校的归属感，也会对自己的学业有更高期望，从而更可能拥有热情的学业参与度和好成绩。

当儿童或青少年遭受同伴的排斥、忽视或拥有一段不良友谊时，会出现注意力分散、容易冲动、多动等意志控制问题。研究表明，要想获得好成绩，良好的注意控制能力是关键，注意力集中的儿童和青少年能更有效参与学业活动。因此，不良同伴关系带来的认知机能损害会带来学业成绩的下降。

（3）和谐的人际关系帮助青少年顺利进行社会适应。

外化问题行为是衡量青少年社会适应的重要指标，它是指能够被看到的消极行为，包括偷窃、逃学、骂人、离家出走、身体攻击等。

高质量的亲子关系会降低青少年的压抑、焦虑等负面情绪。当父母给予理解、认同和表扬时，青少年会获得情感上的安全感和舒适感，有助于个体能够控制自己行为，避免偷窃、打架等外化问题行为的出现。在信息化时代，不安全的亲子关系还会促使青少年频繁过度、不受控制地使用手机，从而产生更多适应性问题。

针对青少年群体而言，校园排斥使他们在校园内被其他同龄人拒绝、忽视，导致无法建立正常的人际关系。心理学的需要-威胁时间模型（temporal need-threat model）认为，当人们的某个需要没有得到满足时，会努力寻求满足或补偿。例如，当青少年感到被排斥后，就会采取吸烟或酗酒等方式来缓解社会疼痛,如今的青少年还可能沉溺于网络世界,产生一系列网络成瘾、手机成瘾的问题。长期遭受被忽视和被拒绝的人会难以识别他人的情绪情感,对他人的行为反应钝化。同时,他人的拒绝与排斥会强化一个人的冷酷无情特质倾向的形成,冷酷无情特质表现为冷漠、缺乏罪责感、难以产生共情,这种特质会促使身体和言语攻击等问题行为的出现。

3. 青少年人际关系的影响因素

(1)个体因素。

①人格。个体在与人交往的过程中,是以人格特质与人互动的。如前所述,大五人格模型将人格特质划分为开放性、外向性、宜人性、公正性和神经质五个维度。研究发现,宜人性(指善于合作,随和,共情他人)、外向性(指热情,乐于交往)的个体往往伴随着积极的友谊关系,外向性也能预测更积极的师生关系,可能是因为活跃的学生更加主动、健谈,容易受到老师的关注。

②人际敏感性。有研究者将人际敏感性定义为一种稳定的人格,高人际敏感性的人会非常在意他人对自己的评价,当感知到批评或拒绝时会过分敏感和恐惧,对他人的行为也会非常警觉。人际敏感的人常伴随着焦虑、抑郁、自卑等特征。研究发现,父母的教育方式越是偏向拒绝、过度保护,青少年的人际敏感性会越高。高人际敏感性会降低青少年感知到的社会支持,损害交往能力,从而不利于建立良好的人际关系。

③外表。青少年时期是伴随着身体外貌剧烈变化的特殊年龄阶段,也是人们身体意象(body image)发展的重要时期。身体意象是一个人对自己体型、身材形成的心理图像,可以分为积极身体意象和消极身体意象,持有消极身体意象的人,往往是对自己的外表缺乏认可和信心。大量研究表明,对自己身体不满意的青少年会有更低的自尊,更高的焦虑、抑郁水平,还会带来饮食紊乱和失调等问题。消极身体意象不利于青少年的人际交往,当觉得自己不符合主流审美时,容易产生羞耻感和不自信,便会逃避与他人交往,也会感到强烈的社交焦虑。学校和家长需要帮助青少年树立正确的外貌观,正确看待来自外部的评价,促进其同伴关系发展水平。

(2)家庭因素。

①教养方式。不同的教养方式会对青少年的人际关系产生不同的影响,

研究发现,父母使用情感温暖、理解的教养方式程度越高,孩子的人际关系越融洽。反之,当父母过多采用惩罚、拒绝、过度干涉等教养方式时,个体在人际交往的过程中会出现焦虑、紧张、盲从、缺乏自信等不利于人际关系的表现。其中,在对孩子的培养中,父母往往会对男生更加严厉,给予更多的惩罚和否认,究其原因可能与男女生的性别差异和在社会中的身份相关。

②父母婚姻冲突。在家庭生活中,每对父母都会面临不同程度的婚姻冲突,比如因意见不合而产生言语争执或身体攻击。研究发现,父母婚姻冲突可能会将孩子卷入,对孩子更加严苛或敌意,从而恶化了亲子关系。此外,当父母婚姻产生冲突时,会让儿童青少年感知到威胁,甚至会自责,从而影响到同伴关系。美国丹佛大学研究者 Narayan 等人的纵向研究发现,儿童 64 个月之前经历过父母婚姻冲突的会增加其 16 岁时与最好朋友冲突的可能性,这足以表明父母婚姻冲突对同伴关系产生的长期影响。长期生活在父母争吵、相互冷暴力的家庭中,个体会感到警惕不安,会减少与朋友的互动,从而导致较差的社交能力。

③父母心理控制。许多父母出于自身的心理需要(比如分离焦虑)会对子女心理层面进行控制,比如通过爱的撤回("你再胡闹,我就不爱你了")、引发内疚感("你考成这样,对得起我吗?")、施压等方式来限制子女情感、行为的表达,严重影响青少年的自然发展。长期受到心理控制的青少年会变得十分依赖和顺从他人。心理控制还会破坏青少年的人际信任,导致他们在人际关系中感到不安全。青少年还可能通过学习和内化父母的心理控制策略变得更具侵略性。这些都不利于青少年建立良好的人际关系。

(3)学业压力。

青少年面临着繁重的应试、升学压力,成绩也几乎成了衡量其是否优秀的唯一指标。学校教育的重心完全偏向了学科知识教育,较少关注发展和维系人际关系的能力。许多青少年在集体中难以拥有亲密的友谊关系,他们为人际关系苦恼,却被老师或家长认为是在浪费时间,恰恰反映出"如何与人交往"是当今教育的盲区。

(4)网络与手机使用。

正如"世界上最遥远的距离不是生与死,而是我们坐在一起,你却在玩手机"所调侃的,因为对手机的过度使用人们逐渐忽视了面对面的人际交往。

研究者将这种现象称为"手机冷落行为"(phubbing)，表示个体在社交场合只顾低头玩手机而冷落身边的人或事物的行为。从父母的角度来看，当父母沉迷于手机时，手机会分散他们的注意力，导致他们对孩子的需求反应迟钝或直接忽视，也就是说降低了父母的育儿质量。研究表明对手机的过度使用还会让孩子感到情感疏离，进一步导致不安全的亲子关系。

根据中国互联网络信息中心报告，截至2021年12月，29岁以下的网民群体占比高达34.9%，智能手机用户呈现低龄化趋势。2020年统计数据显示，未成年人的互联网普及率达到94.9%，工作日每天上网时长在2小时以上的为11.5%，节假日每天上网时长在5小时以上的为12.2%。由于花费更多时间在屏幕上，青少年会减少与父母、朋友聊天互动的时间。此外，面对各色各样的网络信息，青少年会损耗许多心理资源，难以应对外部的压力，伴随更多焦虑、孤独等情绪，从而对生活产生回避的消极应对方式，与身边同学、老师和父母逐渐疏离。

4．如何改善青少年的人际关系

常听到许多与人相处的道理，比如与人交往要真诚友善，做到平等、互助、宽容等，除此之外，心理学研究表明下述方法在一定程度上可以改善人际关系。

（1）运动。

研究发现在运动时间适宜的情况下，青少年每次的运动时间越长，一周的运动频率越高，自卑情绪就会越少，更加愿意参与到集体活动中，因此能够更好地与别人进行人际交往。家长和学校应该保证青少年足够的运动时间和强度，提升学生对体育运动的兴趣，长此以往有利于人际关系的发展。

（2）书写表达。

通过书写方式来记录事件过程以及表露内心最深处的情绪、感受和想法，可以帮助人们宣泄消极情绪，保存积极情绪，并回顾遇到的矛盾冲突和解决方法，从而为以后的人际互动做好准备。比如写日记、周记，主题可以围绕结交一个重要朋友的经历，老师对你给予表扬或者赞赏的经历，通过努力完成了某个任务被爸爸或妈妈认同和肯定的经历，老师、同学或者父母与你发生冲突或者产生误解，以及你消除误解的经历等。

（3）团体辅导。

团体辅导是一种心理辅导形式，它通过团体内各成员的互动，促使人们通过观察、学习、体验,探讨自我、接纳自我,学习新的态度与行为方式,调整改善与他人的关系,为参加者提供了处理人际交往问题的机会。

三、家庭仪式与青少年人际关系

1. 家庭仪式为青少年人际关系打好情感基础

青少年时期是一个人最容易受到人际关系影响的时期,在这样复杂的环境下会面临更多困境。长期进行家庭仪式可以有效担负起培养青少年良好社交技能的作用,传递和谐关系价值观,帮助青少年更好地适应社会环境。

家庭仪式是一个高度互动的过程,每一项仪式活动都注入了丰厚的积极情感,能让孩子感受到父母的关怀和情感支持,满足了青少年的情感需要,为其以后的人际关系提供宝贵的心理资源。不同于家庭的其他日常活动,仪式活动会促使每位成员投入大量情感。例如当庆祝某个成员的生日时,每位家庭成员怀着开心、祝福的情感坐在一起,吃生日蛋糕、许愿吹蜡烛、互相祝福,整个仪式过程都为家庭营造了温暖的氛围,让成员感受到爱、幸福、互相信任等积极情绪。久而久之,父母与子女之间会建立持久且强烈的情感联结,这能帮助青少年调节情绪,应对压力,更加积极地面对问题,帮助其更好地适应人际关系。那些与父母关系亲密的青少年,往往也会在友谊中表现出类似的积极特质,比如对同伴的亲密、理解、支持,肯定对方的价值。可以说,各类家庭仪式活动极大地满足了家庭成员对归属感和安全感的需要。

在快节奏、竞争激烈的现代,人们会面对许多人际冲突和剑拔弩张的情绪,可能会将这些消极情绪带入亲子互动中。同样地,青少年也会在生活中遭遇一些不良的生活事件,当自己无法开解时会将消极情绪指向父母。家庭仪式带来的安全感和归属感有益于缓和家长和孩子的坏情绪。可以想一想,一家人每天早上一起吃顿丰盛的早餐,或许还会为彼此加油打气,点亮一天的心情;晚上回到家一同吃晚餐,看电视,聊聊家常,安稳地结束一天。这样的仪式就可以帮助我们缓解每天的消极情绪,创造和谐的亲子关系。

一个家庭如果能够一代代地传承他们家庭特有的仪式,由此带来的情感体验会长久陪伴着孩子,带给孩子远超物质的满足感与幸福感。如果孩子的归属感没有在家庭中得到满足,那么将难以在校园或社会顺利地融入集体,因为从小未能获得与他人建立的情感联系,难以产生对他人的信任,进而产生人际关系困扰问题。

2. 家庭仪式为青少年提供人际交往模板

好的家庭仪式可以为青少年的人际交往提供良好模板,培养人际交往技能。在参与家庭仪式的过程中,青少年会吸收与父母的交往和依恋模式,并将其应用到与老师、朋友的交往过程中。

美国民俗学家阿兰·邓迪斯曾经说过:"日常生活中,时间线性流逝,而节日就像这条直线上的刻度。有了度量,才有意义。"如果一个家庭里父母经常庆祝纪念日,又与孩子共度节日,让他们懂得节日背后的意义,那么孩子也会更加重视节日,也会更加主动在节假日与朋友联系,增进感情。例如在教师节送上贺卡表达对老师的感谢,在元旦节和朋友互道祝福,共同迎接新生活。这对于青少年来说非常重要,因为此时校园生活多于家庭生活,与老师和朋友的联结更加紧密。家庭的日常互动也会帮助青少年学习社交规范,就像在中国社会,谦虚是一种传统规范,正如古人所说:"谦,德之柄也。"父母常会教导孩子"不要自夸""不出风头",这被认为是一种得体的行为。此外,父母和孩子共进晚餐分享感受,也会让孩子有意识地从多个方面去回顾他们与他人交往的感受,如"谁让我生气了?""谁对我很友善?""谁对我不公平?"等,这或许会给予他们正视关系的能力。

3. 家庭仪式有助于培养青少年人际交往的自信心

有的家庭仪式可以让青少年切身感受到家庭的情感关怀,从而提升自尊,增强对自我的肯定,有利于与他人建立亲密关系。例如每天早上出门前都给孩子一个拥抱和鼓励;回家后询问孩子在学校开心或难过的事;当孩子取得好成绩的时候,不吝夸赞,一家人再去美美地吃一顿。这都能让孩子感受到自我价值和对自我的肯定。

此外,在重复且固定的家庭仪式中,与父母长期充满情感的互动也能帮助青少年感知到父母支持。缺少父母支持的孩子不能形成积极的自我认同,削弱自我价值感,降低自我效能,长此以往,孩子无法与同伴、老师形成积极稳定的人际关系。

4. 家庭仪式传递和谐、友爱、互助的价值观

更重要的是,不同于其他家庭日常活动,家庭仪式更发挥着文化传承与价

值传递的重要作用,中国的仪式体现着各家思想对和谐人际关系的诠释。儒家强调"仁",即人与人之间要和谐友爱,谦让互助。孟子提出"亲亲而仁民,仁民而爱物",意味着儒家认为"仁爱"是要先做到孝顺父母、亲近兄弟,再去爱他人,进而去爱万物。而在与他人为善的过程中,又要践行"忠恕之道","忠"即"己欲立而立人,己欲达而达人",自己想成功首先要让别人成功,自己想被人理解首先要理解别人。"恕"即"己所不欲,勿施于人",自己不想要的也不要强加给他人,凡事要做到推己及人,将心比心,从而形成良好的人际关系。中国家庭的结构无不受到传统儒家文化的影响,尤其是家庭仪式中家庭庆典的部分,各类节日为人们提供了一个践行仁爱友善观的场合。家庭成员间互相祝福,联络感情,特别是对于平时有隔阂的亲友来说,节日为彼此提供了一个化干戈为玉帛的时机。此外,节日里各类礼物都象征着情感联结,维系着社会关系的运转,比如端午节送粽子,中秋节送月饼等。因此,家庭仪式拥有对人际关系非常重要的德育功能,传统节日对于强化亲情伦理等有着重要的作用。青少年在参与这些家庭活动时,不仅仅会学习理解行为的含义,还会潜移默化地将正确的价值观内化于心,外化于行。同时,若有正确的礼仪行为熏陶,也会让青少年变得更有素养,在面对他人时,也会表现出更多仁义、友爱的特质。

在现代社会,由于生活节奏加速,家庭仪式变迁,许多家庭对家庭仪式的重视程度减弱,许多父母容易忽视仪式的开展,更忽视好的仪式的开展,使得儿童和青少年无法习得传统文化中所蕴含着的伦理价值,也不能正确理解民族历史与家庭文化,孩子容易存在冷漠、任性、自私等不友善的品质。

总体而言,虽然家庭仪式对青少年的人际关系有促进作用,但值得注意的是,如果一部分家庭仪式过于僵化或非人性化,将不利于家庭成员间的和谐关系及个体发展,进而不利于个体的人际关系发展。有些家庭在各种仪式中过于遵循父子、母子的上下关系,不允许孩子说父母的任何不是,要求孩子一定听从父母,这反而会让孩子失去个性发展的机会,同时也减少了孩子与同伴进行人际交往的热情。尤其在青少年阶段,在学业、人际关系上需要有判断力和适应力,长期受到父母的束缚反而会限制他们的成长。

接下来,我们将从友谊质量这一重要的人际关系出发,来探讨家庭仪式对人际关系的影响。

第二节 家庭仪式与友谊质量

一、友谊概述

1. 友谊的定义

友谊是春日里竞相绽放的繁花，让人赏心悦目并且心生希望；友谊是在酷热难耐的夏日中的一汪清泉，给人带来滋润和甘甜；友谊是秋夜里的轻风细雨，让人感到无比的温柔与细腻；友谊是在寒风凛冽的冬季中的火焰，让人感到温暖与阳光。

友谊是两个人随着时间的推移自愿形成相互依赖的一种形式，通过不同类型和程度的支持陪伴、亲密互动、情感支持和互帮互助以满足各自的情感需要。在中学生中，友谊过程中包含着友爱、亲密、可以信赖的同盟，有益的帮助、安抚、陪伴，肯定价值和归属感，冲突和背叛，其中既有肯定、分享、陪伴等积极行为，也有冲突、嫉妒、背叛等消极行为。

我们可以从两个方面看待一个青少年的友谊情况。一是友谊的数量，即青少年拥有的相互认可的朋友个数；二是友谊的质量，如朋友之间提供的支持、陪伴或冲突水平。友谊数量反映了青少年的人际活动范围、乐群性（指一个人喜欢与群体在一起生活和工作的个性特征）以及行为的被接纳程度；友谊质量反映出友谊关系的亲密程度，是青少年对朋友提供的支持、陪伴、帮助、安全感及冲突的程度的评价，也反映出青少年维持和建立亲密、稳定人际关系的能力，如能否通过分享、关心等方式来增进友谊的亲密度。当两个朋友经常积极互动，如相互欣赏、互帮互助、相互关心，则有助于友谊质量；反之，冲突、背叛、缺乏沟通则会有损于友谊的质量。

2. 友谊的发展过程

建立和保持朋友关系要求人们具备一定的社会情感和社会认知技能，包括观点采择、情绪识别、充分交流、自我约束、理解他人，以及问题解决等能力，这些能力随着年龄的增长而逐渐发展健全。发展心理学家塞尔曼提出，儿童青少年友谊的发展会经历如下五个阶段。

第一阶段(3～7 岁),尚不稳定的友谊关系。这个阶段儿童间的关系还不能称为友谊,只是短暂的游戏同伴关系。对于儿童来说,谁跟他接近或在一起玩,谁就是朋友,友谊中尚未有了解或照顾他人的思想和情感的成分,这个时期的友谊关系很不稳定。

第二阶段(4～9 岁),单向帮助阶段。这个阶段的儿童要求朋友能够服从自己的愿望和要求,谁能满足他的需要,谁就是朋友。他们也不重视朋友的意见,基本上按自己的心愿或想法行事,两个小伙伴之间友谊的形成很快,也容易结束。

第三阶段(6～12 岁),双向帮助阶段。这个阶段的儿童能够主动选择朋友,互相帮助,但还不能做到共同面对困难。他们对友谊的你来我往的交互性有了一定的了解,能够有意识地评价自己和对方,相互进行合作或妥协,但交往过程中具有明显的功利性。

第四阶段(9～15 岁),亲密的共享阶段。这一阶段的儿童或青少年形成了朋友的概念,认为朋友之间是可以相互分享的,应相互信任和忠诚,需要同甘共苦,还能认识到友谊是随着时间推移而逐渐形成和发展起来的。在这一阶段,友谊关系有了一定的稳定性。他们开始从品质方面来描述朋友,认为自己与朋友的共同兴趣是友谊的基础,与朋友相互吐露秘密,共同讨论和制订计划以完成任务,能够做到互相帮助。在这一阶段,友谊还表现出强烈的排他性和独占性。

第五阶段(15 岁以后),自主的共存阶段。这一阶段也是友谊发展的最高阶段。在这一阶段,友谊以青少年双方互相提供心理支持和精神力量、互相获得自我的身份为特征。他们对友谊的认识逐渐深刻,能够区分并建立各种不同的友谊关系,例如熟人、同事、社交性朋友和亲密朋友等。由于择友更加严格,青少年建立起来的朋友关系持续时间相对比较长。

总的来说,青少年时期是友谊质量逐步发展并不断深入的重要阶段。一般在 12～13 岁左右,相同性别的朋友提供了与父母相当的社会支持。15～16 岁左右,同伴友谊取代父母成为最重要的社会支持。随着年龄的增长,青少年的友谊质量逐步走向稳定,亲密性逐步提高,交往对象逐渐固定,交往内容逐渐深化。到了青少年晚期,友谊质量已达到较高的发展水平。

3. 友谊的测量

美国华盛顿大学副教授 Davis 编制的友谊质量量表是最为常用的问卷之

一。该量表用来测量被试与线下一般朋友之间的友谊质量。量表共14道项目，其中10道题项测量被试对朋友的信任（如我的朋友接纳我），4道项目测量被试对同伴的付出（如当我的朋友有事情需要倾诉时，他们可以来找我）。

为方便读者朋友们测量友谊质量，我们提供了友谊质量量表供大家进行自我测试，详见表5.1。

测一测

指导语：请仔细阅读下面的一些描述，根据您的真实情况，选择合适的选项作答。将每道题的得分相加，得分越高，表明您的友谊质量越高。

表5.1 友谊质量量表

单位：分

题号	题目	完全不符合	很不符合	稍不符合	不确定	稍符合	很符合	完全符合
1	我希望有与现在不一样的朋友	1	2	3	4	5	6	7
2	我的朋友理解我	1	2	3	4	5	6	7
3	我的朋友接纳我	1	2	3	4	5	6	7
4	我的朋友会倾听我要诉说的一些事情	1	2	3	4	5	6	7
5	我觉得我的朋友都是值得交的	1	2	3	4	5	6	7
6	我的朋友为一些事情生气时，我可以谅解	1	2	3	4	5	6	7
7	我的朋友有事情需要倾诉时，他们可以来找我	1	2	3	4	5	6	7
8	我尊重我的朋友的意见	1	2	3	4	5	6	7
9	我会倾听我的朋友要诉说的一些事情	1	2	3	4	5	6	7
10	我的朋友们都相当友善	1	2	3	4	5	6	7
11	我对一些事生气时，我的朋友会理解	1	2	3	4	5	6	7
12	我有事需要倾诉时，我可以找我的朋友	1	2	3	4	5	6	7
13	我信任我的朋友	1	2	3	4	5	6	7
14	我的朋友尊重我的想法	1	2	3	4	5	6	7

计分方法：

第1～5题、10～14题测量对朋友的信任，第6～9题测量对朋友的付出。

二、青少年的友谊

1. 青少年友谊的作用

回想初中到高中这个阶段，你是否发现班级里的同学们都开始结伴而行，大多数人也都有自己固定的伙伴，这就是为什么同伴关系对于处于青少年阶段的孩子来说显得尤其重要。青少年时期是一个人生命的转折期、加速期，他们逐渐脱离父母，走向社会。从进入学前期开始，随着儿童年龄的增长，同伴关系对他们的影响力也逐渐增加，直至达到一个很高的水平，在这个过程中其影响力甚至有赶超亲子关系的趋势。

美国心理学家 Harris 提出了群体社会化理论来说明同伴关系的重要性，其认为在儿童从自然人到社会人的社会化过程中，同伴群体对他们的发展起决定性作用。在家庭内外，儿童学习两套独立的行为系统，这两套行为系统的学习方式和强化途径不同。在家庭内的系统中，儿童接触的是与自己有血缘关系的亲人，家庭成员可能会直接指出自己的不足或多以鼓励性的话语来对待自己；而在家庭外的系统，儿童犯了错误可能会受到同伴的鼓励，也可能会受到同伴的嘲讽等，进而使青少年能够发展出比较全面的社交本领，去应对各式各样的人物。随着儿童的成长，家庭内的行为系统逐渐被家庭外的行为系统（家庭外的人际关系）代替，并逐渐成为其人格的后天习得部分。青少年友谊对于青少年心理健康和适应性有着重要作用。研究发现，青少年的友谊质量越高，则具有更高的自尊、更少的行为问题，以及更低的抑郁、焦虑和孤独感。

（1）青少年友谊与自我发展。

友谊在自我发展中发挥着不可或缺的作用。米德认为，在人际互动中扮演他人或透过他人的眼光来观察自己的过程，对形成相对稳定的自我概念来说十分重要。米德将自我形成过程分为三个阶段：模仿（imitation）、玩耍（play）和游戏（game）。在模仿阶段，儿童会在不了解的情况下表现出模仿他人行为的能力，例如看到别的儿童在向长者问好，也会想要去向长者问好；过渡到玩耍阶段后，儿童开始表现出从他人角度看待自我的能力，儿童在想象中扮演父母、兄弟姐妹和玩伴等各种角色,此时儿童的这些行为仍是无组织的;随后,儿童会放弃自我中心式的玩耍阶段而进入游戏阶段,开始学习游戏规则和配合他人,在游戏中儿童与不同的人进行互动和交往,逐渐按照与自己交往的过程中多数人对自己的期待来表现,这个过程是形成客体自我的关键阶段。这里的客体自我就是以第三方的视角来评价自己时感受到的我,比如说,我认为"我"在他人眼里是一个积极乐观、善于广交朋友的人,这里的"我"就是从他人眼里看到的对象,即客体我。从中可以看出,朋友的存在塑造着青少年自我的形成过程。

自我概念是个体在心目中对自己的印象,包括对自己的性格、能力、观念等方面的看法,与自我认同、自尊、自我复杂性、自我效能感的形成都有着密切关系。我们都能感觉到,对自我的认识以及自我的成长离不开与他人的互动。古人云:"以铜为镜,可以正衣冠;以古为镜,可以知兴亡;以人为镜,可以知得失。"在青少年时期,人们和朋友的日常接触是最频繁的,更能反映青少年的性格、价值观和行为模式。与不同的同伴交往有利于青少年更好地认识到自我复杂性:一方面,由于每个人的特点不同,互动所产生的"火花"也不一样,多一个朋友就多了一面认识自己的镜子。例如,小明和内向的朋友 A 交往时会比较安静,和外向的朋友 B 交往时比较开朗,这时小明就会意识到自己的性格是多个维度组成的,从而对自我性格有一个丰富立体的认识。另一方面,和朋友的关系越持久越深入,越能让人意识到自身的变化和发展,从而形成自我认同感,感觉到自己是一个有能力的人,帮助个体建立自信对自我进行肯定。又例如,小李和老朋友回忆过往趣事时发现小时候自己胆小怕事,现在却能独当一面,让小李意识到自我是不断变化却又完整连续的。因此,良好的友谊可以帮助青少年客观、准确地评价自己,从而为自己设定更切实可行的目标,有利于更好地实现自我价值。

友谊还影响着青少年自尊的发展。美国心理学家 Bagwell 等人研究发现,积极的友谊特征往往与自尊有着较高的相关性,而拥有较低友谊质量的被试,由于缺乏朋友支持会表现出较多的问题行为。加拿大拉瓦尔大学心理学教授 Boivin 等人的研究表明,相比遭同伴拒绝的儿童来说,受同伴欢迎的儿童对自己会有更积极的评价。不仅如此,友谊还影响着青少年的自我效能感。自我效能感是指个体对自己是否有能力完成某一行为进行的推测与判断。当青少年拥有高友谊质量的关系时,会感觉到自己是一个值得肯定的、有价值的人,因此在面对困境时相信自己有能力完成挑战,并勇于克服困难。

(2)青少年友谊与身心健康。

对于友谊与青少年身心健康的关系,我们先从青少年的一些特点说起。青少年在情绪情感上呈现出敏感性高,变化迅速、强烈、难以自控,但同时又不持久、相对脆弱等特点。在这一阶段,青少年容易产生容貌焦虑和与父母的分离焦虑。由于心智尚未成熟,容易情绪化,青少年在遇到这些烦恼时又不能直接表达愤怒,就容易形成对自我的攻击,严重时会引发身心问题。当青少年拥有高质量的同伴关系后,会感觉到自己是受欢迎的,受别人肯定的,从而对自己产生自信心和自我价值认同。研究也发现,同伴关系可以有效降低青春期的焦虑感和因为不稳定而产生的恐惧感。

良好的友谊关系能够提高青少年的幸福感。主观幸福感是衡量个体生活质量的重要的综合性心理指标,指个体根据自定的标准对其生活质量进行的整体性评估,具有主观性、稳定性和整体性等特点。主观幸福感包括生活满意度和情感体验两个基本成分:前者是个体对生活总体质量的认知评价,即在总体上对个人生活作出满意判断的程度;后者指个体生活中的情感体验,包括积极情感(愉快、轻松等)和消极情感(抑郁、焦虑、紧张等)两方面。国内外的大量研究均发现,高质量的友谊能够有力地提升青少年的主观幸福感。

不良的同伴关系可能会引发青少年的心理健康问题。例如,被同伴拒绝或孤立的青少年容易遭受社会焦虑和孤独的折磨。研究也发现,不良的友谊关系,如同伴压力(与外表相关的评论等)、同伴言语欺凌会使青少年产生自卑、焦虑等不良情绪,从而产生厌食行为。

(3)青少年友谊与社会适应。

一个人要想幸福地生活,就必须掌握一些基本的社会认知技能,如观点采择、合作、冲突解决等,还需要具备一些优良品格与道德品质。友谊为青少年发展这些社会认知能力提供了重要的人际背景,儿童的友谊数量和友谊质量能够预测其社会知觉能力、社会交往能力和适应性。例如,友谊中双方是平等关系,朋友之间互相帮助、彼此配合,在建立和维持友谊关系的过程中,青少年需要高度合作、深度交流,对收益进行公平分配等。因此,在建立和发展友谊的过程中,青少年形成公平、互惠的观念,发展出合作、值得信赖等品格。

　　友谊还能够帮助青少年发展出社交能力和领导能力。在与朋友的交往过程中,会进行各种共同参与的活动,例如,与朋友一起郊游或者野餐,这时需要有人制订活动的时间、计划,购买所需的装备等。因此,在与朋友互动时青少年的社会交往能力得到训练,并由此产生责任意识和责任感。

　　良好的友谊有利于减少青少年社会适应不良行为的出现。在青少年群体中,低友谊质量(敌意水平高、互惠程度低)往往较多地与酗酒、违法、抑郁和自杀行为联系在一起。尤其在这个年龄段,青少年明辨是非的能力和自制力较低,如果与不良同伴交往过多的话,可能会习得一些不良行为,如打架斗殴、偷窃甚至走上吸毒的不归路。

2. 青少年友谊的影响因素

　　(1)个体因素。

　　①性别。青少年的友谊呈现出性别差异。首先,友谊的表现形式有所不同。我们经常会看到关系亲密的女生会手牵手走在大街上,如果换作男生就会被认为很奇怪,甚至引起人们的议论。在建立友谊的过程中,女生的社会化过程通常强调关系处理的技能和人与人之间的相互理解,而男生的社会化过程则往往强调自主性和个性化,更多的是为了实现个人地位的提高。这使得女生可能更多地使用语言沟通和协商的形式来和朋友达成一致,而男生行事可能比较简单粗暴,缺乏耐心,向朋友直接采用要求和命令的方式。其次,性别还影响着友谊质量发展的速度。研究发现,在青少年早期,女生的友谊亲密性要高于男生,但是到青春期后期,男女生会具备相同水平的友谊亲密性。最后,纵向追踪研究也发现,从青少年中期到后期,友谊质量呈逐步上升的趋势,但男生比女生有更快的发展速度。

　　②人格。所谓"近朱者赤,近墨者黑",人们往往会选择那些个人品质与自己相似的人进行交流,这样才能共同进步和成长。良好的个性品质是人际关系的基础,那些不尊重他人、以自我为中心、过分自卑的个性品质容易阻碍人与人之间的吸引,不利于人们的团结与协作。而一个性格开朗活泼、心胸开阔坦荡、性情和善宽厚、富有同情心、能体谅他人的人,易受到其他成员的欢迎,也易同他人建立良好的人际关系。研究发现,在大五人格因素中,拥有

外向性、宜人性、公正性、开放性的儿童的友谊质量更高,孤独感也更低。

③社会认知过程。青少年的社会认知过程影响着友谊质量。例如,人们在社会生活中难免会进行社会比较(social comparison),尤其在缺乏客观尺度的情况下,人们倾向于将自己的信念、态度、能力与他人作比较,从而对自我进行客观的评价。通过社会比较,我们能够了解自己的长处与不足,但有时难免陷于攀比之中。青少年一般生活在同龄人中,也难免会自动地产生社会比较,当看到朋友比自己优秀时可能会产生嫉妒心理。一般来说,嫉妒包括恶意嫉妒和良性嫉妒。其中,恶意嫉妒(malicious)包含敌对的情感、思想和行为倾向,目的是伤害被嫉妒的人,而良性嫉妒(benevolent)包含旨在改善嫉妒者结果的情感、思想以及行动倾向。恶意的嫉妒会促使人们贬低对方,与之相反,良性嫉妒会使人们投入更多的努力来和别人一样成功。青少年倘若对朋友的优秀产生恶意嫉妒,则会不利于两者间的关系维持,但若产生良性嫉妒,则可以相互学习,共同进步。

(2)家庭因素。

①教养方式。在家庭因素中,教养方式是影响青少年友谊质量的重要因素。研究发现,民主型家庭中的儿童在情感、社会和认知方面得到更好的发展。民主型家庭父母对孩子有高要求、高反应的特点,父母关怀、体贴、尊重孩子,理解和支持孩子的兴趣,满足孩子的心理需求,但也会设定规则和纪律,并密切监督。通常,这种家庭中的孩子更独立,自尊更高。这样的家庭教育有利于发展孩子乐观开朗、合群、尊重、平等、独立性、是非分明等品质,有利于儿童自信心与能动性的养成,培养儿童直爽、亲切、关心他人的品性,从而让他们更容易与他人建立积极情感与信任。父母的交往方式会被孩子观察、记忆,并被青少年运用到同伴关系中。营造良好的家庭氛围,建立良好的夫妻关系能够有利于孩子建立成功的同伴关系。例如,当父母经常以建设性的方式来处理矛盾,孩子也会加以模仿以应对与同伴的冲突。

②家庭社会经济地位。父母收入与受教育水平可能会影响学生在班级内同伴地位的高低,由此影响其友谊质量。班级同伴地位是指学生在班级范围内的社会地位,反映出学生在与其认知能力或年纪相仿的同伴群体中的受欢迎程度,包括学生在班级中的同伴关系、经济地位、消费能力地位、运动能力地位、外貌和学业成绩地位等相关成分。家庭社会经济地位越高,孩子在

班级中的同伴地位可能会越好。在具有较高社会经济地位家庭环境中青少年更容易形成积极、向上的心态,在与同伴交往过程中表现得较为主动,对自己也比较自信,从而形成较高的适应能力,获得较高的班级同伴地位。

(3)学校因素。

①班级环境。和谐良好的班级环境促进了青少年友谊质量的发展。一个学生所处的班级环境由所在班级的物理环境、社会心理环境和教育环境三方面组成。其中,班级的物理环境主要指班级的布置、座位的排列、教学资源的配备情况等;教育环境包括学生的教材、教学进度和学生学习与活动的计划等;社会心理环境主要指的是通过日常师生互动形成的社会心理氛围。研究发现,班级环境既可以对友谊质量起直接作用,又能通过人际信任对友谊质量起到间接作用。教师通过开展课外活动,监督和鼓励学生交往,可以促进友谊的形成与发展。教师可以组织一些文娱活动,增强学生团结合作的能力,同时为孩子们提供互动的机会。教师在活动过程中要尽可能让每个学生都参与到活动中,在孩子们出现矛盾和分歧时正确、及时地引导孩子们解决问题。同时,教师应该也注意与学生进行互动,形成平等、民主、和谐的师生关系。

②居住流动性。伴随着我国社会经济的迅猛发展,很多青少年需要陪着父母到其他地方追求更好的生活、学习条件,这种居住流动性影响着青少年的友谊质量。居住流动性指某个时期个体搬迁的次数或某区域居民搬迁的比率。如果青少年的居所不断流动,交往对象不断变化,则难以维持足够的交往时间,可能不利于友谊关系的稳定和深入,所建立的友谊关系质量可能较低。其中比较典型的例子就是流动儿童,流动儿童一般指那些随进城务工父母居住或在父母务工所在地出生,但户口不在居住地的 18 岁以下的儿童。他们在随父母迁移的过程中,由于经济文化、生活方式、价值观念等不同,在适应新环境的过程中可能会存在一定的人际交往困难。有研究发现,流动儿童的孤独感显著高于非流动儿童,较低的友谊质量是导致这一现象的可能原因。

三、家庭仪式与青少年友谊质量

1. 家庭仪式与友谊质量

(1)家庭仪式对一个人的影响,贯穿这个人从出生到终老这一漫长的生命周期。

在家庭内部出现矛盾时,仪式感会化作坚实的"长绳"无形地将家庭成员涣散的心串在一起;在家庭遇到危机时,仪式便是在狂风肆虐的黑夜中的一座温暖的"灯塔",指引家庭成员朝着光亮的方向前行;在这日复一日、百无聊赖的繁忙中,家庭仪式便是生活中享用不尽的调味剂,为每天的生活都迸发出不一样的美好,平凡的小事也因此而闪闪发光。家庭仪式为青少年形成人际互动模式提供了独特的家庭环境,在仪式中青少年与父母的互动模式会影响他们与人交往的意愿、能力、方式以及面对冲突的反应。

(2)家庭仪式可以让青少年形成对友谊的正确态度。

父母作为我们人生中的第一位老师,亲子关系是个体最早的人际关系,先于同伴友谊产生。在举行家庭仪式的活动中,父母之间、父母与青少年之间的互动模式会给青少年提供行为模板。例如,在民主型家庭中的父母会尊重孩子的想法,在举行家庭仪式时也会充分听取孩子的诉求,并让其参与到仪式活动的组织过程中。这样,家庭通过家庭仪式让孩子学会独立思考,锻炼其组织能力,给予孩子鼓励和自信。家庭仪式中通常会有一些交流环节,父母会给予孩子一定的空间,让孩子有一些属于自己的"小秘密"而不会过多追问,这样的民主氛围能使孩子轻松愉快地成长,并拥有独立面对困难的勇气和能力。而青少年会把与父母的相处模式迁移到与同伴交往的过程中,从中习得相互尊重、相互理解并为对方考虑的社交态度,并能积极正确地看待友谊及其边界。

(3)家庭仪式可以让青少年掌握交往技能与方式。

家庭仪式让孩子参与各种深具家庭或家族意义的活动,与长辈、父母和其他家族成员一起度过一段特殊的时光,不断探索自己独特的家庭角色,学习与他人相处的基本常识和礼仪。家庭仪式拓宽了青少年的交往范围,让青少年能够在和谐的环境中与不同的家人亲戚交往,更好地锻炼了青少年的交往能力。在建立同伴关系时,青少年可以应用在家庭仪式过程中习得的建立与维持关系的社交技能与交往方式。家庭仪式中家庭成员的大量情感和语言表露,有助于孩子展示真实自我,产生适当的自我暴露程度、情感表达,以及接纳真实的他人等能力,从而促进友谊的深度。此外,在有家庭仪式的环境中成长的个体更有可能在同伴关系中也建立一定的"同伴仪式",例如组织伙伴们在固定的时间聚餐娱乐、一起旅游等活动,而这些都能增进友谊的质量。

（4）家庭仪式可以让青少年习得友谊中冲突的解决技巧。

友谊过程中充满着和谐与冲突。友谊作为一种愉快的、回报性的关系，即使儿童与朋友的交往过程中会出现矛盾，但对于解决这种朋友之间的矛盾要比解决非朋友关系之间的矛盾具有更强的动机。他们会更快更友好地解决冲突，并仍然会涉足与朋友之间的下一次冲突，而不是像在非朋友关系中那样没有解决冲突或者在冲突之后不再交往。尽管如此，持续的冲突仍然有损于友谊质量，因此，掌握冲突的解决方式就尤为重要。在家庭仪式中，父母与孩子交流时不免也会产生相应的冲突与分歧，这时，父母的应对方式就很关键。那些能够将冲突化解的父母，能为孩子在以后处理人际关系的矛盾时提供积极的模板。例如，当冲突发生时，父母的反应会让青少年明白怎样去化解矛盾，在与朋友相处的过程中多一些宽容，给予别人知错能改的机会。

（5）家庭仪式中的家族成员间的亲密互动能够让青少年获得积极的人际体验，加强青少年与社会的联结感。

在参与家庭仪式的过程中，个体能够建立正确的交友目标与相应的行为态度，为形成高质量的同伴友谊提供了价值观和道德方面的指引。

为了探讨家庭仪式与友谊质量的关系，浙江大学心理系的李修梅针对浙江省杭州市的 836 名高中生进行了问卷调查。其中，男生 429 人，女生 417 人，年龄在 15～18 岁。结果如表 5.2 所示。

表 5.2　家庭仪式与友谊质量关系的回归分析（$N = 836$）

预测变量	结果变量			
	友谊质量		友谊质量	
	β	t	β	T
性别	0.106	3.066**	0.081	2.463*
家庭仪式			0.310	9.441***
F	9.402**		49.762***	
R^2	0.011		0.107	
ΔR^2	0.011		0.096	

注：*，$p < 0.05$；**，$p < 0.01$；***，$p < 0.001$。

从表5.2可以看出,家庭仪式能够正向预测孤独感,即家庭仪式参与度越高,则青少年的友谊质量也就越高。

2.家庭仪式、感知父母支持与友谊质量

在家庭仪式与孤独感的关系中,我们发现,感知父母支持是家庭仪式降低青少年孤独感的作用机制。那么,感知父母支持是否能够提高青少年的友谊质量?亲子关系为青少年了解亲密关系的性质和质量提供了最相关的环境之一,对青少年与同龄人的关系具有重要影响。良好的亲子关系是形成健康友谊的基础,亲子关系可通过友谊质量间接影响青少年的社会适应。有研究发现,感知到良好的亲子关系或高父母支持的个体有更少的行为问题、更低的抑郁和孤独感,以及更高的自我价值感和社会能力。

社会支持对青少年的心理发展十分重要,其中父母的支持不可或缺,这可能是最为重要的支持来源。家庭仪式的主要操办者为父母,当父母召集家庭成员共同从事某种活动,如开展家庭仪式时,青少年在参与互动、玩耍的过程中,能够直观感受到父母对自己的支持与关爱。感知父母支持是儿童和青少年从父母养育过程中知觉到父母对自己的信念、情绪与行为的支持与理解。当父母对孩子给予关爱、提供温暖、提供建议、提供金钱和物品等支持性行为时,也为青少年的健康成长提供了必要条件。当孩子觉得有更多的父母支持时,内心才会有足够的安全感来探索周围的世界,有信心形成人际关系的掌控感。获得父母支持的亲子关系帮助青少年了解怎样去与别人建立良好的人际关系,会有建立更高友谊质量的同伴关系的意愿。比如,参加家庭仪式较多的孩子会在同伴关系中也表现得比较积极主动,可能也会定期组织同学聚会、出游或者其他放松式的活动,进而在同伴关系中建立起属于他们自己的仪式。

父母支持也增强了友谊冲突时青少年解决冲突的勇气。当与同伴发生矛盾时,他们也可能会循着记忆中与父母相处时的情境来寻求解决策略。由此可以推测,感知父母支持也是家庭仪式促进友谊质量的作用机制。李修梅对数据进行了分析,结果如图5.2所示。

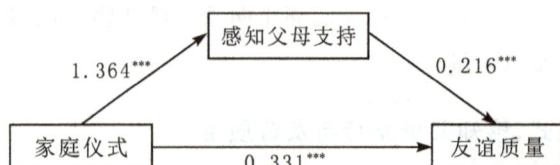

图 5.2　感知父母支持在家庭仪式与青少年友谊质量关系的中介作用分析

从图 5.2($***$ 表示 $p<0.001$)可以看出,感知父母支持在家庭仪式对友谊质量的影响中起到中介作用,也就是说,家庭仪式参与度越高,越能让青少年感知到父母支持,进而促进青少年的友谊质量。

3. 家庭仪式、生命意义感与友谊质量

在前面章节中,我们发现生命意义感在家庭仪式与自尊、自我控制、孤独感之间均发挥着中介作用。那么,家庭仪式是否有可能提高生命意义感,从而促进青少年的友谊质量?

家庭是生命意义的重要来源,家庭仪式可以赋予青少年的生活以意义和价值。拥有家庭仪式的家庭大都保持着特定的家庭文化传统,有利于孩子建立起正确的价值观和态度。家庭仪式通过价值观的引导,促进个体进行价值或意义的寻求。这种对生命意义感的寻求会促使人们去追求和维持高质量的友谊。

富有意义的生活与给予有关,拥有生命意义感的个体表现出更高的亲社会性,他们更关注他人和社会的利益,而非计较个人得失,愿意作为助人者而非接受者。同时,拥有生命意义感的个体更容易受到他人的认可和喜爱。感受到生命意义会让人们付出更多的时间和精力去维护高质量的人际关系,如认真倾听他人的诉说,因而更具有人际魅力。人们拥有寻找生命意义的动机意味着他们会去寻找同样具有生命意义的人作为交往对象。拥有生命意义感的个体具有明确的择友目标,知道该与什么样的人交往。当遇到与自己的价值观和生活目标相契合的人时就会产生促进关系的愿望,寻找机会不断增进彼此的感情;当关系发生冲突时会有动力去积极应对,对冲突的起因进行冷静分析,积极地思考应对策略。有研究显示,拥有生命意义感的个体的人际关系更为和谐,学习和工作效率更高。当拥有生命意义感的个体追求自己的理想时,会不断尝试各种实现途径,这有助于促进与他人

的社会联系,容易获得他人的认可与赞赏,从而增强与他人的友谊质量。

因此,生命意义感可能也是家庭仪式促进青少年友谊质量的作用机制。李修梅对数据进行了分析,结果如图 5.3 所示。

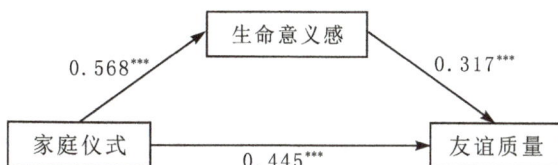

图 5.3　生命意义感在家庭仪式与青少年友谊质量关系的中介作用分析

从图 5.3(* * * 表示 $p < 0.001$)可以看出,生命意义感在家庭仪式对友谊质量的影响中起到中介作用,也就是说,参与家庭仪式可以提高生命意义感,进而促进青少年发展友谊。

四、分析与启示

本节从理论和实证研究两个层面探讨了家庭仪式与青少年友谊质量之间的关系,希望能够促进家长们重视家庭仪式对青少年友谊质量的影响。

青少年时期形成的友谊关系对其社会适应产生着很大的影响,在这个特殊时期青少年逐渐脱离父母走向社会,来自朋友的支持渐渐地取代了父母支持。大量理论文献指出,与同伴交往的经验是获得成功的社会交往所需要的基本技能的重要条件。没有与同伴交往的机会,儿童将不能学习有效的社会交往技能,不能获得控制攻击行为所需要的能力,不利于道德价值的形成和性别社会化。友谊关系对青少年成长的重要作用有很多,例如增加对别人想法和情感的敏感度;发展自我概念,提高自尊心;产生健康的人际情感并避免孤独;提高情感认知能力、自我调节能力、观点采择能力以及理解目的、愿望和信任别人的能力;学习社会信息加工和社会问题解决策略等,这些能力都能在日常生活中有所体现。家庭仪式对青少年友谊关系建立过程的影响是深远且持久的,由于父母是孩子的第一任老师,当家庭中展开家庭仪式活动时,孩子会不自觉地对成人的行为进行学习与模仿。父母间的互动方式与交流过程都会为孩子将来在同伴关系的交往互动中提供模板。

　　我们的研究不仅支持了家庭仪式与青少年友谊质量的正向关系,还揭示了两者间的可能机制,即感知父母支持和生命意义感在其中发挥着中介作用。这意味着,家庭仪式能够让青少年感知到父母的更高支持,内心更具有安全感和自信心去探索外部世界,从而有可能促进生命意义感,让他们主动寻求和发展高质量的友谊关系。因此,家长在开展家庭仪式的过程中,不仅要让孩子体验到仪式带来的快乐,理解仪式所蕴含的价值和意义,还要让孩子参与家庭仪式的组织过程中,使其建立起自信、自立的意识,从而有利于形成生命意义感,以发挥家庭仪式促进青少年友谊质量的成效。

第六章

家庭仪式与道德

第一节　家庭仪式与道德发展

一、道德概述

1. 道德的定义

《管子·牧民》有言："守国之度，在饰四维。何谓四维？一曰礼，二曰义，三曰廉，四曰耻。"礼义廉耻，用今天的话来说，可以概括为道德。道德，不仅是治国之道，也是生存之道。道德不仅让个体融入当下复杂多变的社会，也让智人战胜了进化长河中的其他物种。

人类学家认为，智人之所以占据食物链的顶端，可能是因为智人学会了真正的合作。进化心理学家进一步指出，人类的道德可能就是从合作中产生的。大自然中的许多物种都有合作的能力，例如狼群的合作能力就被人类高度认可。但与其他物种的合作不同，人类的合作并不仅限于少数熟悉的个体，而是能够与陌生人进行大规模的合作。我们都知道，蚂蚁和蜜蜂拥有强大的合作机制，但受生理限制，蚂蚁和蜜蜂的头脑不发达，合作往往相对死板，而且只限于近亲之间，蚁后产卵组建新的蚂蚁王国，其间工蚁做工、兵蚁保卫家园，一切都在这个大家庭中进行。另外，人类的近亲黑猩猩也会合作，但一般情况下，黑猩猩的族群往往仅由 20~50 只黑猩猩组成，随着"族人"数量增加,族群就会分裂,族群之间也难以产生合作行为。人类的合作是超越于此的,无论是古代秦始皇修建万里长城,还是现在网络公司的跨国合作,都展现出人类的彼此信赖和巨大成就。

人类在大规模合作中完成了进化,同时需要道德对彼此加以制约。陌生人合作的前提是彼此信任,确信对方在合作中不会"过河拆桥",对于合作所得收益,对方也不会过于贪婪,把劳动成果据为己有。但是,仅有理智的认知并不足以令智人立足,智人必须把合作的规范刻进内心深处,像猎豹奔跑、雄鹰窥物、雨燕飞行那样,演化为一触即发的自动反应机制,即道德情绪。拥有道德情绪,意味着人类无需在合作问题面前反复斟酌、计算其方式及其对应后果,而得以选择更简洁的方式,即互相信任、公平合作。基于此,人类形成了基础性的道德情绪和情感,如共情、愤怒、集体归属感、尊重和厌恶等。

共情即重视他人的感受,在合作中不只重视自己的利益,也关注其他人的利益,是人与人互助合作的情绪基础,人类还形成了共情的神经网络,包括前脑岛(AI)、前扣带回(ACC)、镜像神经系统(MNS)和腹内侧前额叶(vmPFC)等。愤怒产生于对公正的关注,当工作的成果为他人所攫取时,需要以愤怒为底色的暴力进行威慑,这时肌肉蓄力紧张、肾上腺激素分泌,释放"我需要公平"的信号。集体归属感是以集体为单位进行合作的重要前提,部落间的战争与和平最需要集体热血参与,最忌讳不忠与背叛,以及为个人私利而牺牲群体荣誉。尊重来源于人类社会自然形成的等级结构,权力低位者缺乏相应能力和意愿,而需要权力高位者进行支配、决断和统治,以指导其完成合作。厌恶来源于进化过程中人类对于威胁生存繁衍的病菌、疾病的排斥,由于乱交会引发各类性病,乱伦则会导致畸形儿的诞生,因此人类会摒弃这类"不洁"或"污染",并以道德的名义对行为加以约束,防止合作者出现问题。

漫长的进化使人类成为道德动物做足了情绪和生理上的准备,但并不意味着人从出生起即了解"什么是对的,什么是错的",即认知上的道德观念。为此,人类还需要后天环境的教化。这样的教化由社会渗透到家庭的方方面面,从"太上有立德"到"老吾老,以及人之老;幼吾幼,以及人之幼。"带有道德基因的儿童在社会的濡化、家庭的言传身教之下,把道德逐渐融入自己看待事物的思维之中,产生了对道德事件的敏感,这种能力在心理学上称为道德敏感性。道德敏感性高的人具有两个特点：一是他们容易意识到一个情景与道德相关。例如那些对作弊行为予以排斥的儿童就反映了他们将"作弊"与"道德"相联系；二是他们能够想象一个事件的道德后果。例如反对作弊的儿童意识到作弊是一种不公平的竞争方式，损害了其他学习者的利益。道德敏感性高的人也习惯以道德的滤镜看待问题，产生道德化的倾向，即把一个相对中立的事件赋予道德的标签。我们都认为杀人、偷窃是一个明确的道德问题，因为这代表罪犯没有同情心、侵犯他人利益。但有许多事件并非如此明确，如让座问题。一部分人认为，尊老爱幼是中华民族的传统美德；另一部分人则认为，让座是一种自愿行为，跟道德没有关系。那些道德敏感性高的人，就更倾向于以道德为尺度来衡量让座行为，认为不让座是一种不道德的行为。

2. 道德的内容

道德究竟是什么？《论语》的答案是"富贵不能淫，贫贱不能移，威武不能屈。"雪莱则说"道德的最大秘密就是爱；或者说，就是逾越我们自己的本性，而溶于旁人的思想、行为或人格中存在的美。"每个人都有对道德的看法。心理学的工作不仅是探寻道德应该是什么，还探索人类实际上有哪些普遍的道德观念。据此，心理学家在多个方面对道德的内容进行了阐述，如美国心理学家格雷（Kurt Gray）的成对道德理论、海特（Jonathon Hadit）的道德基础理论及 Janoff-Bulman 的道德规范理论。

成对道德理论认为，不道德行为的施加者和受害者构成了道德的内涵。即道德由伤害的意图和痛苦的经历共同组成，具有更明确意图并导致更大痛苦体验的行为被认为是更加不道德的。伤害的意图即行为者是否故意伤害或明知有伤害存在而选择忽视。例如法律总是将故意杀人（相比意外杀人）判更高的刑罚，故意犯罪比意外犯罪会承担更大的责任。痛苦的经历即受害者的主观感受，以著名的"电车困境"为例，一辆电车在行驶过程中发现轨道前方有 5 个人被绑在铁轨上，而另外的轨道上则只被绑着一个人，调查发现，当另外一条轨道上的牺牲对象是儿童时（相比于成年人），被试会认为转换轨道，以一换五是更加不道德的，因为我们往往认为儿童是脆弱的，他们的感受也更强烈。由此可以看到，道德成对理论实际上将道德划定于"伤害"这个范围内，即道德内容是一元的，换言之，只要涉及伤害，那就是道德事件。对此道德基础理论有不同的看法。

　　道德基础理论认为，人们的道德的观念涉及六个领域，分别为关怀/伤害（care/harm）、公平/欺骗（fairness/cheating）、洁净/堕落（sanctity/degrada-tion）、忠诚/背叛（loyalty/betrayal）、权威/颠覆（authority/subversion）及自由/压迫（liberty/oppression）。关怀/伤害基础是指关怀、照顾他人以及保护他人免受伤害，包括情绪和身体上的伤害。例如校园暴力就是一种对他人感受或身体上的伤害，或者兼而有之。公平/欺骗基础是指对正义、权利的关注，不公平包括偏袒他人、欺骗他人、作弊等行为。洁净/堕落基础则涉及保证身体（性）和宗教上的纯洁性。如看重这一道德基础的人往往奉行的是"身体是一座寺庙"的观念，不可以被不道德的活动和污染物所亵渎。忠诚/背叛基础是指对信守保护重要他人、组织、国家的利益承诺，如对伴侣的忠贞不渝，对企业的敬业奉献，为国家牺牲自我被看作是一种美德。权威/颠覆基础涉及对领导的服从，包括对合法权威和传统的尊重，例如儒家文化中，"君者，出令者也；臣者，行君之令而致之民者也。"在古代，君命就是天命，上天的旨意是不可违抗的。压迫/自由指的则是对于个体权利的维护，"人权至上"，个人的隐私、言论自由不应该被侵犯。也正因如此，Facebook窃听用户语音的事件会引发如此之大的声讨。总之，道德基础理论认为，不同人之所以产生不同的道德判断，是因为他们关注的是不同领域的道德。

　　道德规范理论从动机上来划分道德的内容。该理论认为在道德领域有两个系统。禁止性系统基于行为禁止性动机，使人对消极的结果敏感，比如威胁和惩罚，由此产生了禁止性道德，规定个体不能做什么，比如对他人造成伤害等。描述性系统基于行为趋近动机，使人对积极的结果敏感，如奖赏、回报，由此产生的描述性道德规定了个体应该做什么，比如对他人提供帮助以缓解他人痛苦的行为。人们对于禁止性道德规范和描述性道德规范的要求是不同的，因为我们往往对消极的结果更敏感，当一个人违背了禁止性规范时，会受到更大的谴责；而如果一个人没有遵守描述性规范，人们一般情况下只会将此视为他的个人选择。

　　研究者通过研究总结了14种禁止性道德规范和14种描述性道德规范，两类道德规范涉及的内容如下。

　　禁止性道德规范：撒谎、滥交、偷窃、自私、故意伤害他人、歧视他人、酗酒、懒惰、有操纵性的、浪费、欺骗、吝啬、有攻击性的、自负的。

描述性道德规范：友好的、承认错误、慈善捐款、存钱、诚实的、忠诚的、努力工作、公平地对待他人、支持其他人、慷慨的、帮助有需要的人、尊重他人、有同情心的、值得信任的。

3. 道德的作用

（1）社会层面的作用。

就社会层面而言，社会稳定离不开道德的发展。如果说智人在原始部落的优势在于能与周围的陌生人合作，那么在如今这个交通运输和网络信息都高度发达的世界，人们的合作更是超越了空间、时间。万物互联，每个人都是这张巨网中的一个格点，一个不道德的行为就会产生高速的传播和辐射，对社会产生巨大的影响，破坏社会的秩序与和谐。因此，我们既需要以道德为基础的合作，也需要道德为法律制定提供伦理参考，从而使这张社会的巨网编制得更加精美、稳定。道德是社会信任和经济发展的基石，经济活动中的不道德（尤其是不诚信行为）会造成巨大的社会损失。"为商诚信不欺"，贪小财往往会失大利。例如曾经风靡一时的某品牌奶粉，为降低成本而将含有三聚氰胺的奶粉投入市场，使全国范围内多地的婴儿患肾结石病症，最终不仅自己栋朽榱崩，也让其失去了消费者的信任，很久都难以恢复。

（2）人际层面的作用。

在人际层面，道德良好的人会给人留下更好的人际印象，从而有利于人际关系的建立和维持。根据刻板印象内容模型（stereotype content model），人们会重视他人三个方面的印象：温暖、能力和道德，并且道德是人际印象中最重要的维度。但丁说："道德常常能填补智慧的缺陷，而智慧却永远填补不了道德的缺陷。"一个没有才智的人也许能凭德高而望重，但一个聪明的反社会分子永远无法融入社会，相反，他们只会因为浪费了自己的优势而引起更大的谴责。正如司马光曾说："才者，德之资也；德者，才之帅也。"道德还能让人更好地协调人际关系。如前所述，道德涉及对他人的同情和关怀，对于一些道德水平高的人来说，他们宁愿牺牲个人的利益以换取对违背社会规范者的惩罚，比如经济学经常提及的一个实验中，一些被试观察到其他人获得了本不属于自己的金钱后，就会花费自己的被试费，以惩罚那些进行不公平交易的人，使他们扣除相应的金额。此外，人们也更愿意与道德水平高的个体交往。

（3）个体层面的作用。

在个体层面，道德可以提供认识世界和自我的框架。人类的社交活动是纷繁复杂的，道德可以指导人们如何认识他人，从而选择人际交往的对象。如按照道德规则，人们会学会甄别并避开背叛自己、对自己说谎、有偷盗习惯及伪善的人，以减少生活中受伤害的风险。此外，道德也是自我的一部分，影响着人们对自身的看法，左右自身的行动。人们往往会在伤害他人（如情感背叛）之后产生对自我的负面评价，道德自我受到威胁，从而产生内疚情绪，在其他方面表现良好以补偿自己受损的道德形象。

但道德并非只有积极影响。当个体把对自己的道德要求转向其他人时，就产生了道德绑架。就像电影《搜索》里，得知自己身患绝症的叶蓝秋因为没有让座而被卷入网络暴力的漩涡，走向悲剧。当道德成为欺凌的掩饰，它也就失去了原本的意义。而个体更进一步，"宽于律己，严以待人"，就形成了道德伪善，即对自己和别人采用道德的双重标准。一方面为自己的不道德寻找借口，另一方面又时刻占领道德的高地，高举道德的旗帜，成为虚伪的代名词。

也并非所有个体都会保持前后一致的道德行为。例如一个刚刚给流浪汉捐钱的人，反而会在之后和他人的交往中做出更多撒谎行为。这种效应被概括为"道德许可"（moral licensing）。道德许可是指当人们最初以道德方式行事时，他们以后更可能表现出不道德及其他有问题的行为。这种效应其实很常见，因为对一部分人来说，做了一次道德行为，就会对自己有良好的道德感受，接下来就允许自己放纵一下，听任自己冲动的安排。许多人做着一些让自身看起来道德高尚的工作，就不会质疑自己的不道德行为，反而认为是对自己平时良好道德形象的奖励。"我已经做过好事了，这点小事算错吗？"

4. 道德的测量

道德心理学家开发了很多量表测量人们的道德。其中，道德认同（moral identity）是较为常用的测量一个人道德水平高低的量表。

道德认同包括内化道德认同和象征性道德认同两个部分。对一部分人来说，道德是他们的本质特点，也是他们行为方式的依据，他们发自内心地认同"勿以善小而不为,勿以恶小而为之",这种特点被心理学家阿基诺(Karl Aquino)称为"内化道德认同"。内化道德认同是个人的一种人格特质,有高和低两种水平,内化道德认同水平高的个体更容易发现道德问题的存在,也更容易对道德问题做出反应,比如产生愤怒并主动干预。而对于另一部分人而言,道德则是一种他们想要给别人呈现的印象,他们希望自己的言行举止被人认可是道德的,因此,他们重视的并非关怀、公正、忠诚等道德的含义,而是自己是否树立了这样的形象,这种特点被美国心理学家阿基诺称为"象征化道德认同"。象征化道德认同同样有高和低两种水平。

结合内化和象征化两种道德认同的水平高低,个体可以被划分为4种类型。那些以道德为自己的核心特点的高内化道德认同个体分为两类,其中一部分人并不在意自己在他人眼里的形象,《神雕侠侣》中的杨过正是这类人的典型代表;而另一部分人则既重视道德也珍惜形象,如《射雕英雄传》中的郭靖。而那些对道德不以为然的低内化道德认同个体也可以分为两类,其中一部分人既不在意道德也不在意其他人的看法,因此这类人中间很可能出现反社会分子;而另一部分人虽然实际上更重视自己的利益,但是他们也希望别人认为自己是道德的、是替他人考虑的,因此可能有一些"伪君子"的作风,如《笑傲江湖》中的岳不群。

为方便读者朋友们测量道德认同,我们提供了英属哥伦比亚大学心理学教授 Aquino 和 Reed 编制的、魏晓雪修订的道德认同问卷供大家进行自我测试。详见表6.1。

测一测

指导语: 下面是一些描述一个人品质特征的词语。

诚实守信、有责任心、尊重他人、孝顺、守法、公平、正义、感恩、真诚。

请您想象有这么一个人,这个人可能是您,也有可能是您的家人、朋友甚至是陌生人。您不仅要想象这个人具有上述9种特征,还要想象这个人在日常生活中的所思所想、他/她的情绪体验和行为表现。

通过想象,当您感觉自己对这个人的了解非常清晰后,请回答下列描述在多大程度上符合您的实际。

表6.1　道德认同量表

单位:分

题号	题目	完全不符合	比较不符合	不确定	比较符合	完全符合
1	作一个有这些特征的人让我感觉很好	1	2	3	4	5
2	成为拥有这些特征的人对我来说很重要	1	2	3	4	5
3	我觉得按照这些特征约束自己的行为是必要的	1	2	3	4	5
4	我在空闲时间做的事情(例如兴趣爱好)表明我具有这些特征	1	2	3	4	5
5	我希望别人知道我拥有这些特征	1	2	3	4	5
6	我想努力完善自己,使自己具备这些特征	1	2	3	4	5
7	我的言谈举止能体现我具备这些特征	1	2	3	4	5
8	我读的书籍杂志表明我有这些特征	1	2	3	4	5
9	我认为具有这些特征会使我的人生更有意义	1	2	3	4	5
10	具备这些特征令我感到自豪	1	2	3	4	5
11	我的穿着打扮显示出我是拥有这些特征的	1	2	3	4	5
12	我渴望成为具有这些特征的人	1	2	3	4	5
13	我参加的各种社会组织可以向其他人表明我具有这些特征	1	2	3	4	5
14	我的生活方式能体现我具有这些特征	1	2	3	4	5

计分方法:

内化道德认同＝ 1+2+3+6+9+10+12。

象征化道德认同＝ 4+5+7+8+11+13+14。

将两个维度的得分相加,总分越高,表明您的道德认同越高。

二、青少年的道德发展

1. 青少年道德发展的过程

正如成对道德理论所提出的,道德的判断涉及对当前情境的综合分析,如行动者的意图、受害者的感受以及这两者之间是否有直接的联系。类似地,道德的发展离不开成熟的分析、判断、综合、概括等思维能力。因此,在谈论青少年的道德发展之前,有必要谈一谈青少年思维能力的发展。

青少年的认知水平呈阶段性发展,用一个形象的比喻来说明阶段性发展,如走楼梯,每一步的发展都是跨越式的、产生质变的,而不是连续的、缓慢的。瑞士心理学家皮亚杰提出了认知发展阶段论,即青少年的认知能力会经历一个逐渐成熟的过程,美国心理学家科尔伯格在此思想的基础上创立了现代道德发展认知理论,认为在儿童认知发展的过程中,道德认知能力也得以逐渐发展。

科尔伯格的研究方法是让不同年龄的儿童阅读一个"悲惨世界"式的故事,然后根据儿童的道德判断和对道德认知能力进行划分。这种研究方法被称为"道德两难故事法",其中以"海因兹偷药"的故事最出名。

一个女人患了癌症,生命垂危。医生认为只有本城市有个药剂师新研制的药能治好她。配制这种药的成本为200元,但销售价却要2000元。病妇的丈夫海因茨到处借钱,可最终只凑到了1000元。海因茨恳求药剂师,他妻子快要死了,能否将药便宜点卖给他,或者允许他赊账。药剂师不仅没答应,还说:"我研制这种药,就是为了赚钱。"

于是海因兹选择了偷药。

请问你觉得海因兹的做法正确吗？为什么?

根据儿童的不同选择,科尔伯格把儿童的道德认知水平划分为三个水平六个阶段。第一个水平是前习俗水平(0～9岁):阶段一,惩罚与服从的定向阶段;阶段二,朴素的自我主义定向阶段。第二个水平是习俗水平(9～15岁):阶段三,好孩子定向阶段;阶段四,维持权威或社会兴趣定向阶段。第三个水平是后习俗水平(16岁以上):阶段五,契约的立法定向阶段;阶段六,良心和原则定向阶段。

前习俗水平中,儿童的道德观念完全是被成人这类权威人物决定的,他们会出于逃避惩罚或者获得奖励的目的而听从成人的指示;习俗水平中,儿童的主要目的是被他人喜爱和肯定,他们意识到自己的行为必须符合社会的准则,比如校规校纪、法律法规,并且也会遵守和执行这些社会规范;后习俗水平中,个体形成了自己的道德观念,他们意识到,现有的规则、道德、法律等条款并不是完美的,而是有缺陷的,于是塑造了自己的道德体系。

一开始,在惩罚与服从的定向阶段,他们会因为想要避免成人的惩罚而听从他们的指示,比如当儿童想要偷吃糖果的时候,他们想到成人可能会因此而惩罚自己,就会避免这样做。但这并不是因为儿童认为"偷"是不恰当的行为,而是出于他们对惩罚的规避。

随后,到了朴素的自我主义定向阶段,儿童的行事风格是市侩的、现实的,即他们的道德观念是与自己的利益相关联的。如果帮父母做家务可以给他们带来糖果或礼品,他们就会认为做家务是好事。在这个阶段,儿童很难发自内心地完成一项道德行为,他们多半是出于某些可能的好处。

接着,在好孩子定向阶段,儿童渴望被关注和认可,他们尤其在意生活中那些权威人物的评价,这些权威人物可能是现实中的父母、老师,也可能是儿童想象中的英雄人物。儿童对于道德事件的选择往往受权威人物想法的影响。例如在中国的家庭中,许多父母会把学习与道德挂钩,即"我辛辛苦苦养你,你不好好学习怎么对得起我",那么儿童就会将学习道德化,把学习不佳视作是不道德的。

之后是维持权威或社会兴趣定向阶段,儿童会服从大多数成人所要求的刻板印象,并以此来获得成人或外界的鼓励或赞许,维护既定的社会秩序。在这个阶段的儿童尤其注意法律,他们会认为违规就意味着"坏",坐牢就意味着邪恶。

此后,道德水平进一步发展,儿童就得以达到契约的立法定向阶段。在这个阶段,儿童意识到,法律从本质上来说是公民形成的规范彼此的契约,因此可能存在落后性,与当前时代不符,于是,他们会理性和客观地看待生活中的事件,而不以法律为唯一的标准。

最后是良心和原则定向阶段。在此阶段,青少年根据自己的思考和经历,逐渐形成了自己的道德。他们不仅遵守现实的法律条款,而且遵守道德准则,在此基础上部分人会形成自己的道德理念,并以此为行为依据。

2. 青少年道德发展的影响因素

青少年的道德发展,是由青少年的个人特点、家庭环境、社会文化等共同塑造而成的。

（1）性别。

在个体层面上,青少年的性别会影响他们的道德取向。在做道德判断时,有道德公正、道德关怀两种取向,前者强调道德判断中的理性、公平因素,后者强调道德判断中的情感、关系因素。早期的理论家认为由于男性和女性的思维方式不同,男性得益于其冷静、理性的思维,更多采用道德公正取向,女性得益于其天性中的敏感性、同理心,在关怀相关的问题上有明显优势。脑科学的研究也表明,男性与女性的不同道德取向存在明显不同的脑激活模式:女性主要受后扣带回和脑岛(关怀问题会激活的脑区)调节,男性受顶叶内侧(公正问题会激活的脑区)调节。针对青少年的研究发现,男生和女生在道德取向上没有行为表现上的差别,但在潜意识层面,女生比男生对道德关怀问题更敏感。

（2）家庭环境。

父母作为孩子的学习榜样,会对其道德观念和行为产生重大影响。前文所提及的描述性规范和禁止性规范,往往就是由父母传递给儿童的:一方面,儿童会直接参考父母的行为方式,以父母的标准判断什么可以做,什么不能做;另一方面,父母作为儿童信任和依恋的对象,不仅能够传递行为,更能够传递观念,儿童会吸收父母的道德观,并在此基础上形成自己的道德。

（3）教养方式。

教养方式对孩子的道德发展起着关键作用。研究发现,在民主型、权威型教养方式下成长的孩子,感受到更多的支持、鼓励,从而道德发展水平也更好,而抚育者采用惩戒、忽视、威胁等方式规范孩子行为时,孩子会产生更多逆反心理,攻击性更强,更容易推脱自己的不道德行为。因此家长要用关爱和积极的方式引导、规范孩子的认知和行为,才能让孩子更好地学会辨别是非,从而为自己的行为负责。

（4）学校。

学校也是培养青少年道德能力的重要场所。学生的课本中就有很多赞扬道德榜样的内容,例如《一面五星红旗》中,主人公不愿以五星红旗换取面包,歌颂的就是对国家的忠诚。学校的德育教育、老师的言传身教也会让学生认识到那些描述性和禁止性的道德规范。当然,儿童在和同伴相处的过程中,也会因为彼此的合作而产生道德。科尔伯格提出:"如果道德发展在根本上是一个重构角色承担方式的过程,那么,促进道德发展的基本的社会输出可以被称为'角色承担机会',角色承担的第一个必要条件是参与到某团体或机构。"因此,参加学校的团体,并在团体合作、运作过程中承担自己的角色,也是培养道德的必要条件。

　　(5)社会环境。

　　社会环境对青少年道德观念和行为的影响不言而喻,"孟母三迁"所体现的就是环境对孩子的重要影响。心理学研究发现,人们的不道德行为会在陌生人中传染。经典的"破窗效应"发现,如果有人打坏了一幢建筑物的窗户玻璃,而这扇窗户又得不到及时的维修,那么其他人就可能感觉这是一种示范,从而打烂更多的窗户。久而久之,这些破窗户会给人造成一种无序的感觉,结果在这种公众麻木不仁的氛围中,犯罪就会滋生、猖獗。青少年的道德水平还处于发展之中,因此很难做到"出淤泥而不染",如果他们的周围都是无人管理的"破窗",那么他们就会感觉到这种现状是合理的、正确的,从而形成不道德的观念。细微的环境变化也会对人的心理产生微妙的暗示,从而影响道德行为。研究发现,人在黑暗的光线下更容易做出不道德行为。正如颜色和道德的隐喻关系,白色意味着光明、道德,黑色则意味着隐蔽、不道德。黑暗可以掩盖身份,鼓励道德越轨,它还可能引发一种虚幻匿名的心理感觉,这种心理感觉会诱发不诚实和自私自利的行为。研究发现,灯光昏暗的房间里的参与者比灯光明亮的房间里的参与者更容易在实验任务中作弊。再如,真假和道德之间有千丝万缕的联系,虚假往往和不道德联系在一起。通过实验发现,与戴"正版"太阳镜的参与者相比,戴"盗版"太阳镜的参与者在多个任务中都出现了更多的作弊行为。

三、家庭仪式与青少年道德发展

1. 家庭仪式蕴含着道德含义

　　家庭仪式是重复的、具有象征意义的,因此能够塑造青少年的道德行为和认识。

首先,家庭参加的各类仪式离不开各类民俗传统。这些民俗活动主要围绕"祭祀"和"娱人"两大主题进行,以求实现"人—神(祖先)"及"人—人"关系的和谐。因此,这些传统本身就体现了道德的相应基础。青少年在参与这些民俗传统的过程中,便耳濡目染了相应的道德含义。例如与祖先的"联系"使青少年形成了对家族的认同,促进了对忠诚/背叛基础的认识;与长辈的相处则使青少年习得了尊老爱幼的观念,即对权威/颠覆基础的认同;与其他同辈共同参与完成活动使青少年认识到了公正相处的重要性,即公正/欺骗基础;此外,家庭的聚集、彼此的祝福和关心、情感的沟通和表达则促进了青少年对关怀/伤害基础的认识。

举例来说,祭祀拜祖的传统就培养了青少年对集体的忠诚。在祭祀仪式活动中,经过相应的空间布置和安排,日常生活中的一切物品都具有了特殊的意义,帮助青少年了解自己及自己的家族的历史和文化根基在哪里。仪式中,青少年的内心是无比虔诚的,他们怀着敬畏之心,奏乐、鸣炮、献供撰、读祭文、焚香、化表、叩拜,向祖先奉献各种祭品,以表达对祖先开拓家族的虔诚感谢和对未来的美好向往,向祖先的祭拜可以让他们获得心理的支持、安慰与满足。由于祭祀仪式的核心主题就是对大家族的归属和忠诚,这一系列具有规范性的动作也使青少年形成了和忠诚/背叛基础相关的道德习惯。

其次,家庭聚餐也能传递长幼有序、尊卑有别的伦理等级内涵。中餐有一套成体系的礼仪,如"英雄排座次",尚左尊东、面朝大门为尊。家宴首席为辈分最高的长者,末席为最低者;家庭宴请,首席为地位最尊的客人,主人则居末席。座次安排要依据长幼尊卑,年长者要坐在正对门的中间,左边依次2、4、6席,右边为3、5、7席,如果不正对大门,则面东的一侧右席为首席。另外,食用规矩也大有讲究,首席未落座,其他人都不能落座,首席第一个动筷,晚辈才能相继食用菜品,吃饭时也不能只吃一道菜等,这就体现了中国家庭长幼尊卑的观念,即对于权威/颠覆基础的认同。

再次,许多家庭仪式承担着在象征意义上帮助家庭成员渡过难关的功能,体现了关怀/伤害这一道德基础。例如家庭往往会为其中的某个成员在出行前进行相应的仪式以佑其平安,这类仪式包含了家庭成员对彼此浓浓的关怀和担忧。

最后,由于家庭仪式是由家庭成员共同参与的,也有助于培养儿童对于自由/压迫的关注。在家庭仪式相对丰富的家庭中,儿童有机会与父母共同参与仪式,乃至做出相应的决策,拥有更高的自主权力,能够更容易体验到个人的权利是否得到尊重。例如,一些家庭可能有每周集会的家庭仪式,作为家庭的重要一分子,儿童有机会参与家庭重大决策的讨论,久而久之,儿童对于个体的自由/压迫有了更深刻的见解。儿童不仅与父母共同参与家庭决策,也会在家庭仪式中与父母共同承担家庭事务,得以培养公正/欺骗的道德基础。例如在春节期间,一些家庭有扫尘的习俗,全家人一起清洗器具、更换床褥、洒扫庭院等,儿童意识到对家庭的"除陈"自己也要有所贡献,因此学会了公正地对待合作。

总体而言,在固定且持续的家庭仪式中,青少年往往能够通过动作的执行,吸收家庭仪式传递的特定道德价值观,提高对相应事件的道德敏感性,最终转化为日常生活中的习惯。

2. 家庭仪式发展青少年的共情能力

共情能力是指人们在人际交往过程中能够了解他人的态度,设身处地从他人的角度看待问题(即认知共情),并且感受到他人所拥有的情绪感受甚至生理反应(即情感共情)。共情与怜悯、同情等概念类似,但又存在一定的区别。共情的特征是个人与他人感同身受,彼此产生了类似的情绪情感体验,而怜悯、同情则是个体意识到了他人处于某种较差的状态之中,并表示"希望你快点走出来"。潘彦谷等人总结,情感共情的神经网络包括前脑岛、前扣带回以及镜像神经系统,认知共情的核心脑区是腹内侧前额叶。另外,催产素也与共情密切联系,催产素越多,共情能力则越强,因此女性往往具有更高的共情能力。

目前,心理学对于共情的研究有几种基于不同角度的理论解释。

情感层面解释共情的理论认为,共情是一种情绪上的感染,也就是感觉到他人情绪的能力。从生理角度来解释共情,美国密歇根大学心理学学者Preston 等人认为,共情是由于人们的镜像神经元(一种能够帮助我们理解他人行为、意图、情感的神经元)的活动产生的,当人们觉察到他人情绪后,镜像神经元系统就会被激活，同样的情绪就会如镜像般复制到自己身上。另外，美国芝加哥大学心理学者 Decety 等人提出的情绪共享理论认为，共情的产生是由于人们在感觉到他人的面部表情、形体动作、声音语调等外部情绪信息时，大脑相应的动作或情感区域被自动激活，从而使人们产生与他人同样的情绪，这个过程被称为情绪共享。比如婚礼中宾客为新人祝福，感染了这对新婚夫妻的幸福体验，就属于情绪共享。这两种共情理论都认为，人们获得共情、产生情绪感染本质是来源于他人而非自我本身。

认知层面解释共情的理论认为，共情是对他人情绪情感状况的感知和理解，需要人们有更高级的认知能力，如心理理论。心理理论是指个体对自己或他人心理状态有一定的认识，并且可以解释自己或他人的行为。例如，一个儿童可以认识到，当自己和妈妈一起玩了某个游戏后，若爸爸不在场，那么爸爸对此是一无所知的。而某些心理理论能力不太发达的儿童会认为，自己所知道的事情其他人也应该知道，不管他是否在场。相应地，共情就是人们基于对自我与他人的认识和评价，从而产生对他人情绪情感的反应。另外，观点采择的能力也有助于儿童形成共情。观点采择就是儿童意识到，其他人可能有和自己不同的观点，并且进一步从他人的观点出发来思考问题。例如，一个喜欢小猫的儿童可能会认为其他人都和自己一样喜欢小猫，但观点采择能力高的儿童则会意识到，其他人可能有不同的喜好。在儿童理解他人观点或立场的基础上，他们就能够认识到他人产生情绪的原因，并想象他人的状态，形成共情。如美国芝加哥大学心理学学者 Jackson 研究发现，当参与者以自我和他人身份想象某种疼痛的经历时，他们都感受到了疼痛。可见，人们共情的产生依赖于对他人情绪状态的感知与评价。

家庭仪式能够培养青少年的共情能力，而对他人苦难的共情是人们随后做出道德行为的基础。道德基础理论的提出者海特认为，共情是人们重视关怀/伤害基础的主要原因：一方面，他们更容易对他人的痛苦感同身受，从而很难做出伤害他人的举动；另一方面，他们更容易理解他人的状态，因此会更主动地关怀、帮助他人。

当青少年能够把他人的状态转化为自己的状态时，他也就获得了认知共情的能力。他可以在头脑中进行情景模拟，从而了解他人对某一事件的态度和看法。在青少年成长过程中,真正了解他人想法的机会并不多,除了与伙伴玩耍外,大部分时间仍然被学习占据。家庭仪式以其日常性、持续性为儿童创造了观点采择的机会,在共同参与或主导仪式的过程中,儿童有可能观察和思考其他家庭成员的心理状态,这让他们学会了在活动时参考或理解他人的想法或感受。例如在母亲生日的家庭仪式中,孩子有机会跳出自我的关注,把注意力放在母亲身上,也许他会看到母亲额头上添了几缕白发,此前却不曾留意,会试图揣摩作为母亲这个角色所承担的责任、辛劳和收获的甜蜜,从而理解母亲平时对自己的严苛要求和唠叨,涌升起感激之情。情绪共情主要依靠具身的模仿和情绪的投入而获得。在人体镜像神经元的活动下,人们能够模仿他人的外部动作或表情,从而产生类似的生理反应,加之人们在同样的活动中投入类似的情感,形成情绪感染。家庭仪式是由父母传递给儿童的,儿童学习仪式动作时离不开对父母的模仿,这种长期的模仿有助于儿童培养对他人外部表现的模拟能力,获得共情。许多家庭仪式在执行的过程中本身就有丰富的情绪表达,如一些家庭会有在睡前互道晚安的仪式,拥抱、亲吻、表达对彼此的爱意,儿童在此过程中不仅模仿了父母的动作,也模仿了父母的情绪感受,通过日复一日、年复一年的家庭仪式,儿童也将此转化成了习惯。

第二节　家庭仪式与亲社会行为

一、亲社会行为概述

1. 亲社会行为的定义

古代家训宝典《了凡四训》里,了凡先生教导世人"随缘济众,其类至繁,约言其纲,大约有十:第一,与人为善;第二,爱敬存心;第三,成人之美;第四,劝人为善;第五,救人危急;第六,兴建大利;第七,舍财作福;第八,护持正法;第九,敬重尊长;第十,爱惜物命。"从中可以看到,"随缘济众"的纲要里十有八九都和亲社会行为有关。*Science* 在 2005 年庆祝创刊 125 周年之际,提出了 125 个最具挑战性的科学问题,并指出在今后一段时间里,人们将致力研究、解决这些问题,其中亲社会行为的相关问题"人类合作行为如何发展?"位列第 16 名,足见亲社会行为从古至今人们都十分重视,对人们的生活也至关重要。

亲社会行为泛指一切对他人、群体或社会有益的行为,包括生活中常见的助人、分享、合作等行为。其中,助人是最为典型的亲社会行为,不论助人者的行为动机是什么,帮助行为都能够让一个人帮他人解决问题,给他人带来好处。帮助行为根据其形式可分为依赖型帮助和自主型帮助,前者为他人提供问题解决方案,后者则提供解决问题的方法,这就是我们常说的在帮助别人时是"授人以鱼"或"授人以渔"。此外,亲社会行为还包括一种特殊的形式,即利他行为。不同于一般的帮助行为,利他行为是不求任何回报而自愿帮助他人的行为。正如有些人不惜代价、竭尽所能地帮助别人,这种人被称为行善者(do-gooder)。他们心怀道德理想,以提高他人和公共福利为己任。但大量研究却证实了行善者排斥(do-gooder rejection)现象,即相比行善者,人们更喜欢适度利他者,一些研究者认为是因为行善者偏离了社会规范,对自我的道德形象造成了威胁,人们对行善者过度牺牲自我的感知也是导致他们受排斥的原因。

随着互联网的不断发展,各种形式的募捐、众筹等公益活动随处可见,当我们把钱花在别人身上而不是自己身上,并且对他人和社会都有重要意义时,这种行为被称为亲社会支出(prosocial spending)。与其他类型的亲社会行为最大的不同是,亲社会支出不需要花费太多时间,一些珍惜时间超过金钱的人更可能会选择做出这一类亲社会行为。

英属哥伦比亚大学心理学教授 Hamlin 等人的研究发现,六个月大的婴儿就已经能够意识到帮助行为,并且表现出对亲社会的偏好。向婴儿展示一个红色圆圈爬上山顶的视频,此时出现一个黄色方块,帮助把圆圈推上了山,也会出现一个蓝色三角形,将圆圈推回山脚。让婴儿反复观看这个视频,直到他们感到无聊并转移视线,然后让他们在黄色方块和蓝色三角形选择一个,大部分婴儿选择了黄色方块。这在一定程度上说明了婴儿更喜欢帮助处于困境的人,而不是伤害他人。

除了在人类社会,动物世界中也存在着亲社会行为。某研究设计了一个困境,让老鼠被迫在打开门帮助陷入溺水困境的同伴和打开另一扇门以获得食物奖励之间做出选择。在大多数试验中,老鼠选择了先帮助同伴,这表明老鼠可能也经历了对同伴的同情,进而先做出帮助行为。2021 年发表在 *Nature* 的一项研究也发现,老鼠在同伴受到刺激后会对同伴产生安慰行为,就像人类之间的轻拍、抚摸和拥抱一样。

2.亲社会行为存在的原因

人们为什么会帮助他人,甚至会不惜冒着生命危险去帮助一个完全陌生的人? 研究者从不同视角出发分析了可能的原因。

(1)进化的视角。

从进化视角来看,亲社会行为之所以存在,是因为能够给个人或所在的群体带来利益,从而使自己和群体更好地生存和进化。研究者发现,在生死关头,人们倾向于选择帮助近亲而不是远亲,选择帮助年轻人而不是老年人,选择帮助健康的人而不是生病的人,选择帮助富人而不是穷人。这是因为被选择的对象更有可能生存下去,传递与之相似的基因,从而使个人所在的群体利益最大化。

(2)社会规范。

有研究者提出亲社会性是一种社会规范。我们每个人从小就被教导要尊老爱幼,是因为社会规范要求我们应该帮助需要帮助的人。俗话说"投我以木桃,报之以琼瑶""滴水之恩,当涌泉相报",都是在强调我们应该回报那些曾经帮助过我们的人。当亲社会性是强烈的社会规范和社会期望时,生活在这样的社会中,做出亲社会行为的人们生活满意度自然也会更高。

(3)社会学习。

著名心理学家班杜拉提出的社会学习理论认为,人类的行为是通过观察模仿、强化习得的。其著名的"波比娃娃"实验发现,如果看到成人对波比娃娃进行攻击,儿童就倾向于模仿这种行为,对娃娃进行攻击。亲社会行为也是一样,我们通过观察学习表现出亲社会行为,其中榜样起着促进作用。研究发现,观看有关亲社会内容的电视节目的儿童,会比观看普通节目的儿童表现出更高的亲社会水平。

（4）社会交换。

社会交换理论认为，人类做出的行为都会希望以最小的损失换取最大的回报。对于亲社会行为也同样适用，人们会考量自己付出的成本和能够获得的回报。成本包括时间精力的损失和身心伤害等，回报可能是金钱等物质资源，也可能是良好的声誉、印象的提高、自尊和幸福感的提升等。亲社会行为最可能发生在高回报、低成本的场合，当为了帮助他人付出的代价过高时，亲社会行为就会减少或消失。

3. 亲社会行为的作用

（1）促进健康和幸福。

常言道"赠人玫瑰，手有余香"，意味着帮助他人能给人们带来快乐。当人们出于自主动机做出亲社会行为时，即真心而非被迫想要帮助他人时，会提高自己的自主性，激发自己的能力，感到被他人需要，此时效能感和归属感都能帮助提升幸福感。一项针对荷兰和中国儿童的研究发现，比起接受他人的帮助，与人分享、帮忙解决他人问题都会让两个不同文化背景下的儿童感到更快乐。2019 年发布的一项来自全世界超过 100 万人的数据也表明，亲社会支出中的慈善捐赠与生活满意度存在关系。此外，研究也发现，把钱花在他人身上的人比把钱花在自己身上让人感到更愉悦。

（2）降低压力和痛苦。

神经科学研究发现，经常做出亲社会行为的人的皮质醇水平更低，而皮质醇与负面情绪密切相关，这说明在一定程度上亲社会行为可以有效降低压力、焦虑等消极情绪。利他行为还能够降低人们对疼痛的感受。在一项实验中，研究者先让被试进行了疼痛测试，接着部分被试被要求将实验报酬捐给地震受灾者，其他被试将同等报酬收入囊中，最后再进行一次疼痛测试，发现做出捐款行为的被试的主观疼痛感明显低于没有捐款的被试。前扣带皮层背侧和双侧脑岛对电击的痛苦反应也明显减少，说明了亲社会行为能够缓解身体疼痛。

（3）促进关系和自尊。

亲社会行为可以为人们带来声誉，提升在他人心中的形象。如果一个人做出了善举,被帮助的人会表示感激,旁观者也会给予赞扬、尊重和信任,进而这个人会收获好名声。久而久之,也会提升一个人的自尊和自我价值感。但是也有研究发现,并不是所有做出亲社会行为的人都能获得他人的好评,尤其是如果旁观者感知到帮助者是出于自利、自我提升的目的而做出的帮助行为,就会降低对帮助者的好感。例如当旁观者观察到一个人因为捐赠行为收到了他人的礼物,会降低对他亲社会的认可。甚至当一个人做出帮助他人的决定过程时花费时间太久,或者没有表露出积极的情绪,也会被认为不是诚心想要帮助别人。还有研究发现,比起帮助低权力的人,帮助高权力的人会受到更多质疑,因为这可能会涉及对利益的追求。

4. 亲社会行为的测量

亲社会行为的研究方法主要包括他人报告法、问卷法和博弈任务,其中最常用的是问卷法。

(1)问卷法。

问卷法主要通过亲社会倾向量表(prosocial tendencies measures)进行测量。该量表由加利福尼亚大学教育学院教授 Carlo 等人编制,涉及六种类型的亲社会行为倾向,即在公共场合产生亲社会行为的倾向、匿名的亲社会行为倾向、利他的亲社会行为倾向、模仿他人做出亲社会行为的倾向、紧急的亲社会行为倾向、在激动的情况下做出亲社会行为的倾向。因此,该量表包括公开、匿名、利他、依从、紧急、情绪性六个维度,共 23 道题,采用 1～7 点计分,得分越高,人们对亲社会倾向越高。北京师范大学的寇彧教授以青少年为样本对 Carlo 的亲社会倾向量表进行了修订,形成了青少年亲社会倾向量表,具有非常高的信效度。

张庆鹏等人通过焦点访谈、主观评定等方法,建立并验证了我国青少年群体认同的四种亲社会行为,分别是利他性亲社会行为、遵规公益性亲社会行为、关系性亲社会行为和特质性亲社会行为。利他性亲社会行为是指为了他人利益而付出代价的行为,比如见义勇为;遵规公益性亲社会行为主要涉及遵守社会规范、重视集体公众的行为,比如尊老爱幼;关系性亲社会行为主要是建立和维护社会交往中积极关系的行为,比如谦让他人;特质性亲社会行为则是反映自身良好品质的行为,比如表现慷慨。据此,他们编制了适合我国青少年的亲社会行为问卷,共有 15 道题,每道题为 1~7 点计分,得分越高,表示该题目对应的亲社会行为表现越好。

为方便读者朋友们测量亲社会倾向,我们提供了寇彧教授的亲社会倾向量表供大家进行自我测试。详见表 6.2。

测一测

指导语:请仔细阅读下面的一些描述,根据您的真实情况,选择合适的选项作答。

表 6.2　亲社会倾向量表[①]

单位:分

题号	题目	非常不符合	比较不符合	不确定	比较符合	非常符合
1	当有人在场时,我会竭尽全力帮助别人	1	2	3	4	5
2	当我能安慰一个情绪不好的人时,我感觉非常好	1	2	3	4	5
3	当别人请我帮忙时,我很少拒绝	1	2	3	4	5
4	在有人围观的情况下,我更愿意帮助别人	1	2	3	4	5
5	我倾向于帮助那些真正遇到麻烦急需帮助的人	1	2	3	4	5
6	在很多公众场合中我更愿意帮助别人	1	2	3	4	5
7	当别人请我帮忙时,我会毫不犹豫地帮助他们	1	2	3	4	5
8	我更愿意在匿名的情况下捐款	1	2	3	4	5
9	我倾向于帮助那些严重受伤或患病的人	1	2	3	4	5
10	我捐钱捐物不是为了能从中有所获益	1	2	3	4	5

[①] 寇彧,洪慧芳,谭晨,等.青少年亲社会倾向量表的修订[J].心理发展与教育,2007(01):112-117.

续表

题号	题目	非常 不符合	比较 不符合	不确 定	比较 符合	非常 符合
11	当别人求我帮助时,我会很快放下 手头的事去帮助他	1	2	3	4	5
12	我倾向于帮助那些需要 帮助的人而不留名	1	2	3	4	5
13	我倾向于帮助别人,尤其是 当对方情绪波动的时候	1	2	3	4	5
14	在有人看见的情况下, 我会竭尽所能帮助他人	1	2	3	4	5
15	当别人处于饥寒交迫时, 我会很自然为他们提供帮助	1	2	3	4	5
16	大多数情况下,我帮助别人不留名	1	2	3	4	5
17	我投身志愿服务付出时间精力, 不是为了获得更多回报	1	2	3	4	5
18	我在他人情绪激动的情境中 更有可能去尽力帮助他	1	2	3	4	5
19	当别人要求我帮助他们时, 我从不拖延	1	2	3	4	5
20	我认为在当事人不知道的情况 下给予帮助是最好的	1	2	3	4	5
21	在让人情绪激动的情境中,我更想 去帮助那些需要帮助的人	1	2	3	4	5
22	我常在别人不知道的情况下给 予捐助,因为这样让我感觉很好	1	2	3	4	5
23	我帮助别人不是为了将来他们 相应地回报我	1	2	3	4	5
24	当别人提出要我帮忙时,我会尽 我所能地帮助他们	1	2	3	4	5
25	我经常帮助别人,即使从中得 不到任何好处	1	2	3	4	5
26	当别人心情很不好的时候, 我常常帮助他们	1	2	3	4	5

计分方式：

将每道题的得分相加,得分越高,表明亲社会倾向越高。

(2)博弈任务。

研究者设计了许多博弈任务来测量人们的亲社会行为,常见的博弈任务有最后通牒游戏、独裁者游戏等。

最后通牒游戏中,分配者和响应者将共同拥有一笔资金,受测者的角色是分配者。分配者会提出一种资金分配方案,响应者有权选择接受或拒绝这一分配方案。如果选择接受,则按照这一方案进行分配;如果选择拒绝,则双方收益均为0。当给他人分配的资金越多,就表示受测者具有更高的亲社会水平。

独裁者游戏中,假设你是一笔钱的分配者,而钱的接受者往往是虚拟人物,需要你在不同的方案之间作出选择,接受者无法拒绝你的方案,最后研究者会根据虚拟人物获益的多少来衡量你的亲社会行为水平。同样,虚拟人物获得越多的钱,就代表你越为他人考虑,亲社会水平越高。

二、青少年的亲社会行为

1. 青少年亲社会行为的特点

国内研究发现,从小学到高中,青少年亲社会行为表现出随着年龄增长先上升、后下降的趋势。这是因为小学后期阶段儿童认知能力快速发展,进行亲社会行为所需要的观点采择、共情以及道德推理等能力得到提升,使得他们会考虑人际亲疏,感知到他人的需要,做出帮助、合作等行为。而小学后期到高中的阶段,随着学业压力的激增,导致青少年处于成就取向的高压环境中,让人变得功利,也消耗了更多用于抵制诱惑的自我控制资源,从而可能没有时间和精力进行亲社会行为。新型冠状病毒感染发生后,研究者做了一项研究,发现青少年会将更大比例的资源分配给新冠患者和医护人员,而不是朋友,说明此时青少年在进行亲社会行为时,会考虑到更多因素,比如他人的需求。但这种对有需要的人的帮助行为在儿童阶段是最多的,在后续青少年发展过程中呈下降趋势。

2. 青少年亲社会行为的影响因素

(1)个人因素。

①性别。关于亲社会行为是否存在性别差异,存在不同结论。有研究表

明女生往往会比男生表现出更多亲社会行为,可能原因是社会和父母对性别的期待不同,导致男生在青春期更加勇敢粗放,女生则更为体贴细心。

②利他主义人格。相对于利己主义,具有利他主义人格的人们倾向于帮助别人,比如全国道德模范张桂梅,她扎根云南,倾尽全力帮助孩子们获得教育资源,将他们视如己出,引导树立正确的人生观、价值观。

③道德自我形象。道德自我形象是人们对自身道德程度的感知。如果我们刚做了一件好事,可能会认为自己更加道德,即此时的道德自我形象得到提升,进而会提升我们之后从事道德行为的倾向。有研究发现,道德自我形象越高,亲社会意愿和行为越强。但是积极的道德自我形象可能会让人们产生道德许可,即允许自己从积极的道德形象中解放出来做更多利己不利人的行为。日常生活中,青少年会经历许多道德相关的事件,道德自我形象也会随着这些经历产生波动,对亲社会行为的发生会带来许多不确定性。

④内疚和羞耻。当自身的行为对他人产生伤害,并认为自己对行为负有责任时,便会产生内疚;当做出负面行为后,觉得真实自我与理想自我有差距,对自己产生贬低,即羞耻。举个简单例子,当孩子在学校里与同伴发生争执打闹,他可能意识到自己对他人造成了伤害,看到小伙伴流泪也会认为自己不应该这么做,就会产生内疚情绪。但是,如果此时老师和家长一味指责孩子,将其行为与他的人品和性格联系在一起,那么他可能就会产生羞耻感,对自己产生怀疑和否定。

大量研究证据表明,内疚能够促进合作等亲社会行为。一方面,感到内疚的人会出于维护公平的动机表现出更多合作。例如当唤起初中生的内疚情绪后,他们分配给搭档的资源显著高于分配给自己的,即内疚对两人情境中的公平行为产生了积极影响。另一方面,为了修复人际关系获得他人认同,内疚的人也会更想要补偿他人,而合作行为是一种重要的补偿方式。“负荆请罪”的典故就展现了类似的过程,廉颇不服蔺相如地位高于自己,扬言要让其难堪,但在听闻蔺相如是因为以大局为重而避免与自己争斗时,廉颇感到极其内疚,故“肉袒负荆,因宾客至蔺相如门谢罪”,并与其同心协力保卫赵国。

羞耻是否能带来更多亲社会行为,研究者们莫衷一是,有研究发现羞耻会减少或不会影响合作行为。但也有许多研究认为,感到羞耻的人往往会出于释放消极情绪、维持积极的自我形象和声誉等原因,做出更多合作行为。

⑤自恋。自恋也是一种人格特质,自恋的人往往会比较浮夸和傲慢,认为自己优于他人,缺乏同情心。因此,自恋的人可能对他人的需要不敏感,表现出较少的亲社会行为。但从另一个角度来看,自恋者往往会寻求他人认可和钦羡来保持自我的优越感,如果可以通过亲社会行为在他人面前表现自己,获取他人好感和尊重,自恋者可能也会进行更多亲社会行为。研究者发现,在公开的情境下,在男性青少年群体中高自恋者比低自恋者做出更多的亲社会行为,在女性青少年群体中则不存在高自恋与更多公开亲社会行为的联系;而在非公开的情境下,男性高、低自恋者的亲社会行为没有差异。

(2)家庭因素。

①家庭功能。家庭功能是指家庭作为一个整体所具有的功效,包括解决家庭问题、制订家庭规则、分配任务等。这些家庭功能如果没能较好地执行并完成,则可能导致家庭成员出现各种身心健康问题。研究发现家庭功能和青少年的问题行为存在负相关,良好的家庭功能能够预测个体的亲社会行为,具体来说,如果家庭成员在日常生活中各司其职,并且能够相互理解、彼此关注、情感反应及时,家庭总功能表现良好,那么生活在这样家庭中的个体会在生活中更加友善、助人。

②母亲的语言支架。什么是母亲的语言支架?我们都知道亲子之间会有许多对话,尤其是共同对过去发生的生活事件进行回忆和交流,而语言支架就是指母亲在叙事过程中给孩子提供的引导性语言。研究者根据详尽性水平,将母亲语言支架分为高详尽风格和低详尽风格。高详尽风格指母亲在与孩子谈论事件的时候会叙述更多丰富生动的细节,对儿童回忆的信息及时做出反馈和表扬,且常采用开放式提问,如"是什么""在哪里""怎么样"等问题,用这种方式来引导儿童表达自己的观点;低详尽风格的母亲则在叙事过程中省略信息细节,提出较少或者冗余的问题,常采用封闭式提问,如"是吗""有问题吗",且忽视儿童,仅从自身角度推动故事发展。

研究者发现详尽风格的语言支架会创造温暖的氛围,引导儿童和青少年将回忆中传达的情绪和道德信息内化。母亲对消极情绪的接收和理解也能让儿童和青少年体验到他人的认同,提升对父母的安全感和信任感,并有助于儿童建立亲社会的关系。此外,有效的语言支架还能提高理解他人情绪的能力,进而能表现出更多助人、分享和安慰等亲社会行为。

③同胞冲突。同胞冲突是指具有相同生身父母的两个或多个人之间的冲突,常见的冲突形式有言语冲突,比如争吵辱骂;身体冲突,比如挑逗打架;心理虐待,包括威胁、排挤、嫉妒等。我国自古以来就非常重视和谐的同胞关系,如《诗经》中的"兄弟阋于墙,外御其侮",《史记·五帝本纪》中的"兄友弟恭",同胞冲突不仅破坏了同胞之间的亲密关系与和谐的家庭氛围,而且还会影响个人的发展。兄弟姐妹之间的敌意、冲突会泛化到对待他人的行为中,可能产生更多反社会行为。

④父母养育倦怠。养育倦怠是由于长期的养育压力而产生的消极状态,主要包括三个方面:一是产生耗竭感,在父母角色中投入太多精力而疲惫,典型的表现是一想到照顾子女的问题,就疲惫不堪;二是与子女间变得疏离,由于想要摆脱父母的角色,会有意减少与子女的情感交流和付出;三是低效能感,由于长期的压力,无法从父母角色中获得成就感。青少年身心发展处于快速变化阶段,一旦亲子沟通不畅,亲子冲突频繁出现,就可能会导致养育压力和倦怠。研究者指出,父母养育倦怠程度越高,会表现出更多易怒等负面情绪,忽视子女的情感需求,久而久之让青少年表现出更低的共情能力,进而对他人会有更少的亲社会行为。

(3)同伴因素。

心理学家阿希(Asch)通过线条长短判断实验,发现当人们处于一个群体之中,会跟从群体内其他成员的选择,即使他人的选择是错误的,也就是说人类存在着从众行为。"人云亦云""随大流"说的就是这种情况。除了可能产生不良影响外,从众也会带来积极结果,比如许多研究发现,从众会使得捐赠行为、公平互惠行为、保护环境等亲社会行为增加。青少年群体最常接触的群体就是同伴,他们会模仿同伴的行为,亲社会行为也不例外。研究发现,当中学生看到同伴愿意参加社区志愿者工作时,他们也会更愿意参加志愿者活动。国外一项追踪研究发现,交往不良同伴能够预测青少年随后几年的攻击、暴力行为。可能的原因是青春期的人们由于尚未建立稳定的自我,更容易盲从他人,他人的不良行为会扭曲自身的道德认知,产生如"朋友都这么做，我也可以这么做"的错误想法，合理化自身的不道德行为，从而减少亲社会行为的发生。

（4）社会因素。

①物质主义。近年来，物质主义（materialism）在社会中盛行，它是一种价值观念，强调物质财富对于人们生活的重要性。物质主义在一定程度上会激励人们认真工作，推动社会经济发展，促进人们生活质量的提高。但另一方面，大量研究发现，物质主义会降低人们的幸福感，导致亲社会行为减少。物质主义强调自我提升，这与亲社会行为所强调的自我超越相互对立。通过情境实验启动物质主义后，人们会花费更少的时间帮助他人。使用奢侈品后的人与他人分享更少的资源，也更少为慈善事业捐款。现场研究也发现，相较于路人，从奢侈品店里走出来的顾客会更少提供帮助。如今，青少年群体中不乏炫富、奢侈消费的现象，也不可避免地受到物质主义的影响，社会责任意识淡漠，具体表现为环保意识薄弱和较少的公益行为。

②网络世界。如今人们喜欢徜徉在网络世界，在网上关注社会事件，评判对错是非。因此，也出现越来越多的网络利他行为，比如在网上祝福别人、安慰他人、分享经验、捐款等。虚拟社交的匿名性、非面对面的交流等特点会使得人们更愿意展示自己，更愿意与他人交流，会主动为陌生人提供建议或帮助。网络的时空没有限制，又使得网络利他行为的受众比现实中更多，因此，人们在网络中会比现实生活中更乐于帮助别人。

三、家庭仪式与青少年亲社会行为

1. 家庭仪式与亲社会行为

家庭仪式是青少年亲社会性发展的重要文化媒介。与一般的家庭活动不同，家庭仪式具有动作的程式化、意义的象征性、行为的非功能性等各类仪式的通用特征。在不同社会中，每个家庭都有自己独特的仪式活动，但其背后均通过程式化的动作或行为象征性地展示并传递人际规范、价值取向和道德准则。因此，家庭仪式作为一种家庭文化的展示媒介，能够用于培育青少年的亲社会行为。

据《礼记·内则》记载，早在先秦时期就强调家庭日常饮食活动中的孝节礼仪。比如，当有老人一同进餐时，人们需考虑老人的饮食习惯，尽量选择易咀嚼、易消化的食物。先秦时期的饮食活动中还讲究长幼尊卑秩序，提倡谦恭守礼的宴饮态度，反对饮酒失德。这在一定程度上促进了长幼有序、养老敬老，以及谦恭守礼的社会教化。

家庭仪式中的传统庆典更是民族精神的折射、文化理念的凸显，以及价值观的彰显。正如《乌合之众》所提及的，传统是控制我们内心最深处的无形主人，会指引着人类。例如，春节来临时我们大概率要回家过年。为什么春节有如此强的吸引力？因为春节作为一种家庭仪式具有极强的象征意义，代表着中华儿女共同的价值准则，象征着集体的文化记忆。比如每年的除夕守岁，全家共聚一堂、叙旧话新的过程促使家庭成员在团聚中体验浓浓的亲情和孝道；新春拜年之时，亲朋好友之间互送祝福的过程是在教育人们尊老爱幼、与人为善、和睦相处。每一个民俗都传递着象征意义，这些意义为理解家庭价值观、社会公序良俗提供了道路。

端午节是一年中重要的时点，在这一天，我们会包粽子、赛龙舟、插艾叶等，体现祈福平安、驱邪消灾和自然崇拜，同时也传承着中华民族的精神。通过共度端午，让孩子学习屈原的诗歌，引导孩子理解"后皇嘉树，橘徕服兮"扎根故土、矢志不渝的爱国之心；"长太息以掩涕兮、哀民生之多艰"心系民生的为民情怀；"路漫漫其修远兮，吾将上下而求索"积极进取的精神。长此以往，让孩子习得为集体奉献的品德。

再如重阳节，中国传统四大祭祖节日之一，提醒我们要善待、关爱和尊重老人。孝是儒家伦理思想的核心和千百年来中国社会维系家庭关系的道德准则，甚至在汉代，"举孝廉"是选拔官吏的一种制度。父母通过大大小小的仪式从小培养孩子关爱和谦让老人的品德，如见面道别时鞠躬行礼，吃饭时长者先动筷子，为长辈倒茶敬酒时起身等。孩子也将这些优良美德泛化到接待他人的行为中。

因此，传统节日是以中华民族文化为根基的极具价值性的物质文化活动和精神感受，还为教化育人提供了宝贵的资源。

为了探讨家庭仪式与青少年亲社会行为的关系，浙江大学心理系的林铭在杭州市一所高中对1391名学生进行了问卷调查。学生年龄为16～18岁，其中男性 660 名,女性 731 名。调查结果见表 6.3。

表 6.3　家庭仪式与青少年亲社会行为的关系

预测变量	结果变量			
	亲社会行为		亲社会行为	
	β	t	β	t
性别	0.059	2.190	0.024	0.926
家庭仪式	—	—	0.304	11.803***
F	4.795**		139.318***	
R^2	0.003		0.093	
ΔR^2	0.003		0.091	

注:***,$p < 0.001$。

由表 6.3 可以看出,家庭仪式能够显著正向预测高中生的亲社会性,即家庭仪式参与度越高,则青少年的亲社会行为越高。

2. 家庭仪式、社会联结与亲社会行为

社会联结(social connectedness)是人们与他人联结程度的感知,是归属感的重要成分。家庭仪式有助于提高青少年的社会联结。家庭仪式具有多样的互动场景,比如晚餐和周末出游,当孩子们亲身参与到各种仪式中,能体会到仪式所象征的价值观和道德规范,从而产生相应的情感。如一个孩子的父母在晚餐时让老人坐上座,这个孩子就能意识到上座意味着受人尊敬,从而学到尊老的礼节,这为青少年形成较高的社会联结提供了基础。再如家庭举行丧葬仪式,穿戴孝服、参加仪式流程,会自然地将成员团结在一起,有效地重塑家庭内部关系,并为关系提供道义上的支持,表现在维护继承者继承逝者财产的正当性地位,以及保持子女与逝者的亲属关系、子女与家族其他成员的关系。青少年参与其中,能够把平时忙于学业,少有见面的同辈重新联结起来,强调了家庭内部血缘关系的团结和对家庭/家族的认同。

由于家庭仪式并不是一次性的活动,而是周期重复的,如每年家长可能都会为孩子庆祝生日。长此以往,这就会成为家庭成员间的共同记忆和情感体验,这种稳定、重复的集体经验和情感会拉近家庭成员间的距离,也会带给人安全感,进而增强青少年的社会联结感。久而久之,家庭塑造的社会联结

感会泛化到家庭之外,会让青少年更容易信任他人、友好待人,表现出更多助人、合作行为。

因此,社会联结有可能在家庭仪式和亲社会行为的关系发挥中发挥中介作用,即家庭仪式会影响青少年的社会联结,进而影响亲社会行为。林铭对数据进行了分析,结果如图 6.1 所示。

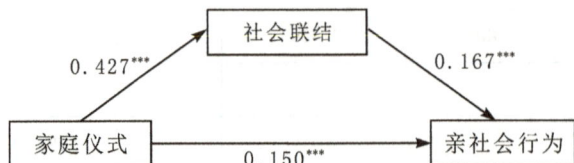

图 6.1 社会联结在家庭仪式与青少年亲社会行为关系中的中介作用分析

从图 6.1($***$ 表示 $p < 0.001$)可以看出,家庭仪式能够正向预测青少年的亲社会行为,并且社会联结在其中起到中介作用,也就是说,青少年的家庭仪式参与度越高,社会联结感越强,进而提高亲社会行为。

3. 家庭仪式、生命意义感与亲社会行为

青少年时期会面临同一性混乱的难题,即他们想要努力确立自己的价值观和自我认知,但往往会受到阻碍。比如在以成绩论成败的环境里,不适应应试教育的学生难以感受到自身的价值,从而降低他们的生命意义感。家庭仪式则可以为青少年提供生命的意义。在前面章节中,我们发现生命意义感在家庭仪式与自尊、自我控制、孤独感、友谊质量之间均发挥着中介作用。那么,家庭仪式是否有可能提高生命意义感,从而促进青少年的亲社会行为的发展呢?

随着世易时移,家庭的人和事都会发生变化,唯有价值和意义能够亘古流传,帮助个体认识世界,从而拥有生命意义感。拥有高生命意义的个体,也拥有丰富的心理资源和更强的维持生命意义的动机,更容易做出亲社会行为。对生命意义感有高追求的个体,更渴望与他人建立联结从而获得生命意义感,因而表现得更友善。总而言之,一个能在生活中感受到意义的高能量个体更愿意向外辐射能源,把自己的积极感受传递给他人,有更高的助人意愿。

因此,生命意义感可能在家庭仪式和亲社会行为的关系中发挥中介作用,即家庭仪式会影响生命意义感,进而影响亲社会行为。林铭对数据进行

了分析,结果如图 6.2 所示。

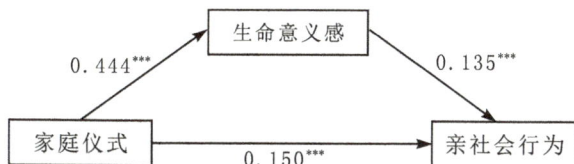

图 6.2 生命意义感在家庭仪式与青少年亲社会行为关系的中介作用分析

从图 6.2($***$ 表示 $p<0.001$)可以看出,生命意义感在家庭仪式对亲社会行为的影响中起到中介作用,也就是说,青少年的家庭仪式参与度越高,生命意义感越强,进而提高亲社会行为。

四、分析与启示

我们调查发现,个体参与家庭仪式的程度越高,亲社会行为越明显。生态系统理论认为,个体的发展受到多个环境系统的影响,青少年的心理与行为是人与环境相互作用的结果。在经年累月的模式化流程和规律重复中,仪式承载的价值观可以潜移默化地影响个体的心理特征和行为模式,个体会表现出更多亲社会行为。青少年正处于儿童向成人的过渡时期,是道德发展的动荡时期,通过长期与家庭成员一同参与和构建家庭仪式,能够帮助青少年更好内化仪式承载和象征的价值观和文化,以促进道德养成和亲社会发展。

我们还发现,家庭仪式对青少年亲社会行为的正向关系是由社会联结和生命意义感的中介关系所介导的。由良好的家庭仪式塑造起来的紧密家庭关系有助于提升家庭成员的自我认同,接受家庭仪式所传递的价值体系,从而提升生命意义感。当青少年参与家庭仪式时,会受到仪式中具体的符号和行为的影响,从而会进一步激发个体的行为和目标,去寻求仪式象征的意义,构建生活的连续性和感觉统合。从发展性的角度来看,找到意义能够促进青少年自我同一性的发展及帮助其渡过同一性危机。

本研究能给我们带来以下两方面的启示。

一是与我们前面的研究类似,本研究揭示的家庭仪式对青少年亲社会的积极作用,提醒我们及政策制定者对家庭仪式和家庭文化的重视。中华民族自古以来就重视家庭,个人发展和社会和谐都离不开优良的家庭建设。在社会转型时期,互联网的便捷性和人口的流动性使家庭仪式及其价值受到忽视,使个体缺乏稳定的归属感和认同感。我们可以借助家庭仪式来促进个体发展,增强人际互动,增进文化价值观的认同。

二是本研究为父母和教育从业者提供了促进青少年亲社会行为的思路。例如,我们研究发现,男生的家庭仪式参与度显著低于女生,可能是因为父母往往会对女生给予更多情感上的沟通和支持,可见,情感承诺也是家庭仪式的重要组成部分。本研究的结果启示我们在家庭仪式上不可有"穷富"的差别。此外,高家庭社会经济、社会地位的父母会有更多家庭仪式,可能是因为他们有更多时间和精力可以投入到孩子的教育中。但是家庭仪式有多种类型,小到家庭日常活动,大到传统节日,即使家庭社会经济地位低的父母仍可以通过定期投入力所能及的家庭仪式,比如一起吃晚餐,共度周末等,给予孩子情感支持,传达价值观,长此以往可以促进青少年的道德发展。

第七章 家庭仪式的当代建设

> 家风家教是一个家庭最宝贵的财富,是留给子孙后代最好的遗产。
>
> ——2022 年 6 月 8 日 习近平总书记在四川考察时强调

第一节　家庭仪式的发展趋势

一、营造家庭仪式的良好环境

在前面的章节中,我们从个体的视角出发介绍了问卷调研的发现,揭示了家庭仪式在青少年成长中的积极作用,如家庭仪式能够提高青少年的幸福感,促进青少年自尊的发展等。家庭仪式的发展,需要理论研究者的深入探讨,也需要应用研究者探索在不同领域的广泛应用。作为我国传统文化的重要组成部分,如何传承家庭仪式这一传统文化形式,更好地发挥家庭仪式的教育成效,还需要在法律法规、政策制度上给予保障,以及社会和学校对家庭仪式的重视与支持。

与家庭教育相关的法律和政策的颁布为家庭仪式的普及提供了扎实的基础。在法律层面,家庭教育得到切实重视。《中华人民共和国家庭教育促进法》(以下简称《家庭教育促进法》)的颁布为促进未成年人健康成长和全面发展提供了法治保障。其中,《家庭教育促进法》的第一条"为了发扬中华民族重视家庭教育的优良传统,引导全社会注重家庭、家教、家风,增进家庭幸福与社会和谐,培养德智体美劳全面发展的社会主义建设者和接班人,制定本法。"开宗明义地提出要引导社会注重家庭、家教、家风建设。家庭仪式作为传播传统文化的重要媒介,是塑造优良家教家风的重要途径,《家庭教育促进法》为家庭仪式的建设与推广提供了法律依据。在政策层面,《关于指导推进家庭教育的五年规划(2021—2025年)》(以下简称《规划》)提出,到2025年要形成更加完善的家庭教育相关制度体系。《规划》的根本目标是构建覆盖城乡的家庭教育指导服务体系、健全学校家庭社会协同育人机制、促进儿童健康成长。《规划》为家庭教育的发展提出了具体可行的目标和方案,作为家庭文化的教育媒介,《规划》为家庭仪式的建设与推广提供了政策保障。

目前,国家十分重视家庭教育,而家庭仪式所特有的象征意义是最容易实现家庭教育功能的。因此,家庭仪式作为家庭教育的重要手段,有待被纳入相关教育、管理部门的工作中,切实推进家庭仪式的普及与开展。

1. 家庭仪式建设融入家庭教育指导服务体系

《家庭教育促进法》规定了协同各方的责任,需要有关部门制定全国家庭教育指导大纲,各地区也要组织编写适合当地实际的家庭教育指导读本,制定相应的家庭教育工作规范。考虑到大众可能对家庭仪式认识不足,为了有效发挥家庭仪式的作用,可以将家庭仪式的相关内容融入家庭教育体系建设中,以指导大纲和规范的形式系统、有序地推广。

2. 家庭仪式建设纳入基层社会治理体系

目前,国家在不断推进基层社会治理体系建设,要求统筹协调各部门资源,提供覆盖城乡、公平优质的家庭教育指导服务体系。在发展相对落后的农村地区有很多留守儿童,城市里也有流动儿童,他们的父母工作繁忙,难以给予必要的家庭教育指导,有些孩子出现厌学,有些甚至游戏成瘾等,迫切需要对他们的父母给予家庭教育方面的指导。考虑到家庭仪式在促进青少年发展方面的积极作用,在基层提供家庭教育指导过程中,可以纳入家庭仪式方面的教育内容。依托城乡社区综合服务设施、文明实践所站、妇女儿童之家等建立家长学校,组织普惠性的家庭教育和家庭仪式的服务活动。

3. 家庭仪式建设纳入社会心理服务体系

家庭仪式的建设可以借助当地的社会心理服务平台。社会心理服务平台既可以普及和推广家庭仪式,也可以将家庭仪式作为一项社会心理服务,促进社区居民的家庭和谐和儿童青少年发展。各级政府可以设立专项资金,支持家庭教育专业机构和社会心理服务专业机构开展社会心理服务活动,将家庭仪式建设作为重要内容纳入其中。

4. 打造家庭仪式的"互联网＋家庭教育"平台

充分利用互联网、人工智能等技术的优势,推动家庭教育的传播和应用。例如,政府、学校联合开发面向家长的知识课程、家庭专栏、家校沟通渠道等,让家长能够快速、有效地获取家庭教育理念和经验。家庭仪式的发展也将依托开放共享的信息化平台,通过图文、视频、虚拟现实等方式让更多家长学习和实践。

二、促进家庭仪式与学校教育协同发展

孩子的健康成长离不开学校和家庭的相互合作,双方要发挥合力作用,共同创造良好的教育环境。教育学家苏霍姆林斯基提出:"没有家庭教育的学校教育和没有学校教育的家庭教育,都不可能完成培养人这一极其细致而复杂的任务。"交叠影响域理论认为,影响学生发展的主体包括家庭、学校和社区,三个主体不仅对学生产生独特作用,还存在着交叠影响。家庭仪式要想发挥促进青少年成长的积极作用,更有必要与学校教育共同合作,协同发展。

1. 学校促进家庭仪式的开展

(1)学校组织开展家庭仪式的家长课堂。

依托家校平台,学校可以为家长提供关于家庭教育和家庭仪式流程的科学、规范的指导。在定期开设的家长课堂上,学校可以设计以家庭仪式为主题的不同课程案例,融入家庭仪式的科普性和指导性课程。一方面,教师可以通过口头授课来传授家庭仪式的知识,介绍古今案例,还可以通过组织趣味性活动来模拟家庭仪式,帮助家长形成适合自己家庭特点的实践方案。在课后,教师可以布置适量的家庭仪式任务,让家长有目标地学习和实践,使家长意识到家庭仪式的重要性和一般规范。另一方面,家长在家庭仪式的实践过程中遇到了问题,可以在家长课堂上向教师请教。教师也可以组织其他家长一起以案例讨论的形式,帮助有需求的家长复盘、改进自己的家庭仪式。

(2)完善家校沟通渠道,推广家庭仪式。

当前,传统的家长会是学校和家长较为普遍的沟通形式。在家庭教育愈

受重视的背景下,学校需要建设更多有效的家校沟通渠道,如家长座谈、学校开放日、家长信箱等。学校可以利用这些沟通渠道,开展家庭仪式的宣传教育工作。在每学期的第一次家长会和家长座谈会上,除了和家长沟通孩子的学业情况、生活情况外,还可以发放问卷了解每个家庭的家庭仪式开展频率、形式、参与质量和完善意愿,根据这些材料,在后续的家长会或座谈会上,教师可以针对每个家庭的情况单独进行指导。学校还可以帮忙搭建家长间的沟通渠道,让不同家庭分享自身经验,为大家提供参考,促进家庭仪式的传播。

(3)家庭仪式融入学校课程。

不同于儿童时期的孩子会无条件地接受家庭对自己的影响,青春期的孩子自我意识开始萌芽,会对比自己的家庭环境和别人的有什么不同,开始拒绝某些家庭因素对自己施加的影响,有可能产生亲子矛盾。学校可以将家庭教育和家庭仪式的科普活动穿插在心理健康等教育课程中,让学生有机会了解家庭仪式。学校还可以开设家庭仪式的社团课程,吸引对自己的家庭有反思、好奇的学生参与课程活动,学习改善家庭环境的有趣仪式,也可以鼓励学生在课堂上分享自己家庭中的仪式和自己在其中的感受、期望,教师可以借此探讨家庭的动力和压力因素,帮助学生正确看待家庭因素对自己成长的影响。

2. 家庭仪式助力学校教育

(1)家长通过家庭仪式促进学校教育。

对于学校的教学内容,家长可以针对性地开展家庭仪式加以补充。如孩子下个学期要学习《记金华的双龙洞》,家长们可以在周末安排一次家庭出游,提前带孩子去参观双龙洞,从而加深孩子对课文内容的印象。对于学校的课余活动,家长也可以开展家庭仪式给予配合。例如运动会、艺术节是学校生活必不可少的活动,既能锻炼学生的各项能力,还能促进师生关系。家长可以设定家庭运动日、周末节假日,带孩子参观博物馆,体验学习绘画、舞蹈等活动,让孩子耳濡目染,从而在学校能够自如地参加各项活动。

(2)家庭仪式与教育仪式的有机衔接。

学校仪式往往是教育仪式,是学校组织开展、师生共同参与的具有固定的流程、象征性意义的仪式活动。与家庭仪式一样,学校仪式也有利于孩子习得规范、构建自我、促进交往等。学校仪式源远流长,古代的拜师仪式就蕴含着尊师重道的伦理内涵。在学校里,升旗仪式、开学典礼、毕业典礼等都是典型的学校仪式。家庭教育和学校教育的目的是高度一致的,作为教育孩子的不同方法,家庭仪式和学校仪式也可以协同开展,共同促进学生发展。

在教育过程中,家庭仪式可围绕教育仪式的内容而协同开展。学校在每个新学期都要举行开学典礼,传递不同的教育主题,代表着学校、老师对孩子的期待,促使孩子们对新学期产生新期望。如果在新学期的开端,家庭也能够开展一项家庭仪式,如家长给孩子写一封期望信,在家庭内庆祝孩子的开学,与孩子共同商讨新学期的计划,就能够让孩子感受到来自家庭和学校的支持,对未来产生更强的期待。

在教学过程中,家庭仪式可以围绕教育仪式的目标而有机开展。以生命意义感教育为例,中学生在探索和反思"我是谁"的同时,还会进一步思考"我的生命意义是什么?"一些中学生往往面临所谓的存在主义忧虑,很多家长只关心孩子的学习,孩子们在家长的督促下每天都忙于学习,有时候他们会思考学习是为了什么? 很多孩子在游戏中寻求意义,而游戏中的生命可以复活,但现实生活并非如此,对于孩子而言,生命只有一次。因此,生命意义观、生命观的教育势在必行。按照恐惧管理理论(terror management theory)和弗兰克的意义疗法,生命的意义也是青少年寻求自我价值和自尊的根源。生命意义过于抽象,仪式却可以帮助他们将生命意义揭示出来。在学校教育中,老师可以设计一些具有代表性的教育仪式,如参照自我价值确认(self-affirmation)方案,形成自我确认的仪式,强化学生"我是唯一的、独特的存在"的观念。老师也可以通过"我是谁"的方法,通过追问"我从哪里来的",要求学生探索自己的姓氏历史、家族历史,帮助学生形成自我在历史延续中的位置,从中体悟自我的存在意义。而在家庭仪式中,家长可以针对自己的家庭,告诉孩子自己的家族、家庭的历史脉络,让孩子更为具体地感悟到自己在家庭发展中的位置,形成自己的存在意义。

(3)利用家庭仪式的治疗作用促进学校心理辅导工作。

研究者认为,家庭仪式是家庭环境的重要组成部分,是家庭关系动力的外化表现,同时,良好规律的家庭仪式有利于创造健康的家庭环境,促进青少年的身心健康发展。心理咨询中的家庭治疗方法也往往采用仪式化的家庭成员互动技术,来改善家庭动力。因此,学校在心理辅导工作中可以利用家庭仪式的治疗作用,在危机干预或针对有行为和心理问题的学生进行的"家长—学校—学生"多方会谈中,让父母和孩子参与到仪式化的互动情境中(如角色互换),揭示家庭的动力结构,化解家庭矛盾。

三、形成家庭仪式的基本理论

家庭仪式的象征性意义是根植于特定的文化土壤的,一些传统节日,如重阳节、端午节等背后的价值与含义只有在我国的文化中才能被解释和接受,而圣诞节则需要在西方的宗教背景下才能被解释。这也是为什么圣诞节在我国变成了购物节或者类似于情人节的节日。因此,有必要基于我国的文化背景,探索家庭仪式与青少年成长的解释性理论。在本书中,我们从自我发展、身心健康、人际关系和道德发展四个主题出发,以中学生为对象,采用问卷调研的实证方法,探讨了家庭仪式对我国青少年成长的积极作用及其机制,形成了如图 7.1 所示的家庭仪式的整合性模型,为构建家庭仪式的基本理论做了初步的探索。

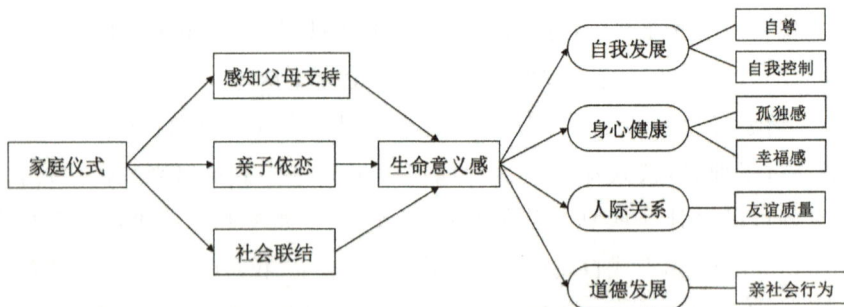

图 7.1　家庭仪式的整合性模型

要构建更为完善的家庭仪式理论,可以从以下三方面展开。

1. 建立家庭仪式的科学分类体系

对家庭仪式本身的探讨,需要关注两个方面的问题:一是家庭仪式与其他家庭活动如何区分? 二是不同家庭仪式如何进行分类? 一个科学的概念,需要有明确的内涵和外延。对家庭仪式进行清晰界定和系统化分类,是揭示家庭仪式在青少年成长中如何发挥作用的前提和基础。与家庭日常行为、家庭惯例相比,家庭仪式的内涵是什么? 例如家长晚上陪孩子读书,这在什么情况下是一种日常教育行为，在什么情况下成为了一种家庭仪式？研究者将家庭仪式界定为由全体家庭成员共同构建和感知，在长期家庭发展历史中形成的特定的、重复的且具有象征意义的特殊事件。但事实上，很多仪式或多或少地并不能完全满足这些严格的界定。只有对家庭仪式的实质进行清晰的界定，才能有效地将日常家庭教育活动和家庭惯例与家庭仪式区分开来，才能清楚地知道与日常家庭教育活动和家庭惯例相比，家庭仪式如何对青少年成长发挥着独特作用。

建立家庭仪式的科学分类体系，能够让我们深入了解不同类型的家庭仪式对青少年成长的独特作用。目前，研究者提出了一些家庭仪式的分类体系。例如 Wolin 和 Bennett 根据家庭仪式活动的内容，将家庭仪式大体分为模式互动、家庭传统和家庭庆典三种类型。Fiese 和 Kline 则提出了晚餐、周末活动、假期活动、年度庆典、特殊庆典、宗教节日、文化与民族传统仪式等七种类型的家庭仪式。总体而言，这些分类还是较为笼统的，并没有说明是按照怎样的标准进行划分，不同类型的家庭仪式之间的区别又是什么？例如，我们可以从情绪基调、所蕴含的价值观和意义等出发区分不同的家庭仪式。不同的仪式具有不同的情绪基调，传递给青少年不同的价值观和含义，适用于青少年不同的成长主题。当参加大学的毕业典礼时，学生们会因为顺利毕业而感到自豪和骄傲，毕业典礼后他们的身份由学生变为工作者，责任和承诺构成了大学毕业典礼的重要主题。而中秋节的仪式则让青少年感到幸福美满，向青少年传递出团圆与和谐的意义，感恩构成了中秋节仪式的重要主题。研究者有必要探讨家庭仪式的分类维度，在此基础上对不同家庭仪式活动进行分类，才能有效探讨如何顺应青少年的心理成长，从而开发、开展相应的家庭仪式。

2. 会聚多学科的家庭仪式研究

家庭仪式是发生在家庭这一独特环境中的仪式活动，其开展离不开宏观的社会文化环境和微观的家庭环境，参与者的个性、兴趣、爱好也决定着是否参与到家庭仪式中。因此，对家庭仪式与青少年关系的探讨，离不开社会学、教育学、心理学等相关学科的会聚研究。

社会学关注社会结构、社会制度、社会阶层等对人们的社会行为的影响，采用社会运行规律、经济状况、社会组织形态等概念进行解释。社会学家认为,个人是社会关系的总和,个人在社会学理论体系中表现为阶级、阶层的代表。对于个体的目标、价值观、动机或群体意识,社会学更关注这些心理结构背后客观的、深刻的社会原因。当前,家庭仪式研究离不开社会转型这一背景,伴随这一转型的是大规模的人口流动,过去基于地缘和亲缘关系建立起来的家庭成员间的紧密关系有了更多潜在的替代可能。相比于父辈,20世纪后期出生的人到成年后很少选择和父母居住,很少选择在家乡成家立业,节假日也很少回到家乡,因而他们对传统节日及其文化的认同和了解远不及上一代,这使得开展家庭仪式丧失了大部分文化土壤。因此,有必要从社会学角度出发,探讨区域内人口流动、人口结构、社会经济条件等对开展家庭仪式的影响。

教育学是研究人类的教育活动及其规律的科学。仪式作为教育的一般工具,被广泛地应用于大、中、小学的教育过程中,例如开学仪式、毕业典礼等。作为探讨教育活动与人的发展之间关系的学科,教育学为开展行之有效的家庭仪式活动提供了重要指导。例如,教育教学规律能够帮助家长激发青少年参与家庭仪式的动机,改变青少年对家庭仪式的态度,推动青少年更好地参与到家庭仪式中。家长也可以从教育教学实践中了解青少年的心理发展规律,学会开展家庭仪式的富有成效的方式方法。因此,教育学为家长发挥家庭仪式的教育功能、路径、方法提供了重要指导。

不同心理学领域的会聚研究也能够促进家庭仪式的发展。发展心理学关注个体从受精卵开始到出生、成熟直至衰老的整个生命中心理发生和发展的过程,为家庭仪式更好地适应青少年的心理发展提供了参考。积极心理学认为,心理学的研究应从过于关注心理问题转向关注人类的积极力量与美德,从关注人性的消极面转向积极面,帮助普通人生活得更健康、更美好。家庭仪式本身蕴含着价值观念和道德观,积极心理学可以关注如何将家庭仪式作为塑造青少年品格发展的重要途径。健康心理学关注人的身心疾病的因素。而缺乏健康和良好的人际关系导致人们在面临压力时难以获得社会支持。家庭仪式的积极情感基调和高度的人际互动,有助于保持人们的心理健康。因此,健康心理学可以探讨家庭仪式在个体身心疾病中的保护性功能。临床心理学致力于探讨各类身心疾患及其治疗方案。很多临床心理疾病会表现出仪式化的行为,例如强迫性洗手、强迫性关门等,通过对家庭仪式的研究有可能帮助揭示这些行为背后的成因。

3. 加强家庭仪式的科普工作

实践是理论的基础，而科学的理论对实践具有积极的指导作用，理论和实践是相辅相成、缺一不可的。家庭仪式的理论发展离不开家庭仪式的应用实践，而家庭仪式的科普工作为家庭仪式的应用实践提供了良好土壤，间接促进了家庭仪式的理论发展。据统计，目前关于仪式的图书中，仅有少量的书籍分析了仪式在教育领域的实践运用。从内容来说，这些书籍大多数都是日常经验的总结，为一般人了解日常仪式提供了窗口。但是很少有教育学、心理学、社会学、家庭教育领域等的专家撰写相关书籍，普及家庭仪式的相关知识。本书对此做了初步的探索，我们希望通过本书，能够让家庭仪式的科学和实践知识触达人们的内心，唤起社会大众对家庭仪式的关注。而通过广泛的家庭仪式应用实践，能够促进我们更全面、更深入地构建家庭仪式基本理论。

四、探索家庭仪式的治疗功能

临床研究者很早就意识到家庭仪式的治疗功能，认为可以作为儿童早期干预的重要手段。家庭问题是儿童健康成长的风险因素，家庭仪式可视为儿童身处优/劣家庭环境的象征。临床研究发现家庭仪式能够降低儿童的焦虑、抑郁等心理问题，预防儿童酗酒、吸烟、暴力、网瘾等行为问题，还能帮助儿童应对学校暴力、家庭破裂和学习困难。

1. 运用家庭仪式诊断失调的家庭功能

家庭仪式能够让治疗师非侵入式地分析儿童的家庭动力系统，如通过睡前共读仪式可以了解父母管教情况。通过父母给儿童选择的读物可以看出父母希望传递给孩子的价值观，双方的互动能看出父母对儿童的回应情况及儿童对父母的依恋模式。如果儿童更乐意父母其中一方担任睡前朗读者而排斥另一方作为仪式主导者，可能反映出儿童缺失了父母中另一方的照顾。

2. 通过家庭仪式改善家庭环境，以达到治疗的成效

家庭仪式能够帮助家庭解构、重构和构建预防性、保护性及康复性行为。治疗性仪式有助于家庭解决冲突和愤怒，协商角色与界限，形成共享意义系

统。例如治疗师可以通过进餐仪式的改变来重构日常的家庭过程。聚餐仪式被作为实施行为干预的主要场景并取得了显著成效,家庭成员在进餐仪式中可以明确家庭的角色分工并在整个就餐过程中互相协作,如谁主持仪式、谁端菜、谁洗碗等。家庭成员间若发生冲突而选择逃避,则会放大双方的分歧和差异。而就餐仪式提供了一个共时共在的机会,让彼此意识到作为家庭一员的联系,拉近双方距离,彼此间的矛盾可以在饭桌上请家庭其他成员一起谈论,各自发表意见,进而得到化解。此外,治疗师也可以通过改变压力源的象征性意义实现治疗功能,整合家庭价值观与目标作为有效应对危机的资源。如考试对于孩子来说可能使他们焦虑,大部分父母往往会为了孩子的学习而让渡孩子和自己的休闲时间,但对于经常举行家庭户外活动(不会因为孩子临近考试就取消)的孩子来说,可能会坦然面对。

第二节　家庭仪式的开展方法

一、家庭仪式开展的基本原则

家长一般是家庭仪式的主持者,决定着家庭仪式能否高质量、可持续地开展。因此,有必要了解一些开展家庭仪式的基本原则和需要注意的事项。家长如果能够遵循这些基本原则,将有助于家庭仪式更好开展。

1. 传统性与现代性相结合

自古以来,我们对家庭尤为看重,重视家庭的价值甚于个人。但不得不承认,家庭的重要性受到时代变革、外部文化的传入、人员流动等因素的影响而有所削弱。重拾家庭的传统仪式,尤其是传统节日仪式,有助于构建人们对家庭的归属感。此外,传统的家庭仪式中还包含着一个族群或特定群体的记忆,象征性意义仍反映在当代社会活动过程中。例如传统家庭仪式中的一些座位的次序安排,就传递出长幼有序这一伦理规范,而这一规范仍然体现在大多数人的社会生活中。在这个意义上,传统家庭仪式为孩子的社会生活进行了预演。一般来说,对于重大的传统节日,当地管理部门、社区、商场也会有相应的庆祝活动,家长可以借此开展家庭仪式。

尽管如此,传统家庭仪式的形式仍有待革新。传统和当代的家庭仪式从本质和内涵方面而言并未发生根本性的变化,但由于现代社会生活的改变,许多传统的家庭仪式的形式对青少年已经不再具有吸引力,使得家庭仪式的精髓无法触达到这一群体,家庭仪式的当代化适应迫在眉睫。家长要与时俱进地调整传统家庭仪式的内容,以适应当代的价值观转变,促进家庭仪式的形式变革,完成当代化适应和价值最大化。比如环保作为现代普遍的价值观深入人心,不少人觉得过年焚烧"纸钱"等仪式会污染环境,甚至造成火灾而不愿参与其中,倘若对此稍加创新,改为让孩子们自制"布纸钱",然后剪碎埋于土中,便可增加仪式的吸引力。

2. 主体性与个性化相结合

家长在选择家庭仪式的主题、方式上有必要重视青少年的主体性。人们可能出于不同的目的去开展家庭仪式,尽管如此,考虑到家庭仪式对青少年成长的重要作用,人们有必要将青少年作为仪式主体加以着重考虑。通过改变一些节日仪式中的元素,就能够适用青少年的心理需要。例如在庆祝家人的生日时,可以考虑让青少年来组织这一生日仪式,或担当仪式的主持工作。

家长需要根据青少年的兴趣、爱好、气质、性格等特点开展家庭仪式。每个家庭的规模不一,孩子的性格和偏好的互动模式也各不相同。因此,需要根据青少年的特点,发展出合适的家庭仪式。有的孩子性格外向,固定的家庭社交类活动就比较适合,而有的孩子性格内敛,则每周末全家一起看电影或参观博物馆也许更为适合。

家庭仪式的设计也应符合孩子的身心发展阶段。家长可根据孩子所处的不同年龄阶段,定制家庭仪式所包含的不同元素,将家庭仪式和儿童心理能力的发展结合起来,更好地促进孩子的成长。如果孩子是儿童和青少年的早期阶段,家长可以为家庭的各种仪式增添一些游戏环节,游戏规则应该简单易懂,全家人都可以参与。如果孩子到了青少年后期甚至成年早期阶段,家庭仪式中可以有更多平等的交流,这可以帮助家长了解孩子内心的想法、价值观和目标。

3. 现场感和互动性相结合

家长在设计家庭仪式时,应注重现场感和体验感,让孩子亲身参与而非旁观。仪式具有表演性,对未成年人来说,更为生动有趣的仪式吸引力更强。如每逢传统节日的家庭仪式,向孩子讲述节日的由来,不如带领孩子亲自体验各种传统民俗,如包粽子、做青团、写对联。家长还可以利用先进技术和设备来辅助家庭仪式的开展,如中秋节时一边带孩子用天文望远镜观月,一边讲嫦娥的故事,还可以在博物馆利用 VR、AR 设备,带孩子沉浸式体验远古历史或科学知识。

家庭仪式能够拉近亲子距离,促进亲子关系。对于一些新形式的家庭仪式,如借助 VR、AR 等设备开展的家庭仪式,家长要持开放的态度,放低姿态与孩子共同体验,在享受乐趣的同时增进亲子关系。

二、家庭仪式的开展方法

我们提供了一些家庭仪式示例,家长们可以根据家庭的实际情况予以借鉴。

1. 模式互动

【家庭共读会】

在客厅某处设置一个漂亮而庄严的书架,家庭成员在书上认真地写上名字和购买的日期,制作专属于某个家庭成员的书签。家庭成员一起制订每周的读书计划,在每周的固定时间一起阅读。每个家庭成员有专属的阅读笔记本,每周抽一点时间记录并讨论阅读的感受。在仪式化的读书活动中,孩子能感受到读书的乐趣和神圣,养成良好的阅读习惯。

【主题晚餐】

在每个月的固定某天,全家一起协商晚餐主题(比如素食之夜)。家庭成员一起参与做饭,在商定菜谱后,可以采用抽签或者协商的方式决定家庭成员的各自分工,如买菜、洗菜、炒菜、洗碗等,其他人不可以代劳。在仪式化的晚餐准备中,一家人不仅能够分享、交流彼此的心意,孩子也能在享用健康美食的同时,体会到劳动的快乐。

【主题电影之夜】

在家里选择一处舒适的地方作为家庭电影角。每个月选择一晚作为家庭电影之夜,每次由家庭成员轮流推荐影片。观影前,提前摆放好成员都喜欢的零食,大家到齐后共同观看这部影片。电影结束后,推荐影片的成员可以讲讲推荐的理由,家庭内部轮流分享观影感受,并挑选一个片段同家庭成员一起演绎。在仪式化的观影活动中,孩子不仅能体会到观影的乐趣,也能学会倾听他人的感受,培养孩子的沟通能力。

【角色扮演】

挑选某月的某一天,家庭成员可以通过商议或抽签决定的方式互换角色,比如父母扮演孩子、孩子扮演父母、弟弟/妹妹扮演哥哥/姐姐、爸爸扮演妈妈等。在获得该角色权利的同时,也要履行相应的义务。譬如孩子扮演父母时,不可只是获得"管教"的权利,还应承担操持家务等父母日常做的事情。父母也一样,在扮演孩子时,应注意体会从孩子的视角看待父母"特权"的感受。在角色扮演结束后,各位家庭成员应当写下各自的体会,并抽出一个固定时间分享。通过该活动,可以让父母和孩子之间有不一样的沟通渠道,也能培养孩子换位思考的能力。

【家庭运动】

选择一个晚饭后的时间或者周末的时间来开展家庭运动。选择大家共同喜欢的且可以多人参与的运动,如网球、羽毛球等球类运动,或者一些更有趣的亲子运动项目,比如和孩子比赛跳绳、"跳房子"、"两人三足"等。轮流挑选一人担任裁判,并制定计分规则,比赛胜出的成员可以获得相应奖励。家庭运动不仅可以让家庭成员强身健体,培养公平竞争的意识,也促进了家庭的互动交流。

【早安晚安】

学会培养每日说早安/晚安的家庭习惯。可以跟家人和孩子制订这样一个家庭仪式:每天早起见到家人要道一声早安,晚上睡前要道一声晚安。这样的仪式看似简单,但贵在坚持,其中父母要起表率作用,久而久之将培养孩子每天互道早安/晚安的习惯。简单的一句早安/晚安蕴藏着积极的正能量,家庭成员可以从中感受到委婉的爱意,建立起家庭安全感。孩子也能逐渐养成良好的家庭礼仪习惯,明白礼貌待人、关爱他人是日常的一种美德。

【家庭交流会】

每周或者每月挑选固定的时间作为家庭交流会。这个家庭交流会的目的是聚集家庭成员开展家庭的总结复盘或者讨论家庭决策。首先,要保证全员参与并轮流担任交流会的主持人,组织每一位家庭成员表达观点和参与家庭决策,这对于孩子来说尤为重要,孩子也希望自己和父母是平等的关系。其次,要确定交流主题和内容,可以是总结家庭生活情况,说说开心的或者不开心的事,也可以是讨论接下来家庭需要解决的问题,比如孩子选什么专业。最后,交流会一定要保证开放、平等、友爱的氛围,让每个家庭成员都愿意表达、分享、交流。家庭交流会提供了正式交流的机会,营造积极自由的家庭氛围,让每一个家庭成员都能意识到自己的家庭角色和责任。

【身高墙】

在家里的一角设立一面身高墙,每个月的固定某天为孩子测量身高并记录在墙上。除了正常的刻度标尺,还可以标注一些特殊的刻度,例如其他家庭成员的身高、孩子喜欢的形象(如动物、卡通形象、明星等)的身高,让孩子对比自己长得和谁一样高。长高是孩子能最直观感受自己在长大的方式之一,通过这样的仪式可以让孩子体验到成长的满足感。

【购物日】

虽然网购正日益改变人们的生活方式,但和孩子每月来一次有计划的实体店大采购仍然是不错的选择。定期带孩子去超市或菜市场采买,让孩子参与购物清单的罗列,教孩子识别各类菜品及其新鲜度、有效期、价格合理度。如此,可以让孩子感受柴米油盐的生活气息,培养孩子的物价常识,也可以锻炼孩子的规划能力,促进孩子形成良好的消费观念。

【留言板】

对于因工作、上学繁忙导致交流较少的家庭,在家里显眼处设立一块留言板不失为一种增进家人情感的方法。每天一早,家庭成员可以在留言板上写下当天自己的行程计划和家庭安排,让彼此知晓动态。每周固定时间,父母可以在留言板上写下对孩子这一周的期望,孩子也可以通过留言板给父母表达自己在学业、生活上的想法。此外,留言板还可以画上今日食谱、天气等。通过这些小仪式具象化家庭成员的沟通,来表达爱意。

2. 家庭传统

【暑假仪式】

在每年暑假即将到来的时候,家庭成员召开一次家庭会议,共同商议一年一次的暑假旅游计划。孩子可以挑选自己心仪的目的地并讲出该地方的特别之处,同时表达最期望在该地实现的一件事。在旅游期间,父母会实现孩子最期望实现的一件事,并在离开前共同站在该地的标志性建筑旁,拿着该地的特色产品,然后用相机记录下来。将家庭的暑假出游作为一种仪式化活动,家庭成员不仅能实现深度旅游,增加对当地人文地理的了解,还能加强彼此情感联系。

【返校仪式】

在每个学期开学前一天,家庭成员举办一个正式的家庭晚餐,晚餐时让孩子讲述新学期的大致规划与期望目标,父母对其鼓励。在晚餐结束后,由孩子自己挑选开学第一天的穿着,并在临睡前写下自己的学期目标。父母在孩子睡着后,将自己精心准备的开学惊喜放进孩子的书包中,为孩子的新学期增添动力。在新的学期开始前举行仪式,可以让孩子对接下来的学习有更清晰的认知,有利于孩子的发展。

【毕业仪式】

在每一个阶段性学习结束时(例如小学升初中、初中升高中等),家庭成员聚在一起,前往孩子马上要毕业的学校,为穿着校服的孩子送上一束鲜花,与孩子同游学校,在带有学校名称的建筑前,与孩子一起合照留念。拍照结束后,家庭成员和孩子一起,向学校挥手告别,离别之后,家庭成员将再次陪伴孩子前往即将入学的学校,与新的学校挥手示意。简单但又富含意义的毕业仪式,有利于孩子感受到家庭的陪伴,并正式接受这一重要人生阶段的变化。

【生日仪式】

生日前,家庭成员与孩子一同商量邀请哪些伙伴来为自己庆生,以及如何布置生日场地和安排活动。生日当天,父母可以先感谢伙伴们的到场和对孩子的陪伴,再让同伴们说出平时对孩子的印象以及生日祝福,接着让孩子写下过去一年里自己感到开心、有成就感的事,同时写下新的一年的规划,比如最想做的事和最想去的地方,父母也可以表达自己对孩子的希望,比如多看书多锻炼。最后给孩子们保留自由活动的时间。通过这些仪式能让孩子感受到家人和朋友的陪伴与支持,懂得为他人付出。还能让孩子学会总结过去和展望未来,感受生命的意义。

【纪念日仪式】

家长的结婚纪念日当天,可以带孩子重游父母一起去过的地方,在父母曾经拍照留念的建筑地标前拍一张全家福,再讲述在此地发生的故事。同时父母和孩子相互拥抱,询问孩子对父母结婚纪念日有什么祝福和感受。这既可以帮助夫妻增进感情,也可以让孩子感受父母之间的情谊和家庭的温暖。

【父亲节、母亲节仪式】

节日当天,一家人可以在家附近一起种一棵树,从挑选树苗、挖树坑到填土、浇水,大家分工完成。在种树的过程中,告诉孩子种树就像一个人的成长,父母就像种树人一样辛勤灌溉。最后可以为这棵树取名、记录成长轨迹,定期修剪树枝,并且让孩子说说心得体会。这可以让孩子懂得父母的辛劳、生命的不易,以及培养孩子独立负责的意识。

【成人礼】

在孩子十八岁生日的那天,父母可以为孩子准备一个礼物,并对孩子进入成年阶段表示祝贺。再向孩子介绍成年人与未成年人的区别,引导孩子畅想自己成年后的规划,比如二十岁在大学里的样子、三十岁在职场里的样子等,并为孩子讲述自己刚成年的故事。这可以帮助孩子安心、顺利地过渡到成年阶段。

3. 家庭庆典

【春节贴春联】

春节前,全家人可以坐下来进行对对联活动,一人出上联,一人接下联,一人出横批,家庭成员投票选出认为最好的一组对联作为今年的家庭春联,并由某位成员写在红纸上,大家一起配合粘贴。对联可以由家庭成员认领,贴在自己房间的门边。这样的贴对联活动可以激发家庭成员开动脑筋,在充满趣味的活动中领会中华文化的特殊魅力,增加家庭凝聚力。

【元宵节】

在每年的元宵节,家庭成员一起制作汤圆,并进行猜灯谜活动。灯谜的内容除了传统的古诗词形式外,还可以加入科学文化知识,成为一个科普性活动。在增强家庭成员之间彼此的情感联系与孩子的动手能力的同时,培养孩子对科学文化知识的兴趣。

【端午节】

端午节当天除了吃粽子,一家人还可以佩戴一些饰物,如五彩绳、香囊等,寓意吉祥如意。另外,父母也可以带领孩子认识端午时节的植物,如箬竹、艾草、菖蒲等,有机会可以搜集植物并以素描或拓印的方式制作植物图谱。通过这些仪式可以表达对彼此的祝福,也可以让孩子从中感受传统文化和生活智慧。

【中秋节】

中秋节是我国四大传统节日之一,也称"团圆节"。在这一天,全家聚在一起,父母可以和孩子一起亲手制作一个灯笼。最简单的方法是把一次性纸杯的杯身剪成条状,涂上喜欢的颜色,也可以贴上一些装饰,杯底中间穿一条线,再贴上一个纸底座,手工灯笼就做好了。到了晚上,家长和孩子提着灯笼共同赏月,许下美好的祝愿。和孩子一起做灯笼,不仅能锻炼孩子的动手能力,还能让孩子感受我国传统文化的源远流长。

【节气寻花】

每个季节都有相应的花。家长可以在四个季节更替的时节(即春分、夏至、秋分、冬至)带孩子外出寻花,先用手机软件识别花的种类,记录下看到每种花的时间、地点、次数和外貌,然后把掉落的花拾起来,带回家做成标本,来年按照记录再次寻花。和孩子一起在四季寻花是一种极好的家庭自然教育形式,可以帮助孩子感受自然界规律的四季更替,提高孩子的感官敏锐度和自然审美,还可以舒缓心情。

三、家庭仪式的开展技巧

家长需要了解家庭成员的脾性和喜好,需要学习谈话技巧,给每个人分配合适的角色,在不同脾性个体共存的场域中掌控家庭仪式的节奏、氛围,这样才能动员家庭成员参与仪式,孩子和大人们彼此敞开心扉,各有所获。家长还可以复盘某些重要仪式的实践情况,倾听成员们对家庭仪式的看法,并不断做出调整。

1. 倾听

倾听并非易事,尤其是家长面对孩子时会不自觉产生权威感,而非朋友般平等地倾听。在用餐仪式上,当孩子想表达时,家长可以多用关切的目光注视孩子,不要轻易打断,代之以点头表示正在倾听和理解,鼓励孩子坦陈自己的想法。

2. 情感反应

家庭仪式的主持者要留意仪式过程中家庭成员的情感表露,包括语言、肢体等,引导家庭成员感知自己当下的情绪,从而确定仪式进行的效果。如在睡前阅读仪式上,察觉到孩子在听某一类图书时很兴奋,而在听另一类图书时总是皱眉头,家长们可以告诉孩子自己感受到他所拥有的情感状态:你看起来很开心/你看起来不太感兴趣。

3. 开放式提问/封闭式提问

当家长在用餐仪式上想引导话题到某一个方向时,可以采用封闭式提问,提出的问题带有预设的答案,回答时不需要展开,如"今天你们在学校考试了没有?"如果家长希望营造一个畅所欲言的氛围,可以采用开放式提问,即提出的问题不带有预设的答案,如"你们今天在学校过得怎么样?"

4. 观察事实

当孩子在家庭仪式中表现得不太理想时,家长可能会感到着急,有时会在言语中带有评论性的信息,例如"你刚刚做得很差,你是不是根本没有用心?"这往往会让孩子产生负面情绪,进而形成逆反心理,拒绝参加家庭仪式。这时候,家长只需要描述观察到的客观事实,克制自己主观判断的表达方式,例如"刚刚你洗的碗里面,有两个碗的表面还有几滴油渍",这样可以减少对孩子的误会,或委婉地提醒孩子而非直接的责难。

5. 描述感受

在家庭仪式的沟通中,除了要描述自己所观察到的事实,还需要表达自己的感受,而不是想法。因为类似"我觉得""我认为"的想法往往会让人产生一种被要求和命令的感觉,而不是平等的沟通。因此,要想家庭仪式顺利进行,往往需要家长以平等的姿态与孩子进行对话,描述自己的感受,例如"你刚刚……我感觉心里有些难过,因为这代表我们对家族的不尊重"。

6. 表达需要

感受的根源是我们个人的需要,而许多家长往往会忘记这一点,将自己的情绪归因于孩子的行为而非自己的需要。例如"我觉得很失望,因为你刚刚只用了十分钟打扫卫生,其他人还在打扫而你就去休息了。"要让孩子接受自己的感受,应该明确我之所以产生这样的感受,是因为我有这样的需求,而不是因为外界。例如"你刚刚只打扫了十分钟的卫生就去玩了,爸爸心里不太高兴,因为爸爸希望你可以和我们一起完成劳动,做一个勤劳的人"。

7. 适当示弱

对青少年来说,捍卫独特的自我对他们而言意义重大,他们认为自己已经足够成熟,这也使得他们对于父母的劝告和安排表现得越来越不耐烦。这种情况下,如果父母仍然用权威的、命令式的方式要求孩子,例如参与家庭仪式或者家庭活动,只会让孩子产生更多的抵触心理。如果父母能够适当地示弱,退出主导地位,而不是包办一切,反而能够让孩子快速成长。家庭仪式的进行通常由父母主持,但例如家庭生日会、大扫除、读书会等活动,都可以让孩子尝试负责策划和主持,父母辅助,这样不仅能够让孩子的计划、沟通能力得到锻炼,还充分尊重了其表现自我的需求,更能够为日常的家庭活动带来不一样的改变。

8. 及时反馈

当父母观察到孩子的需求、倾听孩子表达情绪的时候,都可以主动向孩子反馈我们理解到的内容。有的父母自以为是,但其实并不了解孩子的内心世界。在一些讨论性的仪式,例如读书会、观影会中,及时反馈可以帮助父母确认自己是否正确地理解了孩子的观点,并且也是在向孩子表达"我在乎你的看法和感受"。

9. 夸奖的技巧

近年来,越来越多的父母从"棍棒教育"转为"赏识教育",不再吝啬自己对孩子的夸奖,开始用"你真棒""我为你骄傲"等赞扬孩子。但并不是所有的夸奖都能带来正向的影响,例如一些家庭聚会上,父母之间的攀比式夸奖(例如"你这次考的可比某某好多了"),或是一些苛责式夸奖(例如"这次做得不错,下次争取更好!"),在这样长辈云集的场合对青春期的孩子进行公开的评价,并不能达到父母想要的效果,反而会让孩子感到羞耻、恼怒。对于青少年来说,虚伪、敷衍的夸奖并不是他们想要的,那些对努力或者成就的具体的、针对性的夸奖,才能带来激励作用。比如具体地夸奖孩子在哪一点做得特别好(例如"你这次把房间整理得真整洁,都不需要妈妈提醒就收拾了床铺,真棒!"),或者在夸奖完对方的成就之后,可以紧跟一个问句:"你这次数学考得真不错! 能跟爸爸妈妈说说你是怎么做到的吗?"

四、家庭仪式开展的注意事项

1. 家长要坚定家庭仪式的开展信念

家长对家庭仪式的坚定信念有助于家庭仪式的可持续开展。家庭仪式的建设并非一朝一夕之事,长期规律的重复有助于家庭成员内化仪式的象征性意义,建立对家庭仪式的情感联结和认可,家庭仪式对成员才能发挥重要的影响力。家长也要做好应对挫折的心理准备,家庭仪式不仅需要投入一定的精力和金钱,也会因为意外情况而中断,但考虑到家庭仪式对孩子来说有着积极作用,家长最好能够克服障碍,保证仪式的规律进行。

在家庭仪式开展过程中,如果不得不中断或做出形式上的调整,也要向孩子解释清楚原因。如夫妻离异后,父母双方应评估每周一次的家庭聚会仪式是否需要如期进行,或更改为每周和父母其中一方交替进行,并向孩子征询建议。

2. 家长要优化家庭仪式的开展过程

家庭仪式要想实现积极成效,需要仪式主导者制订清晰的计划,尽可能减少其他因素的干扰,并在有限的仪式执行期间,创造积极温暖的氛围,通过共享时间促进成员间有意义的交流。家庭仪式虽然是高度重复的家庭集体活动,但并不是呆板和固定不变的,家长可随着孩子的身体和心理发展,不断更新家庭仪式的要素。例如青春期的孩子经常会出现逆反心理,更希望和伙伴而不愿意和父母一起参加传统节日仪式,对此家长需要积极地加以应对,如做好后勤工作,或与其他家长一起组织家庭仪式。

当父母和孩子对仪式的开展和意义的看法不一致时,会降低家庭仪式的积极作用。在开展仪式前,家长和孩子需要就仪式的发起与否、参与人员、开展流程等形成共识,才能让孩子们真正地投入到仪式过程中。

家长对家庭仪式的共识也会影响仪式的成效。例如父母的依恋类型及其匹配会影响家庭仪式的开展。父母在兴趣、爱好、性格、价值观等方面不尽相同,对仪式的理解和看法可能也存在差异,就像有些年轻人喜欢中式婚礼,有些年轻人喜欢西式婚礼一样。在家庭仪式中,父母会承担不同的角色,完成不同的职责,只有当家长就家庭仪式的形式、过程形成共识,才能齐心协力将家庭仪式开展好,吸引孩子参与到家庭仪式中。

3. 家长要注意家庭仪式的消极内容

并非所有的仪式都是有益的,好的仪式可以丰富我们的生活,积极的方式给我们带来生活的秩序感和安全感,提高人的自控和自尊。而有的仪式则会束缚我们的行为,消极的方式给我们带来压力或让我们逃避内心的恐惧。

如果家庭仪式都是家长自身意志的体现,以不容置喙的方式强制孩子执行,这样的家庭仪式只会引起孩子的反感和逃避,甚至给孩子留下童年阴影。家长要注意仪式的设计应符合家庭成员的需求,以内容吸引孩子主动参与,而非以家长权威来强制孩子参与。

如果有的孩子曾有过心理创伤,他们在参与特定仪式时会特别小心,不允许丝毫的变动,这是他们用来抵抗恐惧的强迫机制。家长要注意甄别孩子对特定仪式的态度,一旦在家庭仪式中发现孩子有强迫行为,要及时找到孩子恐惧和厌恶的来源,并在专业人员的帮助下将家庭仪式转化为治疗性仪式。

家庭仪式问卷表(中国版)

指导语:以下是关于家庭惯例和传统的描述,每一道题目都会有一个家庭活动的大标题,您的家人在这些活动中通常是如何行动或参与的? 阅读每道题目下的几种陈述,判断这些陈述与您的家庭实际情况的符合程度,选择最能描述您现在的家庭情况的数字。每个陈述都不分对错,所以请尽量选择最贴近您家庭的选项,在对应选项处打"√"。

当回想您的家庭时,要考虑您自己、您的兄弟姐妹和您的父母。有些活动还可能包括其他家庭成员,如祖父母、姑姑、叔叔和堂兄弟姐妹等。您要尽量使选择的结果最贴近您家庭目前的情况。

各类家庭仪式问卷表详见表 F-1 至 F-7。

表 F-1 晚餐仪式问卷表

事项	完全不符合(1分)	有些不符合(2分)	部分符合(3分)	基本符合(4分)	完全符合(5分)
你们家总是定期一起吃晚餐					
每个人都要回家吃晚餐					
您的家人把一起吃晚餐看得很重					
晚餐仅仅是为了获取食物,没有其他用处*					
在晚餐中您的家人之间几乎没有任何有意义的沟通和交流*					
您的家人会在晚餐期间互相分享和自我表露,互相分享自身的经历或思想情感等					
您和家人不会在一起反思或回忆过去的晚餐,认为过去就过去了*					

注:标*为反向计分题目。

计分方式：

计算出每一维度的均值,分数越高,代表对这一维度的家庭仪式越认可。

表 F-2　周末活动问卷表

事项	完全不符合(1分)	有些不符合(2分)	部分符合(3分)	基本符合(4分)	完全符合(5分)
你们家几乎不会一起过周末*					
每个人都要参与周末活动					
您和家人周末过得很随意,没什么特别的感觉*					
对于您来说和家人共度周末时光是很特别的					
在周末活动中您的家人之间会进行一些有意义的沟通和交流					
您的家人在周末活动期间几乎没有互相分享和自我表露,大家不会分享自身的经历或思想情感等*					
您和家人会在一起反思或回忆过去的周末活动,成为家庭共有的家庭记忆					

注:标*为反向计分题目。

计分方式：

计算出每一维度的均值,分数越高,代表对这一维度的家庭仪式越认可。

表 F-3　假期问卷表

事项	完全不符合(1分)	有些不符合(2分)	部分符合(3分)	基本符合(4分)	完全符合(5分)
你们家总是一起定期度假					
即使有人不去度假也无所谓*					
你们家把度假看成重要的节日					

事项	完全不符合(1分)	有些不符合(2分)	部分符合(3分)	基本符合(4分)	完全符合(5分)
你们家度假仅仅是为了放松*					
度假期间您的家人之间几乎没有任何有意义的沟通和交流*					
您的家人会在度假期间互相分享和自我表露,互相分享自身的经历或思想情感等					
您和家人不会在一起反思或回忆过去的家庭度假经历,认为过去就过去了*					

注:标*为反向计分题目。

计分方式:

计算出每一维度的均值,分数越高,代表对这一维度的家庭仪式越认可。

表 F-4　年度庆典问卷表

事项	完全不符合(1分)	有些不符合(2分)	部分符合(3分)	基本符合(4分)	完全符合(5分)
你们家有定期举行的年度庆典					
每个人都要参加庆典					
你们对庆典的仪式感有很强的感情流露					
你们家会用特别的方式庆祝生日以及纪念日					
在这些庆典活动中您的家人之间会进行一些有意义的沟通和交流					
您的家人在这些庆典期间几乎没有互相分享和自我表露,大家不会分享自身的经历或思想情感等*					

事项	完全不符合(1分)	有些不符合(2分)	部分符合(3分)	基本符合(4分)	完全符合(5分)
您和家人会在一起反思或回忆过去的年度庆典活动,成为家庭共有的家庭记忆					

注:标*为反向计分题目。

计分方式:

计算出每一维度的均值,分数越高,代表对这一维度的家庭仪式越认可。

表 F-5　特殊庆典问卷表

事项	完全不符合(1分)	有些不符合(2分)	部分符合(3分)	基本符合(4分)	完全符合(5分)
你们家几乎没有特殊庆典*					
您和家人并不一起参加庆典*					
人人都对庆典仪式的参与感比较强					
一些特殊的庆典对家庭有着深层的含义					
庆典期间您的家人之间几乎没有任何有意义的沟通和交流*					
您的家人会在庆典期间互相分享和自我表露,互相分享自身的经历或思想情感等					
您和家人不会在一起反思或回忆已经过去的特殊庆典活动,认为过去就过去了*					

注:标*为反向计分题目。

计分方式:

计算出每一维度的均值,分数越高,代表对这一维度的家庭仪式越认可。

表 F-6　传统节日问卷表

事项	完全不符合(1分)	有些不符合(2分)	部分符合(3分)	基本符合(4分)	完全符合(5分)
你们家很少庆祝传统节日*					
每个人都要参加节日					
传统节日很随意,没有什么特殊的感觉*					
传统节日对家庭有着特殊的含义					
节日中您的家人之间会进行一些有意义的沟通和交流					
您的家人在节日中几乎没有互相分享和自我表露,大家不会分享自身的经历或思想情感等*					
传统节日过去以后,您和家人会在一起对此进行反思或回忆,成为家庭共有的家庭记忆					

注:标*为反向计分题目。

计分方式:

计算出每一维度的均值,分数越高,代表对这一维度的家庭仪式越认可。

表 F-7　文化与民族传统仪式问卷表

事项	完全不符合(1分)	有些不符合(2分)	部分符合(3分)	基本符合(4分)	完全符合(5分)
你们家遵守文化传统仪式					
每个人都要参加仪式					
每个人在仪式期间都有很强的情感体验					
这些仪式对家庭没有什么含义*					
在这些仪式中您的家人之间几乎没有任何有意义的沟通和交流*					

事项	完全不符合(1分)	有些不符合(2分)	部分符合（3分）	基本符合（4分）	完全符合（5分）
您的家人会在仪式中互相分享和自我表露，互相分享自身的经历或思想情感等					
这些仪式完成后，您和家人不会在一起对此进行任何的反思或回忆，认为过去就过去了*					

注：标 * 为反向计分题目。

计分方式：

计算出每一维度的均值，分数越高，代表对这一维度的家庭仪式越认可。

参考文献

[1]约翰·R.霍尔,玛丽·乔·尼茨.文化:社会学的视野[M].北京:商务印书馆,2002.

[2]叶舒宪.中国神话哲学[M].西安:陕西人民出版社,2020.

[3]彭兆荣.人类学仪式理论与实践[M].西安:陕西师范大学出版总社,2019.

[4]邹小燕,尹可丽,陆林.集体仪式促进凝聚力:基于动作、情绪与记忆[J].心理科学进展,2018,26(5):39-50.

[5]董小玉,金圣尧.论新时代中华"家文化"的内涵价值与传播样态[J].现代传播:中国传媒大学学报,2020,42(9):5.

[6]Lewicka M. Place attachment:How far have we come in the last 40 years? [J]. Journal of Environmental Psychology, 2011,31(3):207-230.

[7]王利器.颜氏家训集解[M].北京:中华书局,1993.

[8]Denham, S A. Relationships between family rituals, family routines, and health[J]. Journal of Family Nursing, 2003,9(3):305-330.

[9]Legare C H, Souza A L. Evaluating ritual efficacy:Evidence from the supernatural[J]. Cognition, 2012,124(1):1-15.

[10]柯林斯.互动仪式链[M].北京:商务印书馆,2009.

[11]Wolin S J, Bennett L A. Family rituals[J]. Family Process, 1984,23(3):1-20.

[12]吴明证,李阳,王洁,等.家庭仪式与大学生幸福感的关系:社会联结与自我控制的链式中介作用[J].心理科学,2021,44(6):1346-1353.

[13]Eaker D G, Walters L H. Adolescent satisfaction in family rituals and psychosocial development:a developmental systems theory perspective[J]. Journal of family psychology,2002,16(4):406-414.

[14]Neumark-Sztainer D, Larson N I, Fulkerson J A , et al. Family meals and adolescents:what have we learned from Project EAT (Eating Among Teens)? [J]. Public Health Nutrition, 2010,13(7):1113-1121.

[15]Bossard, J H S, Boll, E S. Ritual in family living[J]. American Sociological Review, 1949,14(4):463 - 469.

[16]王先谦.荀子集解[M].北京:中华书局,1988.

[17]马克思,恩格斯.马克思恩格斯选集第4卷[M].北京:人民出版社,1972.

[18]陈立撰.白虎通疏证[M].北京:中华书局,1994.

[19]司马迁.史记[M].北京:中华书局,1959.

[20]班固.汉书[M].北京:中华书局,1962.

[21]袁祖亮.西汉至明清家庭人口数量规模研究[J].中州学刊,1991(2).

[22]苏舆.春秋繁露义证[M].北京:中华书局,1992.

[23]范晔.后汉书[M].北京:中华书局,1965.

[24]朱熹.四书章句集注[M].北京:中华书局,1983.

[25]李道平.周易集解纂疏[M].北京:中华书局,1994.

[26]梁漱溟.中国文化要义[M].上海:上海人民出版社,2011.

[27]钱穆.中国文化精神[M].北京:九州出版社,2012.

[28]孙希旦.礼记集解[M].北京:中华书局,1989.

[29]孔颖达.春秋左传正义[M].北京:北京大学出版社,1999.

[30]李逸安,张立敏.三字经·百家姓·千字文·弟子规·千家诗[M].北京:中华书局,2011.

[31]姚思廉.梁书[M].北京:中华书局.1973.

[32]沙海昂.马可波罗行纪[M].北京:商务印书馆,2017.

[33]贾谊.新书[M].北京:中华书局,2000.

[34]朱瑞章.卫生家宝产科备要[M].上海:上海科学技术出版社,2003.

[35]孟元老.东京梦华录[M].北京:中国画报出版社,2016.

[36]吴淑.事类赋注[M].北京:中华书局,1989.

[37]洪迈.容斋随笔[M].上海:上海古籍出版社,2015.

[38]吴自牧.梦粱录[M].杭州:浙江人民出版社,1980.

[39]夏芬.治家之经·朱子家训[M].成都:西南交通大学出版社,2018.

[40]曾国藩.曾国藩家训[M].长沙:岳麓书社,1998.

[41]冉雅璇,卫海英,李清,等.心理学视角下的人类仪式:一种意义深远的重复动作[J].心理科学进展,2018,26(1):169-179.

[42]徐海玲.自我概念清晰性和个体心理调适的关系[J].心理科学,2007,(01):96-99.

[43]Higgins E T. Self-discrepancy:A theory relating self and affect[J].Psychological Review,1987,94(3):319.

[44]Hershfield H E. Future self-continuity: how conceptions of the future self transform intertemporal choice[J]. Ann N Y Acad, 2011, 1235:30-43.

[45]Sheldon O J, Fishbach A. Anticipating and resisting the temptation to behave unethically[J]. Personality & Social Psychology Bulletin, 2015, 41(7):962-975.

[46]Sokol Y, Serper M. Development and validation of a future self-continuity questionnaire: A preliminary report[J]. Journal of personality assessment, 2020, 102(5):677-688.

[47]聂晗颖,甘怡群.自我概念清晰性与生命意义感及主观幸福感的关系[J].中国临床心理学杂志,2017,25(5):923-927.

[48]宁志军,聂衍刚,吴少波.青少年自我差异对抑郁的影响:沉思反应的中介作用[J].中国健康心理学杂志,2015,23(5):735-739.

[49]Li D, Liau A, Khoo A. Examining the influence of actual-ideal self-discrepancies, depression, and escapism, on pathological gaming among massively multiplayer online adolescent gamers[J]. Cyberpsychology Behavior & Social Networking, 2011, 14(9):535-539.

[50]衡书鹏,周宗奎,雷玉菊,等.现实-理想自我差异对青少年游戏成瘾的影响:化身认同和沉浸感的序列中介作用[J].心理与行为研究,2018,16(2):253-260.

[51]Adelman R M, Herrmann S D, Bodford J E, et al. Feeling closer to the future self and doing better: Temporal psychological mechanisms underlying academic performance[J]. Journal of Personality, 2016, 85(3):398-408.

[52]徐富明,施建农,刘化明.中学生的学业自我概念及其与学业成绩的关系[J].中国临床心理学杂志,2008(1):59-62.

[53]杨槐,王江华.青少年自我概念研究综述[J].当代教育论坛(上半月刊),2009(2):48-49.

[54]Marsh H W. Age and sex effects in multiple dimensions of self-concept: Preadolescence to adulthood[J]. Journal of Educational Psychology, 1989, 81(3):417-430.

[55]熊恋,凌辉,叶玲.青少年自我概念发展特点的研究[J].中国临床心理学杂志,2010,18(4):511-513.

[56]张靓晶,廖凤林.中学生自我差异和心理健康的关系[J].中国健康教育,2007(11):860-861.

[57]聂衍刚,曾雨玲,李婉瑶.青少年自我意识的发展特点研究[J].教育导刊,2014(2):

27－31.

[58]Marcia H E. Development and validation of ego identity status[J]. Journal of Personality and Social Psychology，1966，3(5)：551－558.

[59]张日昇. 同一性与青年期同一性地位的研究——同一性地位的构成及其自我测定[J]. 心理科学，2000(4)：430－434.

[60]刘明月. 大学生社交焦虑、手机成瘾与自我概念的关系研究[D]. 西华师范大学，2019.

[61]Francis L J. Coopersmith's model of self－esteem：Bias toward the stable extravert? [J]. The Journal of Social Psychology，1997，137(1)：139－142.

[62]向小平，张春妹，邹泓. 小学生自我概念的发展特点及其与人格的相关研究[J]. 中国临床心理学杂志，2006(3)：294－296.

[63]覃露. 随迁儿童家庭教养模式、自我概念与学校适应的关系研究[D]. 南京大学，2019.

[64]王燕，张雷，张韫，等. 自我概念在父母专制型教养风格与儿童社会行为之间的中介效应[J]. 应用心理学，2007(1)：44－49.

[65]武永新，邓林园，张馨月，等. 父母冲突、亲子沟通对青少年自我发展的影响研究[J]. 中国临床心理学杂志，2014，22(6)：1091－1094.

[66]LR Morsy. Five social disadvantages that depress student performance：why schools alone can't close achievement gaps［R］. Washington：Economic Policy Institute，2015.

[67]李婧怡. 国内外青少年同伴关系对社会化影响的研究综述[J]. 现代教育科学，2010(10)：48－49.

[68]纪林芹，魏星，陈亮，等. 童年晚期同伴关系不利与儿童的攻击行为：自我概念与同伴信念的中介作用[J]. 心理学报，2012，44(11)：1479－1489.

[69]杨佳茜. 社会排斥对拒绝敏感者的自我概念清晰度的影响[D]. 山西大学，2017.

[70]Markus H R，Kitayama S. Culture and the self：Implications for cognition，emotion，and motivation[J]. Psychological Review，1991，98(2)：224－253.

[71]杜健. 自我概念一致性与幸福感间的关系：文化的调节作用[J]. 心理科学进展，2020，28(10)：1751－1761.

[72]刘思永. 自尊对自我加工的影响：来自行为和 ERPs 的证据［D］. 湖南师范大学，2021.

[73]张丽华,施国春,张一鸣.脆弱型高自尊高中生攻击性线索注意偏向[J].心理与行为研究,2016,14(1):36-41.

[74]Tafarodi,R W. Paradoxical self-esteem and selectivity in the processing of social information[J]. Journal of Personality and Social Psychology, 1998, 74(5):1181-1196.

[75]石伟,黄希庭.自尊的记忆效应的实验研究[J].心理科学,2007,(4):782-784.

[76]田录梅,张向葵.不同自尊者对自我相关信息的记忆偏好[J].心理发展与教育,2008,(2):91-96.

[77]Branden N. The psychology of self-esteem:a revolutionary approach to self-understanding that launched a new era in modern psychology[J]. Ethics, 2001.

[78]杨娟,张庆林.不同自尊者在赌博情境下的风险规避行为[J].心理发展与教育,2009,25(1):61-65.

[79]Kernis M H, Grannemann B D, Mathis L C. Stability of self-esteem as a moderator of the relation between level of self-esteem and depression[J]. Journal of Personality and Social Psychology, 1991, 61(1):80-84.

[80]戴琴. 平心忘忧胶囊治疗抑郁症的临床研究[D]. 湖北中医学院, 2008.

[81]徐维东,吴明证,邱扶东.自尊与主观幸福感关系研究[J]. 心理科学, 2005 (3):562-565.

[82]Rosenberg M. Society and the adolescent self-image, Rev. ed[M]. Princeton University Press,1965.

[83]Robins R, Trzesniewski K, Tracy J, et al. Global self-esteem across the life span [J]. Psychology and Aging, 2002, 17(3):423-434.

[84]Erikson E H. The Problem of Ego Identity[J]. Journal of the American Psychoanalytic Association, 1956, 4(1):56.

[85]Marcia J E. Ego identity status:relationship to change in self-esteem, "general maladjustment,"and authoritarianism[J]. Journal of Personality, 1967, 35(1):118-133.

[86]潘颖秋. 初中青少年自尊发展趋势及影响因素的追踪分析[J]. 心理学报, 2015, 47(6):787-796.

[87]Liu E M, Zuo S X. Measuring the impact of interaction between children of a matrilineal and a patriarchal culture on gender differences in risk aversion[J]. Proceedings of the National Academy of Sciences, 2019, 116(14):6713-6719.

[88]Baudson T G, Weber K E, Freund P A. More than only skin deep:appearance self-concept predicts most of secondary school students' self-Esteem[J]. Frontiers in Psy-

chology，2016，7：1568.

[89]王绌兰，刘军，钟恒恒，等.青少年不同实际体重、感知体重对自尊水平的影响[J]. 中国儿童保健杂志，2021，29(5)：502－505.

[90]柳之啸，吴任钢. 自尊对生命意义感的预测机制——心理控制源和积极情绪的中介作用[J]. 北京大学学报(自然科学版)，2018，54(6)：1339－1345.

[91]魏运华. 学校因素对少年儿童自尊发展影响的研究[J]. 心理发展与教育，1998(2)：5.

[92]李冰. 农村初二学生的自尊与社会支持[J]. 中国健康心理学杂志，2014，22(1)：3.

[93]李董平，许路，鲍振宙，等. 家庭经济压力与青少年抑郁：歧视知觉和亲子依恋的作用[J]. 心理发展与教育，2015，31(3)：342－349.

[94]林国耀，周明慧，鲍超，等.大学生社会支持与主观幸福感的关系：生命意义感的中介作用[J]. 信阳师范学院学报(哲学社会科学版)，2021，41(2)：30－33.

[95]Littman－Ovadia H，Steger M. Character strengths and well－being among volunteers and employees：Toward an integrative model[J]. The Journal of Positive Psychology，2010，5(6)：419－430.

[96]向思雅，魏绮雯，郑少丹，等.大学生社会性无聊感、生命意义感与自杀意念[J]. 中国健康心理学杂志，2016，24(4)：522－526.

[97]Steger M F，Frazier P A，Zacchanini J L. Terrorism in Two Cultures：Stress and Growth Following September 11 and the Madrid Train Bombings[J]. Journal of Loss & Trauma，2008，13(6)：511－527.

[98]O'Donnell M B，Bentele C N，Grossman H B，Le Y，et al. You，me，and meaning：an integrative review of connections between relationships and meaning in life[J]. Journal of Psychology in Africa，2014，24(1)：44－50.

[99]King L A，Hicks J A. The science of meaning in life[J]. Annual Review of Psychology，2021，72：561－584.

[100]King G A. The meaning of life experiences：application of a meta－model to rehabilitation sciences and services[J]. American Journal of Orthopsychiatry，2004，74(1)：72－88.

[101]Ryan R M，Deci E L. Avoiding death or engaging life as accounts of meaning and culture：comment on Pyszczynski et al. [J]. Psychological Bulletin，2004，130(3)：473－477.

[102]赖雪芬，鲍振宙，王艳辉. 生命意义与青少年抑郁的关系：自尊的中介作用[J]. 心理研究，2016，9(2)：28 - 34.

[103]刘思斯，甘怡群. 生命意义感量表中文版在大学生群体中的信效度[J]. 中国心理卫生杂志，2010，24(6)：478 - 482.

[104]Obeldobel C A, Kerns K A. Attachment security is associated with the experience of specific positive emotions in middle childhood[J]. Attachment & Human Development, 2020, 22(5)：555 - 567.

[105]Block J H, Block J. The role of ego - control and ego - resiliency in the organization of behavior[J]. Development of cognition, affect, and social relations / edited by W. Andrew Collins, 1980.

[106]Tangney J P, Baumeister R F, Boone A L. High Self - Control Predicts Good Adjustment, Less Pathology, Better Grades, and Interpersonal Success[J]. Journal of Personality, 2004,72(2)：271 - 324.

[107]谭树华，郭永玉. 大学生自我控制量表的修订[J]. 中国临床心理学杂志，2008,16(5)：3.

[108]Morean M E, Demartini K S, Leeman R F, et al. Psychometrically Improved, Abbreviated Versions of Three Classic Measures of Impulsivity and Self - Control[J]. Psychological Assessment, 2014,26(3)：1003 - 1020.

[109]罗涛，程李梅，秦立霞，等. 简式自我控制量表中文版的信效度检验[J]. 中国临床心理学杂志，2021(1)：4.

[110]沈悦，杨丽珠，方乐乐. 3 - 6 岁儿童自我控制发展特点及其教育建议[J]. 教育科学，2015,31(1)：7.

[111]胡倩，陶婷，高文斌，等. 青少年自我控制研究的系统综述[J]. 中国心理卫生杂志，2022.

[112]Brassai L, Piko B F, Steger M F. Individual and parental factors related to meaning in life among Hungarian minority adolescents from Romania[J]. International Journal of Psychology, 2013,48(3)：308 - 315.

[113]Li J, Willems Y E, Stok F M, et al. Parenting and Self - Control Across Early to Late Adolescence: A Three - Level Meta - Analysis[J]. Perspectives on Psychological Science, 2019,14(6)：967 - 1005.

[114]Negru - Subtirica O, Pop E I, Luyckx K, et al. The meaningful identity: A longitu-

dinal look at the interplay between identity and meaning in life in adolescence[J]. Developmental Psychology, 2016,52(11):1926.

[115]傅小兰,张侃,陈雪峰. 心理健康蓝皮书:中国国民心理健康发展报告（2019—2020）[M]. 北京:社会科学文献出版社,2021:1 - 28.

[116]World Health Organization. The World Health Report 2001:Mental health:new understanding, new hope[J]. 2001.

[117]Galderisi S, Heinz A, Kastrup M, et al. Toward a new definition of mental health[J]. World psychiatry, 2015, 14(2): 231.

[118]Maslow A H, Mittelmann B. Principles of abnormal psychology:The dynamics of psychic illness, Rev[J]. 1941.

[119]蔡焯基.中国人自己的心理健康标准[J].心理与健康,2012(1):6 - 7.

[120]Ohrnberger J, Fichera E, Sutton M. The dynamics of physical and mental health in the older population[J]. The Journal of the Economics of Ageing, 2017, 9: 52 - 62.

[121]罗伯特·费尔德曼. 发展心理学——人的毕生发展[M].6 版. 苏彦捷,邹丹,译. 北京:世界图书出版公司,2013:414 - 437.

[122]林崇德. 发展心理学[M].浙江:浙江教育出版社,2003:388 - 397.

[123]Piaget J. The psychology of intelligence[M]. Routledge, 2003.

[124]Livingston J A. Metacognition:An Overview[J]. 2003.

[125]林崇德,李庆安.青少年期身心发展特点[J].北京师范大学学报(社会科学版),2005(1):48 - 56.

[126]World Health Oorganization. Adolescent mental health. 2021. https://www. who. int/news - room/fact - sheets/detail/adolescent - mental - health

[127]陈伟. 精神心理疾病诊治基础与进展[M].吉林:吉林科学技术出版社,2019:171 - 178.

[128]王极盛,赫尔实,李焰.中国中学生心理素质量表的编制及其标准化[J].社会心理科学, 1997, 4:21 - 25

[129]苏丹,黄希庭.中学生适应取向的心理健康结构初探[J].心理科学, 2007,(6):1290 - 1294.

[130]Cattell R B. A shortened "basic English" version (Form C) of the 16 PF Questionnaire[J]. The Journal of Social Psychology, 1956,44(2): 257 - 278.

[131]Eysenck H J, Eysenck S B G. Eysenck personality questionnaire - revised[J]. 1984.

[132]Xie Y. Reliability and validity of the simplified coping style questionnaire[J]. Chinese Journal of Clinical Psychology, 1998.

[133]Sarason I G, Levine H M, Basham R B, et al. Assessing social support: the social support questionnaire[J]. Journal of personality and social psychology, 1983, 44(1): 127.

[134]陈丹,权治行,艾梦瑶,等.青少年心理健康状况及影响因素[J].中国健康心理学杂志,2020,28(9):1402-1409.

[135]俞国良,李天然.社会转型中青少年心理健康的结构与特点探索[J].西南民族大学学报(人文社科版),2016,37(8):191-196.

[136]Otonari J, Nagano J, Morita M, et al. Neuroticism and extraversion personality traits, health behaviours, and subjective well-being: The Fukuoka Study (Japan)[J]. Quality of Life Research, 2012, 21(10): 1847-1855.

[137]Lahey B B. Public health significance of neuroticism[J]. American Psychologist, 2009, 64(4): 241.

[138]雷榕,锁媛,李彩娜.家庭学校环境、人格与青少年心理健康[J].中国临床心理学杂志,2011,19(5):687-689.

[139]金琳,张大均,朱政光,等.心理素质对青少年早期心理健康的影响——认知重评和积极归因方式的中介作用[J].西南大学学报(自然科学版),2021,43(7):22-29.

[140]张佳琦.国内离异家庭青少年心理健康的影响因素[J].现代教育科学,2017(3):96-99.

[141]Russell D, Peplau L A, Cutrona C E. The revised UCLA Loneliness Scale: concurrent and discriminant validity evidence[J]. Journal of personality and social psychology, 1980, 39(3): 472.

[142]De Jong-Gierveld J, Kamphuis F. The development of a Rasch-type loneliness scale[J]. Applied psychological measurement, 1985, 9(3): 289-299.

[143]李艺敏,蒋艳菊,李新旺.大学生孤独感结构问卷的编制[J].第十届全国心理学学术大会论文摘要集, 2005.

[144]Marcoen A, Goossens L, Caes P. Loneliness in pre-through late adolescence: Exploring the contributions of a multidimensional approach[J]. Journal of Youth and Adolescence, 1987, 16(6): 561-577.

[145]Thomson L K H. The development of the Relational Provision Loneliness Question-

naire for children[J]. 1990.

[146]李晓巍，邹泓，刘艳. 孤独感量表在中学生群体中的初步修订[J]. 中国临床心理学杂志，2014，22(4)：731-733.

[147]骆光林，阮俊华，楼成礼，等. 大学生孤独心理的调查与分析[J]. 浙江大学学报（理学版），1999，43(7)：112-115.

[148]Mund M，Neyer F J. The winding paths of the lonesome cowboy：Evidence for mutual influences between personality，subjective health，and loneliness[J]. Journal of Personality，2016，84(5)：646-657.

[149]Boyum L A，Parke R D. The role of family emotional expressiveness in the development of children's social competence[J]. Journal of Marriage and the Family，1995：593-608.

[150]张亚利，李森，俞国良. 孤独感和手机成瘾的关系：一项元分析[J]. 心理科学进展，2020，28(11)：1836.

[151]孙江伟，李琳，林超，等. 大学生手机依赖综合征及与孤独感关系[J]. 中国公共卫生，2014，30(9)：1147-1150.

[152]Hammoud R，Tognin S，Bakolis I，et al. Lonely in a crowd：investigating the association between overcrowding and loneliness using smartphone technologies[J]. Scientific reports，2021，11(1)：1-11.

[153]Sandstrom G M，Dunn E W. Social interactions and well-being：The surprising power of weak ties[J]. Personality and Social Psychology Bulletin，2014，40(7)：910-922.

[154]梁宗保，严嘉新，张光珍. 父母元情绪理念与儿童社会适应：父母情绪反应的中介作用[J]. 心理科学，2020 (3)：608-614.

[155]张荣伟，李丹. 人际关系和自我概念对生命意义的影响：一项追踪研究[J]. 心理科学，2020 (5)：1154-1161.

[156]张荣伟，李丹.如何过上有意义的生活——基于生命意义理论模型的整合. 心理科学进展，2018,26(4)，744-760.

[157]Emmons R A. Personal goals, life meaning, and virtue：wellsprings of a positive life[J]. 2003.

[158]The encyclopedia of positive psychology[M]. John Wiley & Sons，2011.

[159]Heintzelman S J，King L A. Life is pretty meaningful[J]. American psychologist，

2014，69(6)：561.

[160]Routledge C，Wildschut T，Sedikides C，et al. Nostalgia as a resource for psycholog-ical health and well - being[J]. Social and Personality Psychology Compass，2013，7(11)：808 - 818.

[161]Hayes A F. Introduction to mediation，moderation，and conditional process analysis：A regression - based approach[M]. Guilford publications，2017.

[162]张富洪,杨慧彤. 幸福学·家庭篇[M].上海:复旦大学出版社,2011.

[163]杨剑,严丽萍,王林,等.家庭环境因素对儿童青少年幸福感的影响[J].中国健康教育,2016,32(3):221 - 225.

[164]王文.从快乐到希望[D].长春:东北师范大学,2015.

[165]董辉.积极心理学视角下青少年幸福感研究[J].北京青年研究,2021,115(2):35 - 41.

[166]张永欣,周宗奎,朱晓伟,等.社交网站使用对青少年幸福感的影响:一个有调节的中介模型[J].心理与行为研究,2017,15(2):189 - 196.

[167]梁杰芳,文欢,陈柏林,等.青少年幸福感体验的影响因素及其提升路径[J].陕西青年职业学院学报,2012,99(1):46 - 51.

[168]张家铭.青少年幸福感影响因素分析[J].新疆社会科学,2015,196(3):139 - 144.

[169]王广州,王军.中国家庭幸福感测量[J].社会,2013,33(6):139 - 160.

[170]陈园,张映芹.我国老年人幸福感测量研究综述[J].经济研究导刊,2020,435(13):40 - 43.

[171]邢占军.主观幸福感测量研究综述[J].心理科学,2002(3):336 - 338.

[172]刘仁刚,龚耀先.纽芬兰纪念大学幸福度量表的试用[J].中国临床心理学杂志,1999(2):44 - 47.

[173]陶涛,杨凡,张浣珺,等.家庭幸福发展指数构建研究[J].人口研究,2014,205(1):63 - 76.

[174]王克静.中学生主观幸福感的发展特点及影响因素研究[D].陕西师范大学,2013.

[175]杨远远.家庭仪式对中学生主观幸福感的影响[D].河南大学,2020.

[176]黑柳彻子.真正的幸福是什么.现代青年,2013,11:66 - 67.

[177]宋健,张洋,王璟峰.稳态与失稳:家庭结构类型与家庭幸福的一项实证研究[J].人口研究,2014,209(5):17 - 26.

[178]季冬,陈虹,钞淼,等.家庭氛围与父母受教育程度对青少年抑郁影响[J].中国公共

卫生,2018,34(1):38－41.

[179]王焕贞,江琦,侯璐璐.大学生性格优势对主观幸福感的影响:优势运用和压力性生活事件的作用[J].心理发展与教育,2017,142(1):95－104.

[180]周雅,刘翔平.大学生的性格优势及与主观幸福感的关系[J].心理发展与教育,2011 (5).

[181]唐怡.青少年主观幸福感的现状及干预研究[D].重庆师范大学,2019.

[182]徐佳,赵旭东.初中生系统家庭动力学特征和幸福感的关系[J].中国心理卫生志, 2018,32(12):1012－1016.

[183]贾晓姣.青少年幸福感的代际传递[D].山西大学,2017.

[184]张姝玥,林艳,黄婷.中学生生命意义与主观幸福感心理健康自杀意念的相关性.中国学校卫生[J].2013,34(8):927－928.

[185]沈清清,蒋索.青少年的生命意义感与幸福感.中国心理卫生杂志[J],2013,27(8): 634－640.

[186]林崇德,李庆安.青少年期身心发展特点[J].北京师范大学学报(社会科学版),2005 (1):48－56.

[187]臧刚顺.交往越轨同伴对青少年犯罪的影响[J].心理科学进展,2012,20 (4):552－560.

[188]陈军,隋欣.初中生异性交往心理发展的调查[J].心理科学,2009,32 (5):1228－1231.

[189]ZIMMER - GEMBECK M J,Siebenbruner J,Collins W A. Diverse aspects of dat-ing：Associations with psychosocial functioning from early to middle adolescence[J]. Journal of adolescence,2001,24(3)：313－336.

[190]方晓义,张锦涛,刘钊.青少年期亲子冲突的特点[J].心理发展与教育,2003 (3):46－52.

[191]王美萍,张文新.青少年期亲子冲突与亲子亲合的发展特征[J].心理科学,2007(5): 1196－1198.

[192]van Geel M,Goemans A,Vedder P H. The relation between peer victimization and sleep-ing problems：A meta - analysis[J]. Sleep medicine reviews,2016,27：89－95.

[193]鲍振宙,胡高喜,江艳平,等.越轨同伴交往与青少年睡眠问题的交叉滞后分析[J]. 心理科学,2018,41(4):862－868.

[194]Muhtadie L,Koslov K,Akinola M,et al. Vagal flexibility：A physiological predic-

tor of social sensitivity[J]. Journal of personality and social psychology，2015，109
(1)：106.

[195]张璟,袁悦,熊红星,等.亲子依恋对青少年学习倦怠的影响:有调节的中介模型[J].
江西师范大学学报(哲学社会科学版),2019,52(5):116－120.

[196]刘海涯.初中生师生关系对学业表现的影响:学校归属感与学业期望的中介作用
[D].西南大学,2021.

[197]Rosen M L，Meltzoff A N，Sheridan M A，et al. Distinct aspects of the early envi-
ronment contribute to associative memory，cued attention，and memory－guided at-
tention：Implications for academic achievement[J]. Developmental cognitive neuro-
science，2019，40：100731.

[198]蔡春凤,周宗奎.儿童外部问题行为稳定性的研究[J].心理科学进展,2006
(1):66－72.

[199]管健,孙琪.亲子关系对贫困儿童问题行为的影响[J].心理科学,2018,41
(5):1145－1150.

[200]Williams K D. Ostracism：A temporal need － threat model[J]. Advances in experi-
mental social psychology，2009，41：275－314.

[201]赖运成.中学生人际敏感性的结构、特点及其与相关因素的关系[D].福建师范大
学,2013.

[202]史攀,黄于飞,张翰之,等.消极身体意象对青少年的负面影响[J].心理科学进展,
2020,28(2):294－304.

[203]Pawijit Y，Likhitsuwan W，Ludington J，et al. Looks can be deceiving：body image
dissatisfaction relates to social anxiety through fear of negative evaluation[J]. Inter-
national journal of adolescent medicine and health，2019，31(4).

[204]黄君.父母教养方式对儿童人际关系的影响[J].科技信息,2010(20):457.

[205]卢富荣,张彩,刘丹丹.父母婚姻质量、协同教养对青少年问题行为的影响:同时或
者滞后溢出？[J].心理发展与教育，2019,35(6),740－748.

[206]倪才勇.体育运动对初中生人际关系的影响:自卑感的中介作用(硕士学位论文,扬
州大学),2019.

[207]陈菊珍,刘华山.改善大学生人际交往不良现状的团体辅导实验研究.教育研究与实
验,2005(2),65－69.

[208]张珊珊,鞠睿,李亚林,等.亲子依恋与青少年内外化问题的关系:心理韧性与同伴影

响抵抗的链式中介作用[J].心理与行为研究,2021,19(03):354-360.

[209]许迪.家庭仪式的情感社会学解读[D].西南大学,2013.

[210]邹泓.同伴关系的发展功能及影响因素[J].心理发展与教育,1998(2):6.

[211]Davis K . Young people's digital lives:The impact of interpersonal relationships and digital media use on adolescents' sense of identity[J]. Computers in Human Behavior,2013,29(6):2281-2293.

[212]崔曦曦,孙晓军,牛更枫.社交网站中的自我呈现对青少年友谊质量的影响:积极反馈的中介作用[J].心理发展与教育,2016,32(3):294-300.

[213]Harris J R . Where Is the Child's Environment? A Group Socialization Theory of Development[J]. Psychological Review,1995,102(3):458-489.

[214]Demir M,Weitekamp L A. I am so Happy 'Cause Today I Found My Friend:Friendship and Personality as Predictors of Happiness[J]. Journal of Happiness Studies,2007,8(2):213-213.

[215]戴巧云.青少年友谊与主观幸福感的相关性研究[D].华东师范大学.

[216] Diener,Ed. Subjective well-being.[J]. Psychological Bulletin,1984,95(3):542-575.

[217]Andrews F M , Withey S B . Social Indicators of Well-Being:America's Perception of Life Quality. Springer US,1976.

[218]Chng S,Fassnacht D B. Parental comments:Relationship with gender, body dissatisfaction, and disordered eating in Asian young adults[J]. Body Image,2016,16(Mar.):93-99.

[219]Berndt T J , Jiao H Z . Invitational Issue:Peer Influences in Childhood and Adolescence//Influences of Friends and Friendships on Adjustment to Junior High School[J]. Merrill Palmer Quarterly,1999,45(1):13-41.

[220]张永欣,孙晓军,丁倩,等.儿童人格特质对孤独感的影响:友谊质量的中介效应[J].中国临床心理学杂志,2016,24(1):4.

[221]Ven N,Zeelenberg M,Pieters R . Leveling Up and Down[J]. 2009.

[222]刘文婧,许志星,邹泓.父母教养方式对青少年社会适应的影响:人格类型的调节作用[J].心理发展与教育,2012,28(6):9.

[223]E. B. Meisinger and J. J. Blake and A. M. Lease and G. J. Palardy and S. F. Olejnik. Variant and invariant predictors of perceived popularity across majority-Black and

majority – White classrooms[J]. Journal of School Psychology, 2007.

[224]程刚,周亦佳,夏英,等. 家庭社会经济地位对班级同伴地位的影响:心理素质的中介作用[J]. 西南大学学报(自然科学版),2018,40(6):8.

[225]Bull S. ,Solity J. Classroom management[M]. New York ;Croom Helm,1987.

[226]王秋瑾. 初中生班级环境与友谊质量的关系研究——人际信任的中介作用[D]. 河南:河南大学,2015. DOI:10.7666/d. D761798.

[227]易艳红,陈艳琳,王礼桂. 武汉市流动儿童孤独感与同伴接纳,友谊质量的关系调查[J]. 中国妇幼保健,2013,28(32):4.

[228]田录梅,张文新,陈光辉. 父母支持、友谊质量对孤独感和抑郁的影响:检验一个间接效应模型[J]. 心理学报,2014,46(2):238 – 251.

[229]贾林祥,石春. 307 名大学生生命意义认知及其影响因素分析[J]. 中国学校卫生,2008,29(5):2.

[230]魏晓雪. 道德许可效应的机制探讨:象征化道德认同和认可的作用[D]. 浙江:浙江大学,2015.

[231]Eisenberg – Berg, N. Development of children's prosocial moral judgment[J]. Developmental Psychology, 1979,15(2):128.

[232]梁凤华,陈美青,袁梓锋. 父母严厉教养方式与青少年攻击性行为和同伴接纳:道德推脱的调节作用[J]. 心理学进展,2021,11(7):9.

[233]李积鹏,韩仁生. 家庭教养方式对儿童道德发展的影响及家庭德育策略[J]. 现代教育科学(高教研究),2017,(8),103 – 109.

[234]Gino, F. , Norton, M. I. , Ariely, D. The counterfeit self[J]. Psychological Science, 2020, 21(5): 712 – 720.

[235]潘彦谷,刘衍玲,马建苓,等. 共情的神经生物基础[J]. 心理科学进展,2012,20(12):2011 – 2021.

[236]Preston, S. D. , de Waal, Frans B. M. Empathy: Its ultimate and proximate bases[J]. The Behavioral and Brain Sciences, 2002, 25(1): 1 – 20.

[237]Decety, J. Dissecting the neural mechanisms mediating empathy[J]. Emotion Review, 2011, 3(1): 92 – 108.

[238]丁凤琴,陆朝晖. 共情与亲社会行为关系的元分析[J]. 心理科学进展,2016(8):1159 – 1174.

[239]张灵. 行善者排斥的心理机制:过度牺牲知觉的作用[D].浙江大学,2019.

[240]张庆鹏,寇彧.青少年亲社会行为测评维度的建立与验证[J].社会学研究,2011,26
(4):105－121.

[241]宋丹,田悦,李伟,等.中学生亲社会行为差异分析研究[J].世界最新医学信息文摘,
2019,19(18):179.

[242]丁如一,周晖,张豹,等.自恋与青少年亲社会行为之间的关系[J].心理学报,2016,48
(8):981－988.

[243]Cornelissen G, Bashshur M R, Rode J, et al. Rules or consequences? The role of
ethical mind－sets in moral dynamics[J]. Psychological Science, 2013, 24(4): 482－
488.

[244]朱一杰,金盛华,万薇洁,等.道德自我形象对亲社会行为的影响:调节定向的调节作
用[J].心理科学,2017,40(2):421－428.

[245]丁芳,周鋆,胡雨.初中生内疚情绪体验的发展及其对公平行为的影响[J].心理科
学,2014,37(5):1154－1159.

[246]范伟,任梦梦,肖俊泽,等.羞耻情绪对欺骗行为的影响:自我控制的作用[J].心理学
报,2019,51(9):992－1006.

[247]罗燕.高中生家庭功能、情绪调节策略与亲社会行为关系研究[D].河南师范大
学,2013.

[248]王娟,汪鑫鑫.母亲语言支架预测儿童亲社会行为:儿童情绪理解的中介作用[J].中
国临床心理学杂志,2021,29(1):19－23.

[249]屈国梁,曹晓君.同胞冲突及其解决:家庭子系统的影响[J].心理科学进展,2021,29
(2):286－295.

[250]张潮,柴亚星,刘赛芳,等.初中生同胞冲突对其攻击行为的影响机制[J].中国健康
心理学杂志,2020,28(1):119－124.

[251]郑显亮,谢方威,丁亮,等.社会阶层与大学生网络利他行为:一个有调节的中介模型
[J].心理发展与教育,2021,37(2):182－189.